国際家族法における当事者自治

小池未来

国際家族法における当事者自治

学術選書
197
国際私法

信山社

は し が き

　本書は，国際的な家族関係について当事者が準拠法を選択することができるか，をテーマに，大学院入学以来おこなってきた研究をまとめたものである。博士課程前期課程では，国際離婚を取り上げ，そして，博士課程後期課程では，夫婦財産制をはじめとして，国際家族法全体に及ぶ考察をおこない，最終的に，『国際家族法における当事者自治』との題目で博士論文を執筆した。本書は，博士論文の構成を踏襲し，第1章で従来の契約に関する当事者自治の議論を確認した上で，第2章から第4章ではそれぞれ，ドイツ，ハーグ国際私法会議，欧州連合の立法例を取り上げ，第5章において総論及び各論の観点から，我が国の国際家族法における当事者自治について考察をおこなうという構成になっている。

　このテーマに取り組んだきっかけは，博士課程前期課程在籍中に受講したドイツ語文献研究で，Jürgen Basedow 氏の„Theorie der Rechtswahl oder Parteiautonomie als Grundlage des Internationalen Privatrechts"という論文を講読したことであった。国際私法における当事者自治の根拠を探求するこの論文によって，当事者自治に強く関心を抱き，修士論文では，採択されてから日の浅かったローマⅢ規則が認める国際離婚についての当事者自治を研究テーマとして選んだ。大学院入学以来，国際家族法における当事者自治というテーマに全力を尽くして取り組み，そのタイトルを冠して本書を刊行することができたが，全てを網羅的に検討することはできておらず，課題も多く残っている。具体的な立法論を展開することを目指して，今後も研鑽を積んでいきたい。

　研究成果を博士論文としてまとめ，こうして刊行することができたのは，多くの諸先生方，諸先輩方にご指導，ご支援を賜ったからに他ならない。まずは，博士課程前期課程及び後期課程で指導教員として，温かく導いてくださった同志社大学法学部の高杉直教授に心より感謝申し上げたい。高杉先生に師事することができたからこそ，ここまで来ることができたのであり，どれほど感謝をしてもしきれない。高杉先生にご指導いただいた日々を心に留め，今後も研究

v

はしがき

に励んでいきたい。修士論文及び博士論文の審査では，同志社大学法学部の林
貴美教授，神谷遊教授，同志社大学大学院司法研究科の高橋宏司教授に大変お
世話になった。厚く御礼を申し上げたい。

　本書のもとになった研究のいくつかは，国際私法学会及び関西国際私法研究
会での研究報告に基づくものである。これらの場で，またその他のさまざまな
機会に，貴重なご助言を与えてくださり，ご指導くださった諸先生方，諸先輩
方に心から感謝を申し上げたい。

　最後に，本書の刊行に際しては，信山社出版株式会社の今井守氏に大変お世
話になった。ここに深甚の謝意を表する。

　本書を刊行するにあたっては，平成 31 年度 JSPS 科学研究費補助金「研究
成果公開促進費」(JSPS KAKENHI Grant Number JP19HP5125）の交付を受けた。

　　2019 年 10 月

　　　　　　　　　　　　　　　　　　　　　　　　小 池 未 来

〈目　次〉

◆　序　章　◆ ——————————————————————————— 3

◆　第1章　◆　国際契約法における当事者自治 ——————— 7

◆　第1節　当事者自治の内容 ………………………………… 7
◆　第2節　当事者自治の根拠 ………………………………… 10
◆　第3節　小　括 …………………………………………… 17

◆　第2章　◆　ドイツ法における当事者自治 ——————— 19

◆　第1節　婚姻の身分的効力及び離婚 …………………… 19
　　第1款　抵触規則の内容 ……… (19)
　　第2款　婚姻の身分的効力 ……… (21)
　　第3款　離　婚 ……… (27)
　　第4款　小　括 ……… (29)
◆　第2節　夫婦財産制 ……………………………………… 30
　　第1款　抵触規則の内容 ……… (30)
　　第2款　立法経緯 ……… (33)
　　第3款　当事者自治の根拠に関する議論 ……… (37)
◆　第3節　相　続 …………………………………………… 41
　　第1款　抵触規則の内容 ……… (41)
　　第2款　立法経緯 ……… (42)
　　第3款　当事者自治の根拠に関する議論 ……… (46)
◆　第4節　氏 ………………………………………………… 50
　　第1款　抵触規則の内容 ……… (50)
　　第2款　EGBGB 第10条制定以前 ……… (51)
　　第3款　EGBGB 第10条制定まで ……… (52)
　　第4款　1993年及び1997年改正 ……… (56)
　　第5款　EGBGB 第48条の新設 ……… (58)
◆　第5節　第2章の総括 …………………………………… 60

vii

◆ 第3章 ◆ ハーグ条約における当事者自治 ――――――― 63

◆ 第1節 夫婦財産制 ――――――――――――――――――― 63

第1款 抵触規則の内容 ……… (64)

第2款 von Overbeck 報告書 ……… (67)

第3款 評 価 ……… (69)

◆ 第2節 相 続 ――――――――――――――――――――― 70

第1款 抵触規則の内容 ……… (70)

第2款 Waters 報告書 ……… (72)

◆ 第3節 扶 養 義 務 ―――――――――――――――――― 73

第1款 抵触規則の内容 ……… (74)

第2款 Bonomi 報告書 ……… (77)

第3款 評 価 ……… (80)

◆ 第4節 第3章の総括 ――――――――――――――――― 81

◆ 第4章 ◆ 欧州連合規則における当事者自治 ――――――― 83

◆ 第1節 離 婚 ――――――――――――――――――――― 84

第1款 規則の概要 ……… (84)

第2款 抵触規則の内容 ……… (86)

第3款 立法経緯と各国の立場 ……… (91)

第4款 学説上の議論 ……… (99)

◆ 第2節 相 続 ――――――――――――――――――――― 102

第1款 規則の概要と抵触規則の内容 ……… (102)

第2款 公式文書における議論 ……… (105)

第3款 DNotI 研究報告書及び諸提案における議論 ……… (108)

◆ 第3節 夫婦財産制 ―――――――――――――――――― 117

第1款 規則の概要 ……… (117)

第2款 抵触規則の内容 ……… (120)

第3款 公式文書にあらわれる見解と学説上の評価 ……… (123)

◆ 第4節 氏 ――――――――――――――――――――――― 124

◆ 第5節　第4章の総括 ……………………………………………… 128

◆ **第5章** ◆　**比較法的考察** ──────────────── 131

◆ **第1節　総　論** …………………………………………………… 131
　第1款　国際家族法における当事者自治の根拠 ……… (131)
　第2款　国際家族法における当事者自治の事項的制限 ……… (139)
　第3款　我が国法の検討 ……… (145)
　第4款　小　括 ……… (151)

◆ **第2節　婚姻の身分的効力及び離婚** ……………………… 152
　第1款　比　較　法 ……… (152)
　第2款　我が国法への示唆 ……… (159)

◆ **第3節　夫婦財産制** …………………………………………… 162
　第1款　我が国の状況 ……… (162)
　第2款　比較法と我が国法への示唆 ……… (164)

◆ **第4節　相　続** ………………………………………………… 173
　第1款　比　較　法 ……… (173)
　第2款　我が国法への示唆 ……… (180)

◆ **第5節　扶養義務** ……………………………………………… 182

◆ **第6節　氏** ……………………………………………………… 183
　第1款　比　較　法 ……… (183)
　第2款　我が国法への示唆 ……… (185)

◆ **終　章** ◆ ──────────────────────── 189

〈資　料〉
〈資料1〉「離婚及び法的別居の準拠法の領域における先行統合を実施する 2010 年
　12 月 20 日の理事会規則(EU)1259/2010」 (197)
〈資料2〉「夫婦財産事件に関する裁判管轄，準拠法並びに裁判の承認及び執行の
　領域における先行統合を実施する 2016 年 6 月 24 日の理事会規則(EU)
　2016/1103」 (207)

事項・人名索引 (237)

ix

国際家族法における当事者自治

◈ 序　章 ◈

　当事者自治とは，当事者に準拠法選択を認めることをいう。当事者自治が初めてそれ自体として明確に姿を現したのは，契約の領域であり，19世紀末のことであったとされている[1]。その後，ヨーロッパ諸国の学説により広く支持を受けるようになり，20世紀の初頭を過ぎる頃には，諸国の立法ないし判例による承認を得るに至ったとされる[2]。当事者自治は，国際契約法においては，現在では，普遍的に認められた原則であるといわれるようになっている[3][4]。契約における当事者自治の原則を支持しているのは，各国の国際私

---

(1)　折茂豊『当事者自治の原則』（創文社，1970年）22頁。すなわち，それはPasquale Stanislao Mancini, « De l'utilité de rendre obligatoires pour tous les Etats, sous la forme d'un ou de plusieurs traités internationaux, un certain nombre de règles générales du Droit international privé pour assurer la décision uniforme des conflits entre les différentes législations civiles et criminelles », *Journ. dr. intern. privé*, no. 1 (1874), p. 295 においてであり，「契約の形成，債務その他に関する……〔外国人の〕私権の任意的部分……の領域においては，人はみずからそれを欲するならば，その本国の法律にしたがうことができる。また，……その行為をその本国法の定めるところと異なる他の規則によらしめることもできる。」とする（邦訳は，パスクァレ・スタニスロ・マンチーニ（早田芳郎訳）「種々の民事および刑事立法間の抵触の統一的解決を確保するため，若干の一般的国際私法規定を，1個または数個の国際条約の形式のもとに，すべての国家に対して拘束力あるものとすることの有用性 (2)」比較法5号（1967年）84頁に従った。）。

(2)　折茂・前掲注(1) 34頁。

(3)　*Axel Flessner*, Interessenjurisprudenz im internationalen Privatrecht (1990), S. 97; *Stefan Leible*, Parteiautonomie im IPR – Allgemeines Anknüpfungsprinzip oder Verlegenheitslösung?, in: *Mansel/ Pfeiffer/ Kohler/ Kronke/ Hausmann* [Hrsg.], Festschrift für Erik Jayme, Bd. I (2004), S. 486.

(4)　なお，この領域において，当事者自治の原則を承認していない国もある。たとえば，ブラジル民法施行法第9条は，契約を契約締結地法によらしめる。ただし，仲裁の場合には，仲裁法（Law No. 9307/1996）により当事者自治が認められている。ウルグアイ民法第2399条は，契約を履行地法によらしめる。もっとも，これらの国においては，

3

序　章

法だけではない。1991 年には，万国国際法学会が「私人又は法人の間での国際契約における当事者の意思自治」に関するバーゼル決議において，「当事者の意思自治が国際私法の根本原則の１つであることを考慮して」[5]，当事者自治の原則を承認している[6]。1994 年 3 月 17 日の「国際契約の準拠法に関する米州条約」もまた，当事者自治の原則を認めるものである[7]。欧州連合では，「契約債務の準拠法に関する 2008 年 6 月 17 日の欧州議会及び理事会規則」（以下，「ローマⅠ規則」という。）において，当事者自治の原則が採用されている[8]。2009 年にハーグ国際私法会議がプロジェクトを開始した「国際商事契約の準拠法選択に関するハーグ原則」（以下，「ハーグ原則」という。）は，2015 年 3 月に採択され，同様に当事者自治を認めている[9]。

　以上のように，当事者自治は，契約に関して広く承認されているが，近年，契約以外の領域にも展開してきており[10]，その発展が目覚ましいのが家族法の領域である。

　その中でも，財産的要素の強い法律関係に関しては，当事者自治の導入が比

準拠法として指定された国の法が当事者自治の原則を認める場合には，反致によってそれが考慮される（*Jürgen Basedow*, Theorie der Rechtswahl oder Parteiautonomie als Grundlage des Internationalen Privatrechts, RabelsZ 75 (2011), S. 36）。エジプト民法第 19 条，イラン民法第 968 条，イラク民法第 25 条，ヨルダン民法第 20 条及びイエメン民法第 30 条は，原則として客観的連結を定めるが，例外的に，当事者が準拠法を合意した場合にはそれによるとする。

(5)　Préamble de la résolution « L'autonomie de la volonté des parties dans les contrats internationaux entre personnes privée », *Annuaire de l'Institut de Droit International – Session de Bâle*, vol. 64-II (1992), pp. 382-387.

(6)　Article 2 de la résolution « L'autonomie de la volonté des parties dans les contrats internationaux entre personnes privée », *supra* note 5.

(7)　Article 7 of Inter-American Convention on the law applicable to international contracts.

(8)　Article 3 of Regulation (EC) No 593/2008 of the European Parliament and of the Council of 17 June 2008 on the law applicable to contractual obligations, OJ L 177/6.

(9)　Article 2 of Principles on Choice of Law in International Commercial Contracts.

(10)　詳細は，中野俊一郎「当事者自治原則の正当化根拠」立命館法学 339=340 号（2011 年）301 頁参照。

較的よく見受けられる。夫婦財産制は，家族法領域で最も早くに当事者自治が
導入され，その立場がほぼ確立されている分野であるとされている[11]。そし
て，相続もまた，古くから当事者自治について議論されていた領域である。

　そのような中で，ドイツは，1986 年の国際私法改正において，家族法領域
に多くの当事者自治を導入した。その事項としては，婚姻の身分的効力及び離
婚，夫婦財産制，相続，氏が挙げられる。また，ハーグ国際私法会議は，ドイ
ツの国際私法改正と前後して，夫婦財産制と相続の準拠法に関して条約を作成
し，いずれにも当事者による準拠法選択を採用している。さらに，同会議は，
2007 年には扶養義務の準拠法に関する議定書を採択し，これまでに例を見な
い，扶養義務についての当事者自治をもたらした。そして，最近では，欧州連
合が家族法領域の準拠法に関する規則（Regulation）を次々に採択しており，
これまでに成立した規則はいずれも当事者自治を認めているという状況である。
具体的には，扶養義務，離婚，相続並びに夫婦財産制及びパートナーシップ財
産制についてそうである[12]。

　特にヨーロッパにおける発展が注目を集めるが，一方でアジアにおいても家
族法領域で当事者自治を認める法制がある。たとえば，韓国では相続について
常居所地法及び不動産についてはその所在地法の選択が認められており[13]，
中国では協議離婚について当事者の一方の常居所地法又は本国法を選択するこ
とが許される[14]。

　ところが，我が国においては，家族法領域についてみると，夫婦財産制（法
の適用に関する通則法（以下，「通則法」という。）第 26 条第 2 項）に関してのみ
当事者による準拠法選択が認められているという状況である。我が国では，そ
れ以外の領域で当事者自治を認める余地はないのであろうか。

---

(11)　笠原俊宏「国際家族法における当事者自治」比較法 40 号（2003 年）242 頁。

(12)　なお，本書では，我が国での位置づけが未だ定まらないことから，登録パートナー
　　シップに関する法律関係については検討の対象外とする。

(13)　韓国国際私法第 49 条第 2 項（邦訳については，戸籍時報編集部（西山慶一訳）「韓
　　国国際私法の解説（3）」戸籍時報 536 号（2001 年）28 頁参照）。

(14)　渉外民事関係法律適用法第 26 条第 1 文（邦訳については，黄軔霆『中国国際私法
　　の比較法的研究』（帝塚山大学出版会，2015 年）102 頁参照）。

序　章

　国際親族法における当事者自治については，夫婦財産制を除いては，それほど盛んに議論されてきたとは言い難い状況にある[15]。それに対して，特に国際相続法における当事者自治は，我が国でも早くから議論されてきた。このことは，諸外国においてもこの領域がかねてより取り上げられてきたこととも関係するだろう。もっとも，通則法の制定に際しても，被相続人による準拠法の選択の導入は見送られることとなった。

　このような諸外国及び我が国の状況を踏まえ，本書では，立法論として国際家族法への当事者自治の導入を検討すべく，我が国において，国際家族法領域につき当事者自治が根拠づけられうるのかを考察する。考察は，先に挙げたドイツ，ハーグ国際私法会議，欧州連合の立法例と比較しながら，総論及び各論の観点からおこなう。

　本書の構成は次の通りである。まず，前述の通り，当事者自治が国際契約法に端を発して発展してきたことを踏まえて，第1章で国際契約法における当事者自治の内容と根拠を確認する。そのうえで，第2章ではドイツの実定法について，第3章ではハーグ国際私法会議の諸条約について，第4章では欧州連合規則について，それぞれの国際家族法分野での当事者自治法制をみていく。各章では，主として当事者自治がそれぞれ採用されている法分野に言及する。第5章では，前章までの法制度を比較したうえで，それによって我が国法への示唆を得ることとしたい。

---

(15)　もっとも，最近では我が国でも議論が広がりつつある。木棚照一「国際家族法における本国法主義の変遷と当事者自治の原則の導入」棚村政行＝小川富之編集代表『家族法の理論と実務（中川淳先生傘寿記念論集）』（日本加除出版，2011年）1頁，中野俊一郎「国際親族・相続法における当事者自治の原則」神戸法學雜誌65巻2号（2015年）1頁等参照。

◆ 第1章 ◆ 国際契約法における当事者自治

　国際家族法における当事者自治の考察に入る前に，国際契約法における当事者自治について，その内容及び根拠を確認しておきたい。この領域における当事者自治の議論も，現在でもなお発展してきているところではあるが，本章では，従来の国際契約法における議論を概観する。

◆ 第1節　当事者自治の内容

⑴　契約との関連を持たない法の選択

　通則法第7条は，当事者が選択しうる準拠法の選択肢を限定しておらず，契約と客観的に関連を有する法でなくても，当事者は準拠法として選択することができる。選択される法と契約との間に一定の関係を要求する当事者自治の量的制限論が唱えられたこともあったが[1]，通説はこのような立場を支持していない[2]。

　量的制限のない当事者自治は，比較法的にみても，また，国際商事契約の準拠法選択に関するハーグ原則[3]においても認められており，国際的にも承認された考え方であるといえると指摘されている[4]。もっとも，量的制限を要求する国もあり，米国が挙げられることが多いが[5]，圧倒的多数のケースで

---

[1]　実方正雄「国際私法上に於ける当事者自治の原則（4・完）」法学1巻12号（1932年）124頁以下。

[2]　折茂豊『当事者自治の原則』（創文社，1970年）116頁以下。

[3]　ハーグ原則第2条第4項。同原則については，西谷祐子「国際商事契約原則の準拠法選択に関するハーグ原則」NBL1072号（2016年）23頁参照。

[4]　中野俊一郎「当事者自治原則の正当化根拠」立命館法学339=340号（2011年）304頁。

[5]　抵触法第2リステイトメント第187条第2項(a)は，当事者により選択された準拠法を例外的に適用しない場合として，「選択された州が，当事者及び当該取引に何ら実質的な関係を持たず，当事者が選択したことにその他の合理的な基礎が存在しない場合」

第1章　国際契約法における当事者自治

は，制限に引っかかることなく当事者が選択した法が適用されるとされている[6]。

(2) 非国家法の選択

Lex mercatoria や UNIDROIT 国際商事契約原則のような非国家法を契約準拠法として選択することができるかという点については，通則法の立法過程においては，国家法に限る方向で議論されていたものの[7]，通則法の条文上は明らかにされておらず，解釈にゆだねられている[8]。従来はこれを否定する説が一般的であったが[9]，肯定説も唱えられている[10]。

この点では，ハーグ原則第3条が「法の準則」（rules of law）の選択を認めており，注目されている。選択可能な「法の準則」は，「中立的かつ公平な体系的規範として，国際的，超国家的又は地域的に広く受け入れられた」ものに限られるが，国際物品売買契約に関する国際連合条約や，UNIDROIT 国際商事契約原則，ヨーロッパ契約法原則，共通参照枠草案がそれにあたるとされている[11]。

(3) 黙示の準拠法選択

通則法第7条は，当事者による準拠法の選択が明示でなければならないか，黙示でもよいのかを明らかにしていない。立法過程においては，中間試案第4

を挙げる。また，統一商事法典第1-301条においては，準拠法選択の合意が「取引が指定された国との合理的な関連性を有しない場合」には有効でないことを規定する。

(6)　樋口範雄『アメリカ渉外裁判法』（弘文堂，2015年）185頁。

(7)　神前禎『解説　法の適用に関する通則法──新しい国際私法』（弘文堂，2006年）56-60頁参照。

(8)　櫻田嘉章=道垣内正人編『注釈国際私法　第1巻』（有斐閣，2011年）189頁〔中西康〕。

(9)　澤木敬郎「国際私法と統一法」松井芳郎ほか編『国際取引と法』（名古屋大学出版会，1988年）143頁，櫻田嘉章『国際私法〔第6版〕』（有斐閣，2012年）209頁，神前禎=早川吉尚=元永和彦『国際私法〔第4版〕』（有斐閣，2019年）129-130頁〔神前〕等。

(10)　高杉直「国際開発契約と国際私法──安定化条項の有効性と非国家法の準拠法適格性」阪大法学52巻3=4号（2002年）1023頁以下，中野俊一郎「国際訴訟・国際仲裁と非国家法の適用」山本顯治編『紛争と対話』（法律文化社，2007年）211頁以下等。

(11)　Commentary on Principles on Choice of Law in International Commercial Contracts, at: https://www.hcch.net/en/instruments/conventions/full-text/?cid=135, paras. 3.5-3.7; 西谷・前掲注(3)26頁。

第1節　当事者自治の内容

の2(2)において，「当事者による準拠法選択は，明示的であるか又は法律行為その他これに関する事情から一義的に明らかなものでなければならないものとする」とするＡ案と，特段の規定を置かないＢ案が提示されたが，最終的に明文では規定されず，解釈にゆだねられている。通説によると，黙示の準拠法選択が認められるが，仮定的な意思ではなく現実の意思が必要であるとされる[12]。

　ローマⅠ規則第3条第1項及びハーグ原則第4条においては，準拠法選択が，明示的になされるか，あるいは契約の条項又は諸事情から明らかでなければならない旨が規定されており，当事者による黙示の準拠法選択は認めるが，一定の明確性が要求されるのが国際的な潮流である。

(4) 分 割 指 定

　1つの契約の一部につき準拠法を選択することが可能であるかについても，通則法制定の際に規定の導入が検討された。しかし，最終的には，分割指定の明確な基準を定立することが困難であるとの立法技術的な問題から，規定の導入は見送られ[13]，解釈にゆだねられている。学説上は，分割指定を認める見解が多いものの，どの範囲で認められるかという点においては相違がある[14]。1つには，分割指定によって準拠法間で矛盾が生じるおそれがあることは認めるものの，それは当事者が望んだことであり，また，選択を否定した場合には

---

(12)　小出邦夫ほか「『国際私法の現代化に関する要綱』の概要」別冊 NBL 編集部編『法の適用に関する通則法関係資料と解説（別冊 NBL110 号）』（商事法務，2006 年）52 頁，櫻田・前掲注(9) 231 頁，高桑昭『新版国際商取引法』（東信堂，2019 年）36 頁，澤木敬郎＝道垣内正人『国際私法入門〔第 8 版〕』（有斐閣，2018 年）179 頁，木棚照一＝松岡博＝渡辺惺之『国際私法概論〔第 5 版〕』（有斐閣，2007 年）137 頁〔松岡〕，中野俊一郎「法の適用に関する通則法と国際取引・国際仲裁」JCA ジャーナル 54 巻 7 号（2007 年）4 頁，佐野寛「法適用通則法における契約準拠法」民商法雑誌 136 巻 1 号（2007 年）13 頁，櫻田嘉章ほか「座談会・法適用通則法の成立をめぐって」ジュリ 1325 号（2006 年）15 頁〔西谷祐子発言〕，北澤安紀「国際契約の準拠法」須網隆夫＝道垣内正人編『国際ビジネスと法』（日本評論社，2009 年）125 頁，小出邦夫編著『逐条解説 法の適用に関する通則法〔増補版〕』（商事法務，2014 年）82 頁。

(13)　小出邦夫編著『一問一答　新しい国際私法——法の適用に関する通則法の解説』（商事法務，2006 年）46 頁，神前・前掲注(7) 58 頁。

(14)　早川吉尚「通則法における契約準拠法」国際私法年報 9 号（2007 年）10 頁以下参照。

9

第1章　国際契約法における当事者自治

その後の処理が当事者の意思に反する結果となるおそれがあることから，制限を設けるべきでないとする説がある[15]。このように無制限に分割指定を認める立場は少数であり，分割指定に限界が設けられるべきであるとする立場が多いが，他方で，かかる限界の具体的な設定が困難であることは認識されている[16]。

　これに対して，ローマⅠ規則及びハーグ原則は，分割指定の可能性を明文で規定している[17]。ハーグ原則第2条第2項は，「契約全体又はその一部だけに適用される法」を選択できること，また，「契約の異なる部分について異なる法」を選択することができることを明らかにしており，制限については特に言及されていない。

◆ 第2節　当事者自治の根拠

　当事者自治の原則は，当事者の選択に従って準拠法を決定するという連結方法である。しかし，このような手法は，客観的要素を介して法律関係の「本拠（Sitz）」を探求し，準拠法を決めるという伝統的国際私法の考え方からすると，体系上異質なものであるとされる[18]。そのため，根本的に，なぜ当事者による準拠法選択が許されるのかが議論されてきた。

(1) 客観的連結の困難

　当事者自治の原則の消極的根拠として，国際契約が複数国に関係を持つために最密接関連地を特定しにくいことが主張されている。その代表的な論者はKegel であり，その著書の契約準拠法の項目で最初に，次の通り連結が困難であることを述べている[19]。すなわち，契約の場合には，当事者利益が重要と

---

(15)　澤木=道垣内・前掲注(12) 188-189 頁，道垣内正人『ポイント国際私法（各論）〔第2版〕』（有斐閣，2014 年）218 頁等。

(16)　小出編著・前掲注(13) 46 頁，神前・前掲注(7) 57-58 頁，櫻田・前掲注(9) 208-209 頁，神前=早川=元永・前掲注(9) 129 頁〔神前〕。

(17)　ローマⅠ規則第3条第1項，ハーグ原則第2条第2項。

(18)　道垣内・前掲注(15) 221 頁，同「国際私法の新たな課題と展望」上智法学論集49 巻3=4 号（2006 年）25 頁，中野・前掲注(4) 302 頁等。

(19)　*Gerhard Kegel*, Internationales Privatrecht, 3. Aufl. (1971), S. 253-255; *Gerhard*

第2節　当事者自治の根拠

なる。このことから，第1に，当事者が何らかの行動をなすべき国の法の適用
が，第2に，当事者が密接に関連する国の法の適用が考えられる。前者の例と
して，契約締結地法や履行地法が挙げられるが，契約締結地は偶然でその場限
りのものであり，履行地はそれ以上に流動的で概念も不明確である。後者の例
には，営業所所在地法（商人の場合），常居所地法及び居所地法（個人の場合），
属人法（いずれもの場合。たとえば，本国法，常居所地法又は居所地法），主たる
管理地法（法人等の場合）等がある。その他にも，たとえば，当事者が合意し
た管轄裁判所の属する国の法や，当該契約の基礎とされた契約に適用される法
が考えられる。これら全ての当事者利益が，1国に集中することもあるが，複
数国に分散することもある。当事者利益が複数国に分散する場合には，慎重な
衡量が必要になるのであるが，それは，複数の当事者利益が同等の重みを持つ
ほどに困難化する。このような衡量の困難は，特異な手法をもたらした。通常
の場合，国際私法は，どの法の適用が（一般的に）最も当事者利益に適うかを
自ら決定する。しかし，契約の場合には，複数の法にかかわる当事者利益につ
いて，一般に人を納得させる調整ができないことが多いために当事者に決定権
が与えられ，当事者による合意がないときに限り国際私法が連結をおこなう。
これは，窮余の策（Verlegenheitslösung）である，と。

　我が国においても，初期の段階から客観的連結の困難という消極的根拠が唱
えられてきた。田中教授の見解[20]については，江川教授により次の通り要約
されている。すなわち，「債権契約の成立及び効力に関し，たとえば，行為地
法，債務履行地法，債務者の本国法というような準拠法が学説上決定せられる
にしても，債権関係の性質上いずれでなければならないという必然性は，他の
国際私法の原則ほど明瞭でない。また，債権関係を抽象的に観察するならば，
その関係のいずれの部分を捉えて連結点としても他の部分を連結点とする反対
説を克服するに足らない。博士は，かくの如き，債権契約に関する普遍妥当的
な準拠法を決定する困難が，各個の債権関係に関し当事者をして準拠法を選択
せしめることの可能性に途を開くものであると説かれている。」[21]「また，博

　Kegel/ Klaus Schurig, Internationales Privatrecht, 9. Aufl. (2004), S. 652-653.

（20）　田中耕太郎『世界法の理論 第2巻』（岩波書店，1933年）425-433頁。

（21）　江川英文「国際私法上の意思自治の原則に関する一考察」田中先生還暦記念『商法

第1章　国際契約法における当事者自治

士は，国際私法の範囲において，他の法律関係に関してはたとい諸説が対立している場合があってもその法律関係の性質上ある連結点，例えば，当事者の本国とか不動産の所在地とかは他の連結点に対し断然優越せる地位をもっているが，債権関係に関しては，諸連結的要素はいずれもかくのごとき明瞭な優越性をもたない，これは債権関係が純然たる意思の所在であり，生活事実から遊離した存在であることに起源するものであるとされている。」[22]折茂教授もまた，1つの根拠として，「客観主義がすでに今日における渉外的取引の実情にそくしえないこと，ひとしく契約債権といっても，その内容・性質において千差万別であり，またそれに関して，訴訟の実際面にあらわれる問題の形もきわめて変化に富んでいるがゆえに，それにたいする準拠法の決定も，一律的・固定的な仕方でこれをなすことは避けることが望ましいこと」を挙げる[23]。

　その後も，客観的連結の困難が当事者自治の原則の根拠として理解されてきたが[24]，反論もある。たとえば，この困難は契約の類型化によりある程度の克服が可能であるから，当事者自治の原則を本則とする理由としては十分でないこと[25]や，当事者自治の根拠を連結困難に求めると，翻せば他の連結要素よりも優位性を示す要素を見付けることができれば，それによることになるのは当然であるという考え方につながってくることが主張される[26]。

　　　の基本問題』（有斐閣，1952年）448頁。

(22)　江川・前掲注(21) 448頁。

(23)　折茂豊『国際私法各論〔新版〕』（有斐閣，1972年）115頁。

(24)　たとえば，木棚照一＝松岡博編『基本法コンメンタール国際私法』（日本評論社，1994年）40-41頁〔佐野寛〕，出口耕自『論点講義国際私法』（法学書院，2015年）230頁，山田鐐一『国際私法〔第3版〕』（有斐閣，2004年）316頁，溜池良夫『国際私法講義〔第3版〕』（有斐閣，2005年）351-352頁，石黒一憲『国際私法〔第2版〕』（新世社，2007年）316頁，櫻田＝道垣内編・前掲注(8) 179-180頁〔中西康〕，神前＝早川＝元永・前掲注(9) 124頁〔神前〕，櫻田・前掲注(9) 219-220頁，澤木＝道垣内・前掲注(12) 174頁等。

(25)　中野俊一郎「法例7条をめぐる解釈論の現状と立法論的課題」ジュリスト1143号（1998年）36頁。

(26)　佐藤やよひ「契約──法適用通則法適用に当たっての問題点」ジュリスト1325号（2006年）49頁。

(2) 契約自由の原則

初期において当事者自治の原則を支持した Laurent は，次のように主張する[27]。すなわち，法律は，公共の利益に関する事項を規律するものと私的利益に関する事項を規律するものとに分けることができ，後者は，個人の自由な活動にゆだねられる。たとえ，立法者がそのような事項に関して法律を制定したとしても，当事者は必ずしもそれに従う必要はなく，ここでは，合意が法律に代わる。これが「契約当事者の自治」であり，それは，渉外関係においても認められるべきである。渉外的要素を含む契約の当事者は，その本国において享有する自治の権能を他国においても保有するため，その契約を任意に選択する法によらしめうる，と。ただし，Laurent は，属人法と属地法により制限を受けることを付言している[28]。

我が国においても，実質法上契約自由の原則が妥当することを当事者自治の原則の積極的根拠として説明する文献が少なくない[29]。要約すれば，次の通りである。すなわち，当事者自治の原則は，実質法における契約自由の原則の国際私法への反映ないしは投影であり，諸国の実質法上，契約自由の原則が認められて，債権契約関係についてはなるべく当事者の意思を尊重することが望ましいとされるのであるならば，国際私法上における債権契約の準拠法の決定についても当事者の意思を尊重することが望ましいと考えられる。

もっとも，実質法上の契約自由の原則が任意法規の範囲内で認められるのに対して，国際私法上の当事者自治の原則は，強行法規をも含めた法の選択を当事者に認めるものである。そのため，この見解に対しては，当事者自治の原則の根拠としては不十分な面があるとの指摘[30]や，直接に当事者自治の原則の

---

(27) François Laurent, *Droit civil, international*, t. 7 (1881), pp. 512-514.

(28) Laurent, *supra* note 27, p. 517.

(29) 中野・前掲注(4) 320 頁。たとえば，田中・前掲注(20) 426 頁，431-432 頁，江川・前掲注(21) 448-449 頁，折茂・前掲注(23) 115 頁，松岡博「国際契約と適用法規」『国際取引と国際私法』（晃洋書房，1993 年）171 頁，木棚=松岡編・前掲注(24) 40 頁〔佐野〕，出口・前掲注(24) 229 頁，山田・前掲注(24) 316 頁，溜池・前掲注(24) 352 頁，木棚=松岡=渡辺・前掲注(12) 130 頁〔松岡〕，澤木=道垣内・前掲注(12) 174 頁等。

(30) *Axel Flessner*, Interessenjurisprudenz im internationalen Privatrecht (1990), S. 99f.; 中野・前掲注(25) 36 頁等。

13

第1章 国際契約法における当事者自治

根拠とするのではなく，さらに上位の私的自治まで遡り，そこから当事者自治の原則も派生するとの説明をするならば，十分にありうる根拠づけであるとの見方がある[31]。また，そもそも市民社会においては，個人がその自由な意思によって権利義務関係を形成することを認めるべきこととされており，その理念を強調していけば，準拠法選択の点も含めて，当事者がその意思に従って権利義務の内容を定めることが認められるべきこととなるとの主張もある[32]。

(3) 憲法上の権利又は基本権・人権

ドイツにおいては，多くの学者が，準拠法選択を憲法により保障されるものと見ているとされている[33]。より具体的には，ドイツ基本法（以下，「GG」という。）第2条第1項の「人格の自由な発展」により基礎づけられるとする[34]。

より一般的に，基本権ないし人権の見地から当事者自治が説明されることもある[35]。Jayme によれば，1991年の万国国際法学会バーゼル決議は，当事者自治が基本権及び人権としての人格の自由な発展に支えられているという趣旨のものである[36]。同決議第2条第1項は，「当事者は，その契約の準拠法を選択する自由を有している。彼らは，あらゆる国家法の適用を合意することがで

---

(31) 櫻田＝道垣内編・前掲注(8) 180頁〔中西〕。パウル・ハインリッヒ・ノイハウス（櫻田嘉章訳）『国際私法の基礎理論〔第2版〕』（成文堂，2000年）265頁，*Yuko Nishitani*, Mancini und die Parteiautonomie im Internationalen Privatrecht (2000), S. 324 等参照。佐藤・前掲注(26) 49-50頁もこの方向を示唆するとされる（櫻田＝道垣内編・前掲注(8) 180頁注(4)〔中西〕）。

(32) 神前＝早川＝元永・前掲注(9) 124頁〔神前〕。

(33) *Abbo Junker*, Die freie Rechtswahl und ihre Grenzen – Zur veränderten Rolle der Parteiautonomie im Schuldvertragsrecht, IPRax 1993, S. 2. z. B. *Günther Beitzke*, Grundgesetz und Internationalprivatrecht (1961), S. 16f.; *Abbo Junker*, Internationales Arbeitsrecht im Konzern (1992), S. 54.

(34) *Beitzke*, a.a.O. (Fn. 33), S. 54.

(35) z. B. *Jürgen Basedow*, Theorie der Rechtswahl oder Parteiautonomie als Grundlage des Internationalen Privatrechts, RabelsZ 75 (2011), S. 54ff.; *Volker Lipp*, Parteiautonomie im internationalen Unterhaltrecht, in: *Verbeke/ Scherpe/ Declerck/ Helms/ Senaeve* [Hrsg.], Confronting the frontiers of family and succession law (2012), S. 865.

(36) *Erik Jayme*, Die Parteiautonomie im Internationalen Vertragsrecht auf dem Prüfstand – 65. Sitzung des Institut de Droit International in Basel, IPRax 1991, S. 429.

きる。」と規定する。同決議は，前文によれば，「当事者の意思自治が国際私法の根本原則の1つであることを考慮し」，「当事者の意思自治がいくつもの条約及び様々な国連決議において個人の自由として述べられてきたことを認め」，採択されたものである。

　また，Mancini は，当事者自治について，「無害な自由」という文言を用いて述べている。すなわち，「社会的権力の作用は，個人の無害な，したがって，正当な自由と衝突するところにおいてその機能を停止する。したがって，社会的権力は，過度の不正を犯すことなしに，この無害な自由の支配する不可侵の領域に踏み入ることはできないのである。」[37]

　Basedow は，以上の Mancini の見解を，人権によって準拠法選択の自由を根拠づける手がかりと理解し，次のように主張する[38]。すなわち，「あらゆる国家法秩序より以前に権利が基本的に存在するという人権の考え方からすると，個々の契約当事者による法的安定性創出への努力，つまり準拠法選択は基本的に承認される，という帰結が導かれる。その限りでは，いわば，グローバル化した世界における人権が問題になっているのであり，この人権は，単一の国に留まらず，複数の国々，つまり，契約紛争の解決を管轄する裁判所の所属国すべてに向けられる傾向にある。これらの国々は，マルチ・ジュリスディクショナルな世界における，より法的確実性の高い方向付けの手段として，法選択を認める義務を負う。」[39] Jayme も，このような基礎づけが受け入れられるなら，当事者自治は，契約だけでなく，婚姻又は相続のように，属人的な問題に関する法律行為にもかかわってくると述べている[40]。

　このような視点から当事者自治の原則を基礎づける試みに対し，これが可能

---

(37)　Pasquale Stanislao Mancini, « De l'utilité de rendre obligatoires pour tous les Etats, sous la forme d'un ou de plusieurs traités internationaux, un certain nombre de règles générales du Droit international privé pour assurer la décision uniforme des conflits entre les différentes législations civiles et criminelles », Journ. dr. intern. privé, no. 1 (1874), p. 292.

(38)　*Basedow*, a.a.O. (Fn. 35), S. 55.

(39)　*Basedow*, a.a.O. (Fn. 35), S. 55. 邦訳は，中野・前掲注(4) 324 頁に従った。

(40)　Erik Jayme, « Identité culturelle et intégration: le droit international privé postmoderne », *Recueil des cours*, vol. 251 (1995), p. 148.

第1章　国際契約法における当事者自治

かつ適切かどうかは未知数であるとする一方で，当事者自治という手法が，今日，特別な必要性があるところで例外的に認められるものではなく，出発点，デフォルト・ルールとしての地位を獲得しつつあることが窺い知れるとする見方もある[41]。

(4) 実際的な利益

最近では，当事者自治の根拠として，当事者があらかじめ準拠法を合意していた場合に，その法を適用することにより様々な実際的な利益が得られることが強調されるようになってきていると思われる。

具体的には次のようなことである。すなわち，当事者が選択した法を適用することにより，当事者の準拠法に関する予見可能性が保障され，当事者の正当な期待が保護され，法的安定性が強化される[42]。また，当事者が選択した法を裁判所が適用すれば，当事者は安心して国際取引に従事しうることになるから，当事者による準拠法選択の承認は国際取引の安全と円滑を促進することにもなる[43]。さらに，国際取引の当事者は，自らの関係の規律に最適な法を知っており，中立の法やその契約にとって適切な法を選択することができる[44]。加えて，当事者自治の原則には，裁判所にとっても，準拠法の決定を容易にするという利点がある[45]。また，当事者が選択した法の適用が各国で認められることによって，判決の国際的調和の要請にも適うとされる[46]。

---

(41) 中野・前掲注(4) 324 頁。

(42) 松岡・前掲注(29) 171 頁，松岡博著（高杉直補訂）『国際関係私法講義〔改題補訂版〕』（法律文化社，2015 年）98 頁，木棚=松岡編・前掲注(24) 41 頁〔佐野〕，中野・前掲注(25) 36 頁，西賢「当事者自治の原則と比較法的動向」『比較国際私法の動向』（晃洋書房，2002 年）79 頁，木棚=松岡=渡辺・前掲注(12) 129-130 頁〔松岡〕，櫻田=道垣内編・前掲注(8) 180 頁〔中西〕，櫻田・前掲注(9) 220 頁，横山潤『国際私法』（三省堂，2012 年）163 頁等。

(43) 松岡・前掲注(29) 171 頁，松岡・前掲注(42) 98 頁，木棚=松岡編・前掲注(24) 41 頁〔佐野〕，中野・前掲注(25) 36 頁，木棚=松岡=渡辺・前掲注(12) 129-130 頁〔松岡〕，櫻田=道垣内編・前掲注(8) 180 頁〔中西〕等。

(44) 中野・前掲注(25) 36 頁，西・前掲注(42) 80 頁，横山・前掲注(42) 163 頁等。

(45) 木棚=松岡編・前掲注(24) 41 頁〔佐野〕，木棚=松岡=渡辺・前掲注(12) 130 頁〔松岡〕，松岡・前掲注(42) 98 頁，櫻田・前掲注(9) 220 頁等。

(46) 木棚=松岡編・前掲注(24) 41 頁〔佐野〕，中野・前掲注(25) 36 頁，横山・前掲注(42) 163

◆ 第3節　小　括

　このように，我が国の国際契約法における当事者自治は，内容的にみると，比較法的にもよくいわれるように，おおよそ「自由な法選択」であるといえる。これはまた，現状としての我が国における自由な当事者自治の限界でもあろう。

　国際契約法における当事者自治の根拠については，従来，客観的連結の困難という消極的根拠と，契約自由の原則の投影という積極的根拠の2点が主に挙げられてきた[47]。ところが，近年では，それによれば当事者自治が根拠づけられるのが国際契約法の領域にとどまらないような根拠づけも主張されるようになっている。たとえば，予見可能性及び法的安定性の確保という観点からすれば，当事者自治の利用を契約に限らず正当化することができるとされている[48]。また，当事者の利益に適う法の選択に根拠を置くならば，契約以外の法分野において当事者自治が制限的に用いられることが多いことも理解することができるとされるが，それは，法律関係の性質によって，その規律に適しており，なおかつ当事者の利益に適うような法が限定される場合もありうるからである[49]。

　以上の議論を前提に，次章以降，国際家族法における当事者自治がどのようにして根拠づけられるのか，国際契約法における当事者自治とは異なるものであるのかを考察していきたい。

　頁等。

(47)　山田・前掲注㉔316頁，溜池・前掲注㉔351-352頁。

(48)　中野・前掲注(4) 321頁。

(49)　中野・前掲注(4) 322頁。

◆ 第2章 ◆ ドイツ法における当事者自治

　ドイツでは，以前から当事者自治に関する学説が多くあり，1986年の国際私法改正の際にはその導入について広く議論された。そしてその結果として，ドイツ民法施行法（以下，「EGBGB」という。）は，基本的には我が国と同じ構成となっている中に，種々の家族関係に関する当事者自治を組み込んでいることから，我が国でも準拠法選択の根拠及び組み立てを検討する際にきわめて参考になると思われる。ドイツは欧州連合の構成国であることから，すでに統一規則によって置き換えられた規定もあるが，以上の理由から1986年の改正に遡り，概観することとしたい。

　EGBGBにおいて認められている（認められていた）ものは，婚姻の身分的効力及び離婚（第1節），夫婦財産制（第2節），相続（第3節），氏（第4節）であり，以下，順にみていき，最後に総括する（第5節）。

◆ 第1節　婚姻の身分的効力及び離婚

第1款　抵触規則の内容

　婚姻の身分的効力[1]について定めるEGBGB第14条は，第1項において段階的連結を規定するが，第2項及び第3項において，制限的ではあるが，当事者自治を認めている。

---

[1]　EGBGB第14条は婚姻の一般的効力（allgemeine Ehewirkungen）について定めるが，そこには，その他の規定に服する夫婦財産制（旧第15条。現在は欧州連合規則（第4章第3節）による。），扶養（旧第18条。現在は欧州連合規則に基づき，扶養義務の準拠法に関するハーグ議定書による。），成年擬制（第7条第1項第2文），氏名（第10条）以外の効力全てが含まれる（Münchener Kommentar zum Bürgerlichen Gesetzbuch, Bd. 10, 6. Aufl. (2015), Art. 14, Rn. 5 [*Kurt Siehr*]）ため，本書では身分的効力と呼ぶこととする。

19

第2章　ドイツ法における当事者自治

第14条　婚姻の身分的効力

1．婚姻の身分的効力は，次の各号に掲げる法による。

(1) 夫婦双方が属する国の法又は夫婦双方が婚姻中最後に属した国の法（ただし，夫婦の一方がなお属するときに限る。），その法がない場合には，

(2) 夫婦双方が常居所を有する国の法又は夫婦双方が婚姻中最後に常居所を有した国の法（ただし，夫婦の一方がなお常居所を有するときに限る。），その法がない場合には，

(3) 夫婦がともに別の方法で最も密接に結びつけられている国の法。

2．夫婦の一方が複数の国に属する場合であって，他方もその1つに属するときは，夫婦は，第5条第1項[2]の規定にかかわらず，その国の法を選択することができる。

3．第1項第1号に規定する法がなく，かつ，次の各号に掲げる場合には，夫婦は，その一方が属する国の法を選択することができる。

(1) 夫婦のいずれもが，夫婦の双方がその常居所を有する国に属しない場合，又は

(2) 夫婦が同一国にその常居所を有しない場合

そして，欧州連合規則（第4章第1節）が発効するまで，EGBGB旧第17条は次のように定めていた。

第17条　離婚

1．離婚は，離婚訴訟の係属の発生時点において婚姻の身分的効力について基準となる法に服する。（以下略）

2．（略）

3．（略）

夫婦は，これらの規定に従い，婚姻の身分的効力の準拠法を選択することが

---

(2)　EGBGB第5条第1項は，「人が属する国の法に送致される場合であって，その者が複数の国に属するときは，その者が，特に，その常居所又はその生活の経過により，最も密接に結びつけられている国の法が適用される。その者がドイツ人でもある場合には，その法的地位が優先する。」と規定する。

でき，それに伴い，離婚準拠法も選択することができた[3]。もっとも，準拠法選択には一定の制限がある。EGBGB 第 14 条第 2 項及び第 3 項によれば，あらゆる場合に選択することができるのは，夫婦の一方の本国法のみであり，共通（常）居所地法を選択することはできない。さらに，個々の婚姻の効力に関して，部分的に準拠法選択をすることはできない[4]。婚姻の身分的効力全てに関して，画一的に準拠法選択をすることができるだけであり[5]，離婚もそれに従う。

以下では，婚姻の身分的効力と離婚についてそれぞれ，当事者自治が導入された経緯を確認する。

第 2 款　婚姻の身分的効力

EGBGB 第 14 条は，1986 年の EGBGB 改正によって根本的に変更されたのであり，婚姻の身分的効力の準拠法の選択可能性は，この時初めて導入された[6]。EGBGB 旧第 14 条は，一方的抵触規定であり，第 1 項は，「ドイツ人夫婦相互の身分的法律関係は，彼らが外国にその住所を有する場合であっても，ドイツ法に基づき判断される。」と，第 2 項は，「夫がドイツ国籍を喪失したが，妻がそれを保持している場合にも，ドイツ法が適用される。」と定めていた。それゆえ，ドイツ法が適用されない場合における準拠法は明確でなく，居所地連結への移行や，より弱い効力を定める法の適用，夫の法への連結が議論されていた[7]。

ドイツ国際私法会議の最初の提案は，段階的連結のみを定めており，第 1 に，（最後の）共通国籍，第 2 に，（最後の）共通常居所地に連結し，第 3 に，現行法とは異なり，（最後の）共通居所地に連結していた[8]。この提案は，鑑定人

---

(3)　「間接的選択（isolierte Wahl）」と呼ばれることがある（*Alexander Ganz*, Internationales Scheidungsrecht – Eine praktische Einführung – Teil 2 –, FuR 2011, S. 370）。

(4)　J. von Staudingers Kommentar zum Bürgerlichen Gesetzbuch mit Einführungsgesetz und Nebengesetzen, Art 13-18 EGBGB, 13. Aufl. (1996), Art. 14 EGBGB, Rn. 115 [*Christian von Bar/ Peter Mankowski*]（„*Staudinger/ von Bar/ Mankowski*"）。

(5)　*Staudinger/ von Bar/ Mankowski*, Art. 14 EGBGB, Rn. 115.

(6)　*Staudinger/ von Bar/ Mankowski*, Art. 14 EGBGB, Rn. 113.

(7)　*Staudinger/ von Bar/ Mankowski*, Art. 14 EGBGB, Rn. 7.

第2章　ドイツ法における当事者自治

である Kegel が起草したものであり⁽⁹⁾，「Kegel の梯子」として知られてい
る⁽¹⁰⁾。1977 年の再検討の際，彼は最初の提案を支持したが⁽¹¹⁾，同会議は，
第3段階を最密接関連への連結に置き換えた⁽¹²⁾。また，ドイツ国際私法会議
は，正当な客観的連結が提供される場合には，婚姻の身分的効力について，当
事者による準拠法選択の要求はないことから，当事者自治の導入に反対し
た⁽¹³⁾。

　当事者自治は，Kühne の草案において初めて現れたのであるが，それはき
わめて限定的なものであり，同草案には，2つの特別な組み合わせにおいて，
ドイツ法を選択する可能性のみが規定されていた⁽¹⁴⁾。すなわち，共通のドイ
ツ国籍を喪失した場合であって，新たな共通国籍の獲得までの期間（草案第14
条第2項），又は夫婦が共通の国籍を持たないが，夫婦の一方がドイツ国籍を
有する場合（同条第3項）に，夫婦は，ドイツ法を選択することができる。
Kühne によれば，契約における当事者自治の原則は，顧慮されるべき利益の
多様性を適切に顧慮するためのものであるが，親族法の領域においてもそのよ
うな事情や利益の多様性が見られ，当事者自治が許容されうる⁽¹⁵⁾。また，当

---

(8)　Vorschläge für eine Reform des deutschen internationalen Eherechts, in: *Wolfgang Lauterbach* [Hrsg.], Vorschläge und Gutachten zur Reform des deutschen internationalen Eherechts (1962), Ehewirkungen § A (S. 2).

(9)　*Gerhard Kegel*, Zur Reform des deutschen internationalen Rechts der persönlichen Ehewirkungen, in: *Lauterbach* [Hrsg.], a.a.O. (Fn. 8), S. 75ff.

(10)　*Staudinger/ von Bar/ Mankowski*, Art. 14 EGBGB, Rn. 8.

(11)　*Gerhard Kegel*, Zur Reform des internationalen Rechts der persönlichen Ehewirkungen und des internationalen Scheidungsrechts, in: *Günther Beitzke* [Hrsg.], Vorschläge und Gutachten zur Reform des deutschen internationalen Personen-, Familien- und Erbrechts (1981), S. 122ff.

(12)　Vorschläge für eine Reform des deutschen internationalen Personen-, Familien- und Erbrechts, in: *Beitzke* [Hrsg.], a.a.O. (Fn. 11), Ehewirkungen § A (S. 5).

(13)　Begründungen zu den Gesetzesvorschlägen, in: *Beitzke* [Hrsg.], a.a.O. (Fn. 11), S. 38.

(14)　Vgl. Entwurf eines Gesetzes zur Reform des internationalen Privat- und Verfahrensrechts, in: *Gunther Kühne*, IPR-Gesetz-Entwurf: Entwurf eines Gesetzes zur Reform des internationalen Privat- und Verfahrensrechts (1980), § 14 Abs 2, 3 (S. 6).

第1節　婚姻の身分的効力及び離婚

事者自治は，個々の事案に適した解決を導き，予見可能性を促進するための適当な手段であり，当事者による準拠法選択は，法政策上筋が通っており，有意義なものであると考えられた[16]。ドイツ国際私法会議においては，多数の委員が準拠法選択に賛成することを表明したほか[17]，Sturm[18] と Lüderitz[19] が肯定的な意見を述べ，Görgens[20] もまた，準拠法選択を認めることには法政策上説得力があるとした。

Neuhaus と Kropholler による提案は，第1に，夫婦の共通常居所地，第2に，最後の共通常居所地（夫婦がこれを維持している必要はない。），第3に，ある法に対して夫婦が共通して有する最密接関連を連結点とするものであった[21]。この提案においては，婚姻の身分的効力に関する準拠法選択は，普通は夫婦がよく考えないものであり，適当でないと述べられている[22]。それは，ただ1つの行為で（*uno actu*）決定されてはならない，きわめて多様な問題（たとえば，住所，扶養，代理権，特定の契約の禁止）にかかわる問題であるからである[23]。

---

(15) *Kühne*, a.a.O. (Fn. 14), S. 95.

(16) *Kühne*, a.a.O. (Fn. 14), S. 95.

(17) *Kühne*, a.a.O. (Fn. 14), S. 95.

(18) *Fritz Sturm*, Zur Gleichberechtigung im deutschen internationalen Privatrecht, in: *Wahl/ Serick/ NiederLänder* [Hrsg.], Rechtsvergleichung und Rechtsvereinheitlichung (1967), S. 168ff.

(19) *Alexander Lüderitz*, Anknüpfung im Parteiinteresse, in: *Lüderitz/ Schröder* [Hrsg.], Internationales Privatrecht und Rechtsvergleichung im Ausgang des 20. Jahrhunderts: Bewahrung oder Wende?: Festschrift für Gerhard Kegel (1977), S. 51.

(20) *Peter Görgens*, Die materiellrechtliche und kollisionsrechtliche Gleichberechtigung der Ehegatten auf dem Gebiet der persönlichen Ehewirkungen und der elterlichen Gewalt (1976), S. 182f.

(21) *Paul H. Neuhaus/ Jan Kropholler*, Entwurf eines Gesetzes über Internationales Privat- und Verfahrensrechts (IPR-GESETZ), RabelsZ 44 (1980), S. 330. 同提案の翻訳については，山内惟介「西ドイツ国際私法改正のための諸提案」桑田三郎=山内惟介編著『ドイツ・オーストリア国際私法立法資料』（中央大学出版部，2000年）71頁参照（なお，本書での文言の統一性のため，若干の修正を加えた。）。

(22) *Neuhaus/ Kropholler*, a.a.O. (Fn. 21), S. 330.

(23) *Neuhaus/ Kropholler*, a.a.O. (Fn. 21), S. 330.

第2章　ドイツ法における当事者自治

　マックス・プランク研究所作業グループの提案は，第8条第1項において，第1に，共通国籍，第2に，共通常居所地，第3に，最密接関連（問題に存在する婚姻の効力の性質をその都度考慮する。）への客観的連結を定めていた。他の提案や実際に制定された規定との相違は，第2項において，包括的かつ極度に自由主義的に当事者自治を支持していたことであるといわれている[24]。すなわち，準拠法選択は，婚姻の身分的効力に関しても，一般に可能でなければならず，夫婦は，個々の又は全ての婚姻の効力について，客観的な関連を有するあらゆる法秩序を選択することができるものとされた[25]。そのため，夫婦が婚姻の効力の準拠法として選択できるのは，たとえば，現在の本国法又は居所地法だけではないとする[26]。彼らによれば，夫婦には，彼らが最初に移住するつもりである国の法を選択する十分な理由がある[27]。それに加えて，このマックス・プランク研究所作業グループの提案では，婚姻の身分的効力と財産的効力が同時に規定されていたことから，夫婦がその財産の大部分が所在する国の法を選択するにも十分な理由があり，動産については，財産準拠法を所在地別に決めることが有意義でありうるとも述べられている[28]。しかしながら，立法者が，このような状況全てを予測することは不可能であるため，選択可能な法を限定列挙するのではなく，明らかに恣意的な準拠法選択だけを不可能と見ることを提案した[29]。

　改正議論の中で，婚姻の効力の準拠法選択の導入は，やはり，幾人かの学者によって，国際的に害のあるものとして，国際的に調和しない準拠法をもたらすものとして，不必要なものとして，正当な理由のないものとして批判された[30]。具体的には，次の通りである。

---

(24)　*Staudinger/ von Bar/ Mankowski*, Art. 14 EGBGB, Rn. 11.

(25)　*Max-Planck-Institut*, Thesen zur Reform des Internationalen Privat- und Verfahrens-rechts, RabelsZ 44 (1980), S. 358. 同提案の翻訳については，山内・前掲注(21) 71 頁参照（なお，本書での文言の統一性のため，若干の修正を加えた。）。

(26)　*Max-Planck-Institut*, a.a.O. (Fn. 25), S. 358.

(27)　*Max-Planck-Institut*, a.a.O. (Fn. 25), S. 358.

(28)　*Max-Planck-Institut*, a.a.O. (Fn. 25), S. 358.

(29)　*Max-Planck-Institut*, a.a.O. (Fn. 25), S. 358.

(30)　*Staudinger/ von Bar/ Mankowski*, Art. 14 EGBGB, Rn. 114.

第1節　婚姻の身分的効力及び離婚

　まず，Reinhart は，当事者自治を批判する論拠として次の3点を挙げる。
第1に，当事者自治と私的自治の間には，根本的な相違がある[31]。すなわち，
実質法における私的自治は，任意法規についてのみ有効に用いられうるのであ
り，私法の多くの領域では司法による内容のコントロールを受けるのに対し，
国際私法上の当事者自治を行使すれば，強行法規を含む法秩序全体が排除され
る[32]。第2に，婚姻はあらゆる者に対する外部的な効果を持っており，それゆ
え，本質をなす内容は，法律上の規定から生じなければならない[33]。また，
個人に強く関連する制度は，第三者の不利益に（あるいは夫婦自身の不利益に
も）濫用されうるため[34]，第三者の利益の保護ための規定が必要となる[35]。
第3に，公の利益の保護もまた，国際親族法における当事者自治の認容に抵抗
する[36]。

　Firsching は，この枠組において準拠法選択を認容する必要性がないとして，
次のように主張する。すなわち，準拠法選択の認容は，結局は，政府草案に進
歩的な外見を与えることだけに役立つものである[37]。反対に，他国の立法で

---

(31)　*Gert Reinhart*, Zur Parteiautonomie im künftigen deutschen internationalen
　　Privatrecht auf den Gebieten des Familien- und Erbrechts, ZVglRWiss 80（1981），S. 164.

(32)　*Reinhart*, a.a.O.（Fn. 31），S. 164; *Rolf H. Weber*, Parteiautonomie im Internationalen
　　Sachenrecht?, RabelsZ 44（1980），S. 512; *Murad Ferid*, Internationales Privatrecht: Ein
　　Leitfaden für Studium und Praxis（1975），S. 145; *Karl Firsching*, Einführung in das
　　internationale Privatrecht – einschließlich der Grundzüge des internationalen Ver-
　　fahrensrechts（1974），S. 202ff.; *Gerhard Kegel*, Internationales Privatrecht, 4. Aufl.
　　(1977），S. 289ff.

(33)　*Reinhart*, a.a.O.（Fn. 31），S. 165; *Ferid*, a.a.O.（Fn. 32），S. 207.

(34)　*Reinhart*, a.a.O.（Fn. 31），S. 165; *Weber*, a.a.O.（Fn. 32），S. 514; *Fritz Frhr. von
　　Schwind*, Zweigerts System und das österreichische IPR-Gesetz, in: *Bernstein/ Drobnig/
　　Kötz*［Hrsg.］, Festschrift für Konrad Zweigert zum 70. Geburtstag（1981），S. 323.

(35)　*Reinhart*, a.a.O.（Fn. 31），S. 165; J. von Staudingers Kommentar zum Bügerlichen
　　Gesetzbuch mit Einführungsgesetz und Nebengesetzen, Bd. I, 5. Lief., Internationales
　　Sachenrecht（nach Art. 12（I））von Hans Stoll, 10./11. Aufl.（1976）(„ *Staudinger/
　　Stoll*"), Rn. 323.

(36)　*Reinhart*, a.a.O.（Fn. 31），S. 165; *Ferid*, a.a.O.（Fn. 32），S. 207; *von Schwind*, a.a.O.
　　(Fn. 34），S. 323.

(37)　*Karl Firsching*, Parteiautonomie und Ehewirkungsstatut im IPR-Gesetzentwurf,

第 2 章　ドイツ法における当事者自治

よく見られるのは，政府草案第 14 条第 1 項のような，いわゆる Kegel の梯子
に基づくものであり[38]，それは，ドイツ国際私法会議も推奨したように，近
代的な立法に合致している[39]。さらに，第 14 条第 1 項の連結は，特別な意味
を持っているとされる[40]。それは，その抵触規則が，夫婦財産制（政府草案第
15 条第 1 項），離婚及びその結果（同第 17 条第 1 項，第 3 項第 1 文，第 18 条第 4
項），嫡出親子関係の成立及び効力（同第 19 条第 1 項第 1 文，第 2 項），準正（同
第 21 条第 1 項第 1 文）並びに準正における選択的連結（同第 22 条第 2 文）に準
用されるからである[41]。したがって，この規定は，制限的な範囲であっても，
準拠法選択の導入によって容易に外観が損なわれてはならないような一体を成
しているという[42]。また，準拠法選択は，実務や裁判所だけではなく，助言
を求められる公証人や弁護士，最終的には法律の知識を持たない当事者自身に
も熟考を強いることになるが，それは，法的不安定性の軽減しかもたらさない
とされている[43]。

　また，Firsching は次のようにも述べている。すなわち，国際契約法におけ
る当事者自治の原則は，法律行為を国家による監督や操作なしに自身で自己責
任により最もよく規律し，失敗に終わった行動の結果を自身で負担しなければ
ならないという利益状況によって，正当化することができる[44]。しかし，婚
姻の効力の準拠法における当事者自治は，おそらく最も不適切な領域に余地を

IPRax 1984, S. 126.

(38)　*Firsching*, a.a.O. (Fn. 37), S. 126.

(39)　*Firsching*, a.a.O. (Fn. 37), S. 126. Dazu Art. 52 portugiesisch ZGB idF von 1977; § 18
Abs. 1 österreichisch IPR-G 1978; Art. 36 jugoslawisch IPR-G 1982; Art. 12 Abs. 2
türkisch IPR-G von 1982.

(40)　*Firsching*, a.a.O. (Fn. 37), S. 126.

(41)　*Firsching*, a.a.O. (Fn. 37), S. 126.

(42)　*Firsching*, a.a.O. (Fn. 37), S. 126.

(43)　*Firsching*, a.a.O. (Fn. 37), S. 126

(44)　*Firsching*, a. a. O. (Fn. 37), S. 127. Dazu J. von Staudingers Kommentar zum
Bügerlischen Gesetzbuch mit Einführungsgesetz und Nebengesetzen, Teil 2b, Interna-
tionales Schuldrecht I von Karl Firsching, 10./11. Aufl. (1978) („*Staudinger/Firsching*"),
Rn. 318ff.

第1節　婚姻の身分的効力及び離婚

与えることになり，説得的ではない(45)。さらに，当事者自治に対する実務の
需要もない(46)。政府草案の理由書において示される例は，フランス人男性と
ベルギー人女性がニューヨーク又はリアドで生活しているというものであ
る(47)。立法者は，このような，おそらくドイツの実務では頻繁に発生しない
事案のために，包括的に将来に向けて準備する必要はない(48)。国際私法の規
定は，例外的な場合に沿うものではなく，通常の場合につき，法的安定性にも
合致する明確な規定を国民に保障するものでなければならない(49)，と。

　このように，当事者自治の導入に対して批判はあったが，政府草案において
は，現行 EGBGB 第14条と実質的には同一の規定が置かれた。そして，表現
の調整を経て，現在の規定となった。

第3款　離　婚

EGBGB 旧第17条は，1986年の EGBGB 改正により導入された規定である。
それ以前は，離婚には，原則として，訴え提起時において夫が属する国の法が
適用されていた。ドイツ国際私法会議は，その最初の態度表明において，すで
に夫の法への連結を退けており，第1に，（最後の）共通国籍，第2に，（最後
の）共通常居所地，第3に，（最後の）共通居所地を連結点とする段階的連結の
導入を考えていた(50)。その時点では，当事者自治の導入は予定されていな
かった。段階的連結に基づき離婚が不可能である場合には，婚姻締結時に夫婦
の一方が属していた国の法に基づき，婚姻を解消することができる限りで，そ

---

(45)　*Firsching*, a.a.O.（Fn. 37），S. 127.

(46)　*Firsching*, a.a.O.（Fn. 37），S. 127.

(47)　Gesetzentwurf der Bundesregierung, Entwurf eines Gesetzes zur Neuregelung des
Internationalen Privatrechts, Begründung („RegBegr"), BR-Drucks 222/83, S. 56. 同草
案の翻訳については，山内惟介「西ドイツ国際私法改正のための政府草案」桑田＝山内
編著・前掲注(21) 407 頁以下参照（なお，本書での文言の統一性のため，若干の修正を加
えた。)。

(48)　*Firsching*, a.a.O.（Fn. 37），S. 127.

(49)　*Firsching*, a.a.O.（Fn. 37），S. 127.

(50)　Vorschläge für eine Reform des deutschen internationalen Eherechts, in: *Lauterbach*
[Hrsg.], a.a.O.（Fn. 8），Ehescheidung § A Abs 1 (S. 3).

第2章　ドイツ法における当事者自治

の法が適用されるとされた[51]。1977年のドイツ国際私法会議における再検討の際には，階梯（Leiter）の最後の段が（最後の）共通居所地への連結から最密接関連への連結に置き換えられたが[52]，依然として，当事者自治は認められていなかった。

司法省の委託を受けた Kühne の草案において初めて，離婚についての当事者自治が現れた[53]。彼は，離婚時における婚姻の身分的効力の準拠法への併合によって，規定されていた階梯を置き換えた[54]。彼によれば，婚姻の効力と離婚の連結を同一にすることは，多くの法秩序において，婚姻中の夫婦の義務とその不履行に対する制裁が内容的に相互に関係しているという考慮に基づいている[55]。そして，この内在的な実質法上の関係は，連結を一致させることによって，抵触法上保持されるという[56]。同様に，Neuhaus と Kropholler による草案も，離婚が離婚時における婚姻の効力の準拠法に服する旨を規定していた[57]。

他方，マックス・プランク研究所作業グループの提案は，夫婦の一方の本国法，夫婦が共通常居所地を有する国の法又は夫婦が最後に共通常居所地を有していた国の法のいずれかにより根拠づけられる場合には，離婚が認められるとするものであった[58]。彼らによれば，離婚は，現代の理解では，全ての者がその人格ゆえに，自由権の1形態として，婚姻中の自己及び相手方の行動を顧

---

(51)　Vorschläge für eine Reform des deutschen internationalen Eherechts, in: *Lauterbach* [Hrsg.], a.a.O. (Fn. 8), Ehescheidung § B (S. 4).

(52)　Vorschläge für eine Reform des deutschen internationalen Personen-, Familien- und Erbrechts, in: *Beitzke* [Hrsg.], a.a.O. (Fn. 11), Ehescheidung § A (S. 7).

(53)　J. von Staudingers Kommentar zum Bürgerlichen Gesetzbuch mit Einführungsgesetz und Nebengesetzen, Art 13-18 EGBGB, 13. Aufl. (1996), Art. 17 EGBGB, Rn. 10 [*Christian von Bar/ Peter Mankowski*] („*Staudinger/ von Bar/ Mankowski*").

(54)　Entwurf eines Gesetzes zur Reform des internationalen Privat- und Verfahrensrechts, in: *Kühne*, a.a.O. (Fn. 14), § 17 (S. 7).

(55)　*Kühne*, a.a.O. (Fn. 14), S. 108.

(56)　*Kühne*, a.a.O. (Fn. 14), S. 108.

(57)　*Neuhaus/ Kropholler*, a.a.O. (Fn. 21), S. 331.

(58)　*Max-Planck-Institut*, a.a.O. (Fn. 25), These 10 Abs 1 (S. 350).

慮することなしに与えられている抗弁である[59]。それゆえ，離婚要件の基準
となる法は，婚姻の効力の準拠法から独立して決定されなければならず，選択
的連結が最善であるとした[60]。

1983 年 10 月 20 日に公表された政府草案は，EGBGB 旧第 17 条第 1 項と同
じ文言を含んでいた。政府草案は，多くの法秩序において，婚姻中の夫婦の義
務及びその不履行の結果が内容的に相互に関係しており，この相互の関係が，
婚姻の身分的効力の連結と離婚の要件及び結果の連結の一致によって抵触法上
維持されることに言及している[61]。

EGBGB 旧第 17 条第 1 項に関しては，政府草案がそのまま採用され，制定
された。

第 4 款　小　括

以上の立法経緯からすると，離婚についてはとりわけ当事者による準拠法選
択を認めようという動きがあったわけではないようである[62]。それに対して，
婚姻の身分的効力については，反対もあったが，当事者自治を支持する意見が
少なからず出された。1986 年の EGBGB 改正以前は，国際家族法の領域にお
ける連結は，全体として客観的になされていたのであり，改正後初めて，少な
くとも一部の領域において，当事者の意思が力を発揮するようになった[63]。

---

(59)　*Max-Planck-Institut*, a.a.O. (Fn. 25), S. 358.

(60)　*Max-Planck-Institut*, a.a.O. (Fn. 25), S. 358.

(61)　RegBegr BR-Drucks 222/83, S. 60. これは，Kühne の草案に影響を受けた記述であ
ると思われる。

(62)　なお，1986 年改正後の立法論として，*Heinz-Peter Mansel*, Das Staatsangehörig-
keitsprinzip im deutschen und gemeinschaftsrechtlichen Internationalen Privatrecht:
Schutz der kulturellen Identität oder Diskriminierung der Person?, in: *Erik Jayme*
[Hrsg.], Kulturelle Identität und Internationales Privatrecht (2003), S. 142; *Dieter
Henrich*, Parteiautonomie, Privatautonomie und kulturelle Identität, in: *Mansel/ Pfeiffer/
Kohler/ Kronke/ Hausmann* [Hrsg.], Festschrift für Erik Jayme, Bd. I (2004), S. 327.

(63)　*Stefan Leible*, Parteiautonomie im IPR – Allgemeines Anknüpfungsprinzip oder
Verlegenheitslösung?, in: *Mansel/ Pfeiffer/ Kohler/ Kronke/ Hausmann* [Hrsg.], a.a.O.
(Fn. 62), S. 500.

第2章　ドイツ法における当事者自治

前述の通り，これまで，契約に関しては当事者自治の原則が一般に認められてきたところ，Kühne 及び政府草案の理由書[64]は，次の通り述べている。すなわち，契約における当事者自治の本来的な根拠は，一般化された規定として立法する際に，顧慮されるべき利益を適切に顧慮することが不可能であることにある[65]。もっとも，親族法の領域においても，そのような利益の多様性（たとえば，内国への移住，外国への移住，周囲の環境への適応及び獲得した法的身分の維持又は変動に関する利益）が認められる[66]。そして，主として強行規定から成る法分野の特色は，当事者自治の原理的な承認にとって邪魔になってはいない[67]。さらに，当事者自治は，個々の場合における事理に即した解決策も法適用の予見可能性も促進する適当な手段である[68]，と。

◆ 第2節　夫婦財産制

第1款　抵触規則の内容

我が国では，1978 年の夫婦財産制の準拠法に関するハーグ条約やドイツのEGBGB 等が当事者自治を採用していることが，平成元年の法例改正の際の1つの考慮要素となった[69]。ドイツの側からも，我が国がドイツ法における夫婦財産制の準拠法決定の枠組を引き継いだと理解されている[70]。通則法とEGBGB の規定には異なる部分もあるものの，一見したところは同じ定式を用

---

(64)　政府草案理由書における記述は，Kühne の提案において述べられていることと酷似しており，この点について政府草案は，Kühne の提案の影響を受けたものと思われる。

(65)　*Kühne*, a.a.O. (Fn. 14), S. 94; RegBegr BR-Drucks 222/83, S. 51.

(66)　*Kühne*, a.a.O. (Fn. 14), S. 94; RegBegr BR-Drucks 222/83, S. 51. Dazu im einzelnen ausführlich: *Lüderitz*, a.a.O. (Fn. 19), S. 36ff.

(67)　*Kühne*, a.a.O. (Fn. 14), S. 94; RegBegr BR-Drucks 222/83, S. 51.

(68)　*Kühne*, a.a.O. (Fn. 14), S. 95; RegBegr BR-Drucks 222/83, S. 51.

(69)　南敏文『改正法例の解説』（法曹会，1992 年）74 頁。

(70)　J. von Staudingers Kommentar zum Bürgerlichen Gesetzbuch mit Einführungsgesetz und Nebengesetzen, Art 13-17b EGBGB: Anhang zu Art 13 EGBGB (Internationales Eherecht) von Peter Mankowski (2011) („*Staudinger/ Mankowski*"), Art. 15 EGBGB, Rn. 96.

第 2 節　夫婦財産制

いているように見える。

　EGBGB 第 15 条は，婚姻の財産的効力の準拠法につき，次のように定める。

第 15 条　夫婦財産制

１．婚姻の財産的効力は，婚姻締結の際に婚姻の身分的効力について基準となる法に服する。

２．夫婦は，その婚姻の財産的効力につき，次の各号に掲げる法を選択することができる。

　⑴　夫婦の一方が属する国の法，

　⑵　夫婦の一方がその常居所を有する国の法，又は

　⑶　不動産に関してはその所在地法。

３．（省略）

４．（省略）

　ドイツにおいては，夫婦財産制は，原則として 3 つの基準により支配されているとされる。すなわち，婚姻の身分的効力の準拠法と夫婦財産制の準拠法との並行，不変更主義，財産統一主義である[71]。

　婚姻の身分的効力の準拠法については，前述の通り，EGBGB 第 14 条において規定されている。夫婦が EGBGB 第 14 条第 2 項及び第 3 号に基づき婚姻締結時点で準拠法選択をおこなった限りで，EGBGB 第 15 条第 1 項の準拠法はその影響を受ける[72]。もっとも，婚姻の財産的効力の準拠法の基準時点は，婚姻締結時に固定されているため，婚姻の身分的効力の準拠法が，客観的な連結点の変動によってであれ，準拠法選択によってであれ，事後的に変更された場合であっても，そのような変更は婚姻の財産的効力の準拠法には影響を及ぼさない[73]。したがって，婚姻生活全体を通して，夫婦財産の統一的な帰属が存在するのであり，これは，予見可能性を生み出し，離婚や夫婦の一方の死亡による婚姻解消後の夫婦財産制の清算を容易にするものである[74]。

---

(71)　*Staudinger/ Mankowski*, Art 15 EGBGB, Rn. 2.

(72)　*Staudinger/ Mankowski*, Art 15 EGBGB, Rn. 1.

(73)　*Staudinger/ Mankowski*, Art 15 EGBGB, Rn. 1.

(74)　*Bernd von Hoffmann/ Karsten Thorn*, Internationales Privatrecht, 9. Aufl. (2007),

第2章　ドイツ法における当事者自治

EGBGB 第 15 条第 2 項によると，(1) 夫婦の一方が属する国の法，(2) 夫婦
の一方がその常居所を有する国の法，又は (3) 不動産に関してはその所在地法
を選択することができる。本国法に関して重国籍が問題となりうるが，
EGBGB 第 5 条第 1 項は顧慮されるべきでなく，複数の本国法のいずれも選択
することができるとする見解がある[75]。夫婦の一方の常居所地法については，
夫婦がその常居所を異なる国に有することは必要とされず，夫婦が同じ国に常
居所を有する場合であっても，常居所地法を選択することができる[76]。

　準拠法選択は，婚姻中いつでもおこなわれうるだけでなく，婚姻締結前にも
おこなわれうる。しかし，後者の場合には，その効力は婚姻を締結して初めて
生ずることになる[77]。また，夫婦は，準拠法選択をいつでも破棄又は変更す
ることができる。

　婚姻中に準拠法を選択した場合も，破棄又は変更した場合も，その効力は将
来に向かって生じるとされるが[78]，それは，法的安定性及び明確性の観点か
ら説明される[79]。しかしながら，夫婦は，明示的に遡及効を定めることもで
きるとされている[80]。

　また，EGBGB 第 15 条第 3 項は，EGBGB 第 14 条第 4 項の準用を定めてお
り，婚姻の身分的効力の準拠法選択をおこなう場合も，財産的効力の準拠法選
択をおこなう場合も，形式的要件が課される。すなわち，準拠法選択は公正証
書によりなされなければならず，外国において選択がおこなわれる場合には，
選択された法又は準拠法選択をおこなった地の夫婦財産契約の形式的要件を満

---

　§ 8, Rn. 34.

(75)　*Jan Kropholler,* Internationales Privatrecht, 6. Aufl. (2006), S. 355.

(76)　*Kropholler,* a.a.O. (Fn. 75), S. 356.

(77)　*Kropholler,* a.a.O. (Fn. 75), S. 355.

(78)　*Kropholler,* a.a.O. (Fn. 75), S. 355.

(79)　*Staudinger/ Mankowski,* Art 15 EGBGB, Rn. 115.

(80)　*Staudinger/ Mankowski,* Art 15 EGBGB, Rn. 116; Beschlußempfehlung und Bericht
des Rechtsausschusses (6. Ausschuß), Zusammenstellung des Entwurfs eines Gesetzes
zur Neuregelung des Internationalen Privatrechts – Drucksache 10/504 – mit den
Beschlüssen des Rechtsausschusses (6. Ausschuß), Bericht der Abgeordneten Eylmann
und Stlegler, BT-Drucks 10/5632, S. 45.

第2節　夫婦財産制

たすことで足りる。

第2款　立法経緯

　EGBGB 第 15 条の当事者自治は，1986 年の国際私法改正において導入され
たものである。改正以前においては，当事者の意思は，客観的連結により指定
される夫婦財産制準拠法の国際私法が当事者自治を保障する場合において，反
致によってのみ機能していた[81]。EGBGB 旧第 15 条は，第 1 項において「夫
婦財産制は，夫が婚姻締結の際にドイツ人である場合には，ドイツ法に従い判
断される」こと，第 2 項において「夫が婚姻締結後にドイツ国籍を取得し，又
は外国人夫婦が内国にその居所を有する場合，夫婦財産制に関しては，夫が婚
姻締結時に属する国の法が基準となる。ただし，夫婦は，夫婦財産契約が当該
法により許容されないであろう場合にも，夫婦財産契約を締結することができ
る」ことを規定していた（なお，連邦憲法裁判所は国際私法改正作業中に，夫の本
国法のみを適用することにつき，基本法第 3 条第 2 項違反のために憲法に違反し，
無効なものと宣言していた[82]。）。

　1962 年の最初のドイツ国際私法会議の改正提案は，婚姻の効力全般につき，
現行 EGBGB 第 14 条第 1 項に対応する段階的連結を定める規定を置き，男女
平等を認めたが，当事者自治は規定されなかった[83]。1977 年のドイツ国際私

---

(81)　*Staudinger/ Mankowski*, Art 15 EGBGB, Rn. 92.

(82)　BVerfG, 22.02.1983, BVerfGE 63, 181.

(83)　Vorschläge für eine Reform des deutschen internationalen Eherechts, in: *Lauterbach*
　　　[Hrsg.], a.a.O. (Fn. 8), Ehewirkungen § A (S. 2).

　[**Ehewirkungen § A**]
　婚姻の効力に関しては，次の各号に掲げる法が順に適用される。
　(1)　夫婦双方が属する国の法
　(2)　夫婦双方が婚姻中最後に属していた国の法（ただし，夫婦の一方がなおその国に属
　　　している場合に限る。）
　(3)　夫婦双方がその常居所を有する国の法
　(4)　夫婦双方が婚姻中最後にその常居所を有していた国の法（ただし，夫婦の一方がな
　　　おその国に居住している場合に限る。）
　(5)　夫婦双方が居住する国の法
　(6)　夫婦双方が婚姻中最後に居住していた国の法

第2章　ドイツ法における当事者自治

法会議における再検討の際には，1962年の提案が本質的には維持されたが，財産法上の効力については準拠法選択の規定が加えられ，夫婦の一方の本国法，夫婦の一方の居所地法，各不動産に関してはその所在地法の選択が認められた[84]。司法省の委託を受けた Kühne は，婚姻の財産的効力につき，婚姻の開始時における婚姻の身分的効力の準拠法が適用されると規定することによって基準時点を固定し[85]，さらに，ドイツ国際私法会議の提案と同じ範囲で当事

---

(84) Vorschläge für eine Reform des deutschen internationalen Personen-, Familien- und Erbrechts, in: *Beitzke* [Hrsg.], a.a.O. (Fn. 11), Ehewirkungen § § A–C (S. 5f.).

[Ehewirkungen § A]

婚姻の効力に関しては，次の各号に掲げる法が順に適用される。

(1) 夫婦双方が属する国の法

(2) 夫婦双方が婚姻中最後に属していた国の法（ただし，夫婦の一方がなおその国に属している場合に限る。）

(3) 夫婦双方がその常居所を有する国の法

(4) 夫婦双方が婚姻中最後にその常居所を有していた国の法（ただし，夫婦の一方がなおその国に居住している場合に限る。）

(5) 夫婦が最も密接な関連を有する国の法

[Ehewirkungen § B]

1．夫婦は，婚姻締結前又は婚姻締結後に，財産法上の関係に関して次の法の1つが適用されることを合意することができる。

(1) 夫婦の一方が準拠法選択の時点で属する国の法

(2) 夫婦の一方が準拠法選択の時点で常居する国の法

2．夫婦は，その各不動産をその所在地法に服させることもできる。

（第3項略）

[Ehewirkungen § C]

婚姻の効力に関してドイツ法が基準となる場合，夫婦財産制が合意されていたときは，これに関して従前の法が引き続き基準となる。

(85) Entwurf eines Gesetzes zur Reform des internationalen Privat- und Verfahrensrechts, in: *Kühne*, a.a.O. (Fn. 14), § 14 Abs 2, 3 (S. 6), § 15 Abs 1 HS 2 (S. 6f.).

[§ 14 IPR-G-E]

1．婚姻の身分的効力，特に夫婦の氏に関しては，次の各号に掲げる法が順に適用される。

(1) 夫婦双方が属する国の法

(2) 夫婦双方が婚姻中最後に属していた国の法（ただし，夫婦の一方がなおその国

第 2 節　夫婦財産制

者自治を認めようとした[86]。ここで，現行法の基本的な枠組が作られたとされる[87]。このほか，Neuhaus 及び Kropholler とマックス・プランク研究所が提案を提出している[88]。いずれの提案も，婚姻の効力（身分的効力も財産的効

　　　に属している場合に限る。）
　　(3) 夫婦双方がその常居所を有する国の法
　　(4) 夫婦双方が婚姻中最後にその常居所を有していた国の法（ただし，夫婦の一方がなおその国に居住している場合に限る。）
（第 2 項以下略）
［§ 15 IPR-G-E］
　1．婚姻の財産的効力に関しては，夫婦によって選択された法が適用される。そのような選択がない場合，婚姻の開始の際にその身分的効力の基準となる法が適用される。
　2．夫婦は，その婚姻の財産法上の効力の準拠法として，次の法を選択することができる。
　　(1) 夫婦の一方が属する国の法又は
　　(2) 夫婦の一方が常居する国の法又は
　　(3) 不動産に関してはその都度の所在地法
（第 3 項略）

(86)　Entwurf eines Gesetzes zur Reform des internationalen Privat- und Verfahrens-rechts, in: *Kühne*, a.a.O. (Fn. 14), § 15 Abs 2 IPR-G-E (S. 6f.).

(87)　*Staudinger/ Mankowski*, Art 15 EGBGB, Rn. 8.

(88)　Vgl. *Neuhaus/ Kropholler*, a.a.O. (Fn. 21), S. 326 und *Max-Planck-Institut*, a.a.O. (Fn. 25), S. 344.

　［Art 14 EGBGB-E］（*Neuhaus/ Kropholler*, S. 330）
　　婚姻の身分的効力及び財産的効力は，夫婦の共通法又は最後の共通法に服し，補助的に，夫婦がもっとも密接な関係を共通に有する法に服する。
　　婚姻の効力についていずれか他の法が基準とされる場合において，他の法がその排他的適用を要求していないときは，合意された財産制について従前の法が基準とされる。
　　夫婦は，婚姻の財産的効力について，婚姻締結の前又は後に，婚姻契約により，夫婦の一方が常居所又は国籍により結びつけられているいずれか他の法を明示的に選択することができる。土地に関する権利について，夫婦は，その所在地法をも選択することができる。
（以下略）
　［These 8］（*Max-Planck-Institut*, S. 350）
　　1．婚姻の全ての効力は，変更の可能性を伴って連結される。これらの効力は——These 8 を留保して——，原則として次の各号に掲げる法に服する。

第2章　ドイツ法における当事者自治

力も含む）を段階的連結に服させるが，基準時点を固定するものではない[89]。
当事者自治については相違があり，Neuhaus 及び Kropholler の提案は，夫婦
の一方の本国法若しくは居所地法又は土地に対する権利に関してその所在地法
の選択を認めるのに対し[90]，マックス・プランク研究所の提案は，客観的な
関連が存在するあらゆる法秩序に夫婦財産制を服させうることを規定する[91]。
マックス・プランク研究所の提案は，夫婦が最初に移住しようとする国の法又
はその財産の大部分が所在する国の法を十分な根拠をもって選択することや，
動産についても準拠法を異なって選択しうることが重要である場合があること
を想定し，立法者がこの種の状況全てを予見することができないために，選択
される法を列挙せず，明らかに恣意的な準拠法選択のみを除外することを目的
とするものである[92]。

　結局のところ，政府草案は，Kühne 草案に本質的に従ったが，当事者自治
に関しては，夫婦の一方の本国法又は居所地法の選択を認める一方で，不動産
に関する所在地法の選択は規定されなかった[93]。なぜなら，EGBGB 旧第 28
条に相当する規定（政府草案第 3 条第 3 項）が採用されるのであれば，所在地
法が自己の適用を主張するときは同法が優先的に顧慮されることになり，また，
さもなければ適用されるべき法秩序を準拠法選択によって分裂させることは認
めるべきでないからである[94]。

　　(a) 夫婦の共通本国法
　　(b) 補助的に，夫婦の共通常居所地法
　　(c) その法がない場合には，最も密接な関係が存する法。これについては，問題と
　　　されている婚姻の効力の種類が考慮されるものとする。
　 2. 夫婦は，婚姻の個々の又は全ての効力を客観的関係が存する各法秩序のもとに置く
　　ことができる。相異なる国に所在する財産に関する夫婦財産制の準拠法は国ごとに
　　別々に決定されることができる。（以下略）

(89)　*Neuhaus / Kropholler*, a.a.O. (Fn. 21), Art 14 Abs 1 (S. 330) und *Max-Planck-
　　Institut*, a.a.O. (Fn. 25), These 8 Abs 1 (S. 350).
(90)　*Neuhaus / Kropholler*, a.a.O. (Fn. 21), Art 14 Abs 3 (S. 330).
(91)　*Max-Planck-Institut*, a.a.O. (Fn. 25), These 8 Abs 2 S 1 (S. 350).
(92)　*Max-Planck-Institut*, a.a.O. (Fn. 25), S. 358.
(93)　Entwurf eines Gesetzes zum Neuregelung des Internationalen Privatrechts,
　　BR-Drucks 222/83, Art 15 (S. 9).

第2節　夫婦財産制

これに対して，マックス・プランク研究所の反対提案においては，夫婦の一方が国籍の取得を望む国の法，夫婦がその常居所を創設することを望む国の法（これらはいずれも，その計画が実現されることを要件とする。），不動産に関しては所在地法，企業の事業財産に関しては企業の本拠地法又はその都度関係する営業所所在地法を政府草案第15条第2項に加えることが提案された[95]。連邦議会法律委員会は，政府草案をほとんど変更しなかったが，唯一の重要な変更として，EGBGB 第15条第2項第3号の不動産に関する所在地法の選択可能性が導入された[96]。

第3款　当事者自治の根拠に関する議論

前述のように，婚姻の財産的効力に関しては，1986 年の国際私法改正において当事者自治が認められたのであるが，EGBGB 第15条第2項は，とりわけ後述のハーグ夫婦財産制条約を手本としたものである[97]。前述のように，当事者自治の規定は1977 年のドイツ国際私法会議において加えられたものであり，それ以前に出された Lauterbach 草案の鑑定意見において，Beitzke は次の理由から当事者自治の導入に反対していた[98]。すなわち，(a)夫婦財産制は，財産法的側面が大部分を占めているとしても，親族法に属する，(b)婚姻の身分的効力と財産的効力の準拠法が並行することが望ましいが，法選択を認めるとそれが達成されなくなる，(c)夫婦財産制が財産の移転や処分権限の制限を対象とするので，夫婦財産制の当事者自治は物権法における当事者自治を前提とする，(d)夫婦財産制の効力は夫婦間にとどまらず，第三者（子や夫婦の契約相手方）にも及ぶものである，(e)準拠実質法が夫婦財産契約の可能性を

---

(94)　RegBegr BR-Drucks 222/83, S. 37.

(95)　*Max-Planck-Institut*, Kodifikation des deutschen Internationalen Privatrechts: Stellungnahme des Max-Planck-Instituts für ausländisches und Internationales Privatrecht zum Regierungsentwurf von 1983, RabelsZ 47 (1983), S. 633.

(96)　Bericht der Abgeordneten Eylmann und Stlegler, BT-Drucks 10/5632, S. 11.

(97)　*Jan Kropholler*, Der Einfluß der Haager Übereinkommen auf die deutsche IPR-Kodifikation, RablesZ 57 (1993), S. 216; *Staudinger/ Mankowski*, Art 15 EGBGB, Rn. 96.

(98)　*Günther Beitzke*, Zur Reform des Ehegüterrechts im deutschen Internationalprivatrecht, in: *Lauterbach* [Hrsg.], a.a.O. (Fn. 8), S. 91.

第2章　ドイツ法における当事者自治

広く認めることで，夫婦の自由な財産関係の形成の要請にこたえることができる，という。しかしその後，Beitzke は，以上の考慮が重要なものではあるが，強行的に突き通されるものでは決してないことに納得し，むしろ，多くの場合，準拠法選択は明確性をもたらし，夫婦財産法と相続法の準拠法の間で生じうる不一致の橋渡しをすることを手助けしうるとして，明示的に当事者自治の許容を支持するまでには至らずとも，当事者自治を厳格に拒絶するかつての見解を放棄した(99)。

　まず，当事者自治を認めること一般について，Kühne 草案と政府草案においては，ここで同項により認められる選択が，夫婦の生活状況に変更があった場合に，その夫婦財産制の準拠法をその生活状況に順応させる可能性を夫婦に与えるものであると述べられている(100)。さらに，政府草案においては，当事者自治の導入が条約をみても比較法的にも顕著な傾向に従うものであると説明されている(101)。また，学説上は，事理に即した準拠法選択は，とりわけ，婚姻締結時の夫婦の常居所を後で確定する苦労から解放し(102)，さらに，夫婦財産制準拠法と相続準拠法の調和を図り，それゆえ夫婦の一方が死亡した場合において，法性決定及び適応問題を回避することに資するものであることも主張される(103)。夫婦財産制に限ったことではないが，当事者自治には，予見可能性をもたらすという利点があるといわれている(104)。

---

(99)　*Günter Beitzke*, Zur Reform des Kollisionsrechts des Ehegüterrechts, in: *Beitzke* [Hrsg.], a.a.O. (Fn. 11), S. 149.

(100)　RegBegr BR-Drucks 222/83, S. 58; *Kühne*, a.a.O. (Fn. 14), S. 103.

(101)　RegBegr BR-Drucks 222/83, S. 58.

(102)　*Rembert Süß*, Ausländer im Grundbuch und im Registerverfahren, Rpfleger 2003, S. 58.

(103)　*Peter Mankowski/ Wolf Osthaus*, Gestaltungsmöglichkeiten durch Rechtswahl beim Erbrecht des überlebenden Ehegatten in internationalen Fällen, DnotZ 1997, S. 11; *Kurt Siehr*, Internationales Privatrecht (2001), S. 19; *ders.*, Güterrechts- und Erbstatut im deutsch-schweizerischen Rechtsverkehr – Zur Theorie der rechtsfortbildenden internationalen Koordination con IPR-Systemen –, in: *Rolf A. Schütze* [Hrsg.], Einheit und Vielfalt des Rechts: Festschrift für Reinhold Geimer zum 65. Geburtstag (2002), S. 1104f.

(104)　*Kropholler*, a.a.O. (Fn. 97), S. 217.

第2節　夫婦財産制

　EGBGB 第 15 条第 2 項第 1 号は，夫婦の一方の本国法の選択を定める。とりわけ，夫婦がいずれも国籍を有しない共通常居所地から，近い将来に夫婦の一方の本国に帰国する場合においては，本国法の選択が有意義であるとされる[105]。また，このような選択は，夫婦が準拠法の変更とそこから生じる問題を回避することを可能にするものであるとされている[106]。第 2 号は，選択肢の 1 つとして夫婦の一方の常居所地法の選択を定め，国籍と常居所を同列に置くものであるが，このことは，婚姻の財産的効力が婚姻の身分的効力よりもきわめて狭い範囲でしか文化的な影響を受けない，身分法というよりもむしろ財産法的な性格を有していることから正当化されている[107]。

　第 3 号は，不動産に関して所在地法の選択を認める。これは，第 1 に，夫婦財産制において，不動産の所在地の抵触規則が所在地法の強行的な適用を規定する場合に，それを夫婦が顧慮することを可能にし，それによって，所在地法との対立を回避することに資するとされる[108]。第 2 に，当事者自治の承認は不動産交通を容易にするといわれている[109]。なぜなら，準拠法を選択する場合には，不動産の所有関係や処分権限を確定するために，夫婦財産制の準拠法を問題とする必要がないからである[110]。さもなければ，夫婦の一方が不動産を譲渡し，又はそれに抵当権を設定する場合に，他方の同意が必要であるかを検討しなければならないことになる[111]。また，夫婦の一方が不動産を取得する場合，実際に購入した夫婦の一方が所有者となるか，財産共同制に基づき夫婦の共有財産に含まれるかも問題となる[112]。したがって，準拠法選択により，

---

(105)　*Dieter Henrich*, International Scheidungsrecht, 6. Aufl. (1992), S. 87; *Kropholler*, a.a.O. (Fn. 75), S. 355.

(106)　*Staudinger/ Mankowski*, Art 15 EGBGB, Rn. 131.

(107)　*Staudinger/ Mankowski*, Art 15 EGBGB, Rn. 143.

(108)　*Dieter Henrich*, Die Rechtswahl im deutschen internationalen Familienrecht, in: *The Institute of Comparative Law in Japan* [Hrsg.], Conflict and Integration Conflict and integration: comparative law in the world today (1989), S. 568.

(109)　*Staudinger/ Mankowski*, Art 15 EGBGB, Rn. 152.

(110)　*Staudinger/ Mankowski*, Art 15 EGBGB, Rn. 152.

(111)　*Staudinger/ Mankowski*, Art 15 EGBGB, Rn. 152.

(112)　*Staudinger/ Mankowski*, Art 15 EGBGB, Rn. 152.

第2章　ドイツ法における当事者自治

一方では，夫婦財産制の準拠外国法の内容の確定のコストが削減され，他方では，購入利益を考慮する必要性が排除されることになる[113]。連邦議会法律委員会は，所在地法の選択可能性が「不動産交通における実務的な需要」に役立ち，「とりわけ，外国夫婦財産法の援用が広範囲にわたる結果をもたらしうる領域（すなわち，外国人夫婦によるドイツに所在する不動産の取得の場合）において実務上の法適用を容易にする」と述べ，これら2つの目的設定によってEGBGB第15条第2項第3号の導入を明示的に根拠づけた[114]。

　このように EGBGB 第15条第2項は，選択可能な法の範囲を制限しているが，それはまず，当事者自治が，夫婦の生活状況に変更があった場合に，その夫婦財産制の準拠法をその生活状況に順応させる可能性を夫婦に与えるという立法上の目的設定のためであるとされる[115]。また，Kühne によれば，広範囲な選択可能性の要求は認識されておらず，同項において認められる選択の範囲は，EGBGB 旧第15条第1項及び第2項並びに民法典（以下，「BGB」という。）第1409条第2項においても規定されていたものに限られており，これを首尾一貫して発展させたものであるにすぎない[116]。政府草案の理由書も同旨である[117]。さらに，Kühne は，オーストリア国際私法典第19条のような制限のない準拠法選択が，多くの法域における夫婦財産制と相続との密接な関連を必要以上に緩め，それに伴い，双方の事項範囲がともに作用する場合には，調和に対する障害が増加してしまうと述べる[118]。また，国際的にも，制限されていない準拠法選択よりも制限的な準拠法選択の方が受け入れられており，国際的なコンセンサスが国際的な判決の調和を保障することを考慮して，国際的に受け入れられているものを採用することも理由の1つとなろう[119]。

---

(113)　*Christian von Bar*, Internationales Privatrecht, Bd. 2 (1991), Rn. 225.

(114)　Bericht der Abgeordneten Eylmann und Stlegler, BT-Drucks 10/5632, S. 42.

(115)　*Staudinger/ Mankowski*, Art 15 EGBGB, Rn. 97.

(116)　*Kühne*, a.a.O. (Fn. 14), S. 103.

(117)　RegBegr BR-Drucks 222/83, S. 58.

(118)　*Kühne*, a.a.O. (Fn. 14), S. 103.

(119)　Henrich, a.a.O. (Fn. 108), S. 567.

◆ 第3節　相　続

　ドイツは欧州連合構成国であるので，現在では後述の欧州連合規則（第4章第2節）が妥当している。しかしながら，ドイツでは，被相続人による準拠法選択に関する議論の歴史が長く，1966年にDölleが「国際相続法における準拠法選択」と題する論文[120]を発表して以来，特に盛んに議論がおこなわれてきた。そのため，本節では，2015年8月17日に改正される以前の規定に関する議論を概観することとしたい。

　もっとも，ドイツ国際私法における相続準拠法の選択に関しては，すでに詳細な考察があるため[121]，本節では概略を示すにとどめたい。

第1款　抵触規則の内容

　すでに2015年8月17日に改正されたが，EGBGB旧第25条は，第1節及び第2節で述べた事項と同様に，1986年の国際私法改正において根本的に変更された規定である。1986年の改正以前は，ドイツ人は外国に住所を有していた場合であってもドイツ法に従って相続され（第24条第1項），死亡時にドイツに住所を有していた外国人は，その死亡時の本国法に従って相続される（第25条第1文）として，一方的抵触規定の形式をとりつつ原則的な本国法の適用を定め，被相続人による準拠法選択は規定していなかった。

　1986年改正後のEGBGB（旧）第25条は次のように規定する。

第25条　死亡による権利承継

1．死亡による権利承継は，被相続人が死亡の時点で属していた国の法による。

2．被相続人は，内国に所在する不動産について，死因処分の方式によりドイツ法を選択することができる。

---

(120)　*Hans Dölle*, Die Rechtswahl im internationalen Erbrecht, RabelsZ 30 (1966), S. 205.

(121)　木棚照一『国際相続法の研究』（有斐閣，1995年）53頁以下。解釈の問題について，林貴美「ドイツ国際相続法における準拠法選択に関する一考察——近時の裁判例を手がかりに」同志社法学49巻2号（1997年）120頁も参照。

第 2 章　ドイツ法における当事者自治

　第 25 条第 2 項は，ドイツに所在する不動産にドイツ法を適用するために準
拠法選択をすることを許すものである。同条第 1 項により，そもそもドイツ人
の相続には本国法であるドイツ法が適用されるため，第 2 項が意義を有するの
は，内国に不動産を所有する外国人の相続についてであるということになる。
この場合において，その準拠法選択の範囲が，ドイツに所在する不動産全部に
及ぶのか，その一部のみに限定することができるのかについては，後者が通説
であるとされている[122]。

　また，同項の文言から，準拠法選択の方式が死因処分の方式によるべきこと
がわかる。しかし，これは必ずしも死因処分を作成した方式と同一でなければ
ならないものではなく，死因処分と準拠法選択とを別々の方式でおこなうこと
も可能であると解されている[123]。また，準拠法選択の時期に関しては制限が
ないとされており[124]，したがって，被相続人が公正証書遺言を作成した後に，
自筆証書遺言によって準拠法選択することも可能である[125]。

　さらに，第 25 条第 2 項は，準拠法選択が明示的におこなわれることを要求
しておらず，黙示的なものでもよいとされる[126]。

第 2 款　立法経緯

　国際相続法の改正作業に関して最初に公表された提案は，1969 年のドイツ

---

(122)　木棚・前掲注(12)82-83 頁。Vgl. *Kurt Siehr*, Das internationale Erbrecht nach dem
　　　 Gesetz zur Neuregelung des IPR, IPRax 1987, S. 7; J. von Staudingers Kommentar zum
　　　 Bürgerlichen Gesetzbuch mit Einführungsgesetz und Nebengesetzen, Art 25, 26 EGBGB
　　　 (Internationales Erbrecht) von Heinrich Dörner (2007), Art. 25 EGBGB, Rn. 537
　　　 („*Staudinger/ Dörner*").

(123)　*Staudinger/ Dörner*, Art. 25 EGBGB, Rn. 533; Münchener Kommentar zum
　　　 Bürgerlichen Gesetzbuch, Bd. 11, 5. Aufl. (2010), Art. 25, Rn. 45 [*Rolf Birk*] („*MüKo/
　　　 Birk*").

(124)　*MüKo/ Birk*, Art. 25, Rn. 50.

(125)　木棚・前掲注(12)78 頁参照。

(126)　*MüKo/ Birk*, Art. 25, Rn. 39, 42-44; Soergel Bürgerliches Gesetzbuch: mit
　　　 Einführungsgesetz und NebengesetzenSchurig, Einführungsgesetz, 12. Aufl. (1996),
　　　 Art. 25 EGBGB, Rn. 10.

第 3 節　相　続

国際私法会議の提案である。この時点では，相続準拠法についての規定は，第
1に，被相続人の死亡時点の本国法に連結し，第2に，被相続人が死亡時点で
婚姻していた場合に，婚姻の効力の準拠法に附従的に連結するという内容のも
のであった[127]。被相続人による準拠法選択の可能性に関しては，被相続人一
般についての住所地法の選択可能性[128]，婚姻している被相続人についての夫
婦財産制準拠法の選択可能性[129]が議論されたようであるが，いずれも否定さ
れた。

　1980 年には，司法省の委託を受けた Kühne による草案が公表された。この
草案では，原則的連結として当事者自治が採用され，被相続人による準拠法の
選択がない場合には，被相続人の死亡時の本国法へと連結する[130]。被相続人
が選択できる法は，準拠法選択当時の被相続人の本国法若しくは常居所地法，
被相続人が準拠法選択当時に婚姻していた場合には，その婚姻の夫婦財産制に
適用される法，又は不動産に関しては各財産の所在地法である。

　また，同年には，Neuhaus 及び Kropholler の提案及びマックス・プランク
研究所作業グループの提案が公表されている。まず，Neuhaus 及び Krophol-
ler 提案は，原則的な連結を 1969 年のドイツ国際私法会議の提案と同一にしな
がら，被相続人が，常居所又は国籍を通じて結びつけられている他の法及び土
地に関する権利の相続についてはその所在地法を選択することができる旨を規
定する[131]。次に，マックス・プランク研究所作業グループ提案は，同様の原

---

(127)　Vorschläge für eine Reform des deutschen internationalen Erbrechts, in:
　　　Lauterbach [Hrsg.], Vorschläge und Gutachten zur Reform des deutschen interna-
　　　tionalen Erbrechts (1969), § A (S. 1). ただし，前述のように，婚姻の効力に関しては，
　　　この時点のドイツ国際私法会議の提案では準拠法選択は認められていなかった。

(128)　*Murad Ferid*, Die gewillkürte Erbfolge im internationalen Privatrecht, in: *Wolfgang*
　　　Lauterbach [Hrsg.], Vorschläge und Gutachten zur Reform des deutschen internationalen
　　　Erbrechts (1969), S. 93ff.

(129)　*Wolfram Müller-Freienfels*, Zur kollisionsrechtlichen Abgrenzung von Ehe-
　　　güterrecht und Erbrecht, in: *Lauterbach* [Hrsg.], a.a.O. (Fn. 127), S. 48ff.

(130)　Entwurf eines Gesetzes zur Reform des internationalen Privat- und Verfahrens-
　　　rechts, in: Kühne, a.a.O. (Fn. 14), § 29 Abs 1 (S. 10).

(131)　*Neuhaus/ Kropholler*, a.a.O. (Fn. 21), Art. 24 (S. 333).

第2章　ドイツ法における当事者自治

則的連結を置きながら，被相続人が，相続を客観的関係が存するあらゆる法を
選択し，相異なる国に所在する財産に関しては国ごとに別々に決定することが
できるとし，また，被相続人が死亡時に婚姻していた場合において，被相続人
によってなされていた法選択を生存配偶者が了解し，このことが書面の形式で
表明されているときには，夫婦財産制にもその効力が及ぶとする[132]。このよ
うに，ドイツ国際私法会議の提案の後に公表された3つの提案は，範囲は異な
るが，いずれも当事者自治を認めるものであった。

　ドイツ国際私法会議は，1969年の提案を見直した提案を1981年に公表した。
これは，被相続人の死亡時の本国法に原則的に連結するが，被相続人の準拠法
選択時の常居所を相続準拠法として選択することができるものとなった[133]。
この提案は，前回の提案公表以降の判例，学説，条約の展開を踏まえて検討さ
れたものであり，Sheuermann[134]やKühne[135]等による国際相続法における
当事者自治に関する学説の展開が背景にあることが指摘されている[136]。もっ
とも，報告者のFirschingは，準拠法の選択を否定すべきとする立場から意見
をまとめており，なお当事者自治に対する反対意見があった。Firschingによ
ると，（Dölleの見解に対して）相続法と契約法との間に相違があること，家族
の利益が個人の利益に優先するので強行法の逸脱を甘受することができないこ
と，（国際ラテン公証人連盟の意見に対して）実務上の要請はほとんどないこと
等が根拠として挙げられ，さらに，Kühneの草案のような制限的当事者自治
であっても，遺留分を逃れるためにしか役立たず，そのような場合にも遺留分
の保護のために公序による修正が必要とされるだけであるとされ，Firsching
は，当事者自治を導入するならば統一国際私法を実現するための多国間条約に
よるべきとする[137]。

---

(132)　*Max-Planck-Institut*, a.a.o.（Fn. 25），These 16（S. 352）.

(133)　Vorschläge für eine Reform des deutschen internationalen Personen-, Familien-
　　　und Erbrechts, in: *Beitzke*［Hrsg.］, a.a.O.（Fn. 11），Erbrecht § A（S. 13）.

(134)　*Thomas Scheuermann*, Statutenwechsel im internationalen Erbrecht（1969）.

(135)　*Gunther Kühne*, Die Parteiautonomie im internationalen Erbrecht（1973）.

(136)　木棚・前掲注(12)58頁。

(137)　*Karl Firsching*, Zur Reform des deutschen internationalen Erbrechts, in: *Beitzke*
　　　［Hrsg.］, a.a.O.（Fn. 11），S. 221ff.

第 3 節 相 続

しかしその後，1983年に連邦参議院に提出された政府草案において，第25条は，相続が被相続人の死亡時の本国法によるべきことを定めるにとどまった[138]。この政府草案のもととなったのは1981年12月14日付の参事官草案であったところ，政府草案の多くの規定は同参事官草案に若干手を加えただけで作成されたが，第25条については異なるようである[139]。すなわち，参事官草案では，政府草案と同様の原則的連結に加えて，第2項において，被相続人が準拠法選択当時の常居所地法又は準拠法選択当時婚姻していた場合にはその婚姻の夫婦財産制に適用される法を選択することができた。ところが，政府草案では，次のような理由から，当事者自治が否定されることとなった[140]。すなわち，常居所地法の選択を認めるとすれば，たとえば被相続人の非嫡出子，その余の遺留分権利者又は遺産債権者が常居所形成の操作を通じて不利益に扱われる1つの契機が設けられうることとなろう。法選択を許すとしても，特に保護に値すると思われる者が，客観的連結によれば奪われることのできない権利を法選択の有無にかかわらず主張することができ，その利益を保障されるのであれば，法選択は実質法的指定以上のものではない。このような解決策をとるとすれば，相続法の領域で効果に関する膨大な諸規定を設ける必要性に鑑みると，そのための出費は極度に大きいものとなろう。このことは，夫婦財産制の準拠法の選択を許すことにも反対する。草案第3条第3項に不動産についての特別連結があるので，被相続人の財産が様々な国に所在することを理由として，個々の相続財産に関して法選択を通じて相続財産の分割を達成する可能性を追加することも必要とされていない。

しかしながら，1983年，法律委員会において旧第25条第2項と同一の規定が置かれることとなった[141]。Eylmann と Stlegler の報告書においては，「少

---

(138) Entwurf eines Gesetzes zum Neuregelung des Internationalen Privatrechts, BR-Drucks 222/83, S. 11.

(139) 木棚・前掲注(12)66頁。なお，参事官草案は非公表である。

(140) RegBegr BR-Drucks 222/83, S. 74f.

(141) Zusammenstellung des Entwurfs eines Gesetzes zur Neuregelung des Internationalen Privatrechts – Drucksache 10/504 – mit den Beschlüssen des Rechtsausschusses (6. Ausschuß), BT-Drucks 10/5632, S. 15.

第 2 章　ドイツ法における当事者自治

なくとも当事者の影響力を認めるように相続法に一定の可能性を開くことは原則として事理に即しているように思われる」が，常居所地法や不動産所在地法の準拠法選択を一般的に許容する可能性に伴って，とりわけ（従来から未解決の）遺留分権利者の保護の問題が生じうるので，内国に所在する不動産についてのみの，かつ，ドイツ法のみの選択を認めることとしたと説明されている一方，準拠法選択に伴う欠点と表裏の関係にある利点として，被相続人が内国の不動産に関する処分の際にもっぱらドイツ法によることができるという単純化を挙げる[142]。

　また，同年，政府草案に対して，マックス・プランク研究所作業グループはさらなる意見表明をしており，相続を原則的には被相続人の死亡時の本国法によらしめる（第 25 条第 1 項）が，被相続人が，準拠法選択当時属していた全ての国の法（第 1 号）若しくはその当時常居所を有していた国の法（第 2 号），被相続人が準拠法選択当時婚姻していたか，後に婚姻する意思を有していた場合には，その婚姻の夫婦財産制に適用される法（第 3 号），被相続人が取得しようとし，かつ，後に取得した国籍の属する国の法（第 4 号），被相続人が常居所を取得しようとし，かつ，後に取得した国の法（第 5 号），不動産については不動産所在地法（第 6 号）又は企業の営業財産については企業の本拠地法若しくは営業所所在地法（第 7 号）を選択することができる（同条第 2 項）として，かなり広範な準拠法選択を認めたものの，採用されなかった。

第 3 款　当事者自治の根拠に関する議論

　前にも述べた Dölle は，1986 年改正前の EGBGB 第 24 条及び第 25 条が強行法（jus cogens）でないことを入念に検討したうえで，同条の解釈論として，次のような根拠に基づき当事者自治を認める[143]。第 1 に，遺言自由の原則が挙げられる。当該原則は，ドイツの相続実質法を支配しており，その現在の妥当性には反論することができない。被相続人は，自らの意思で，誰がその相続人となるか，誰が遺贈を受けるか，相続財産の管理を誰にゆだねるかを決定す

---

(142)　Bericht der Abgeordneten Eylmann und Stlegler, BT-Drucks 10/5632, S. 44.

(143)　*Dölle*, a.a.O. (Fn. 120), S. 221ff.

ることができ，したがって，遺言自由が契約法の私的自治と類似する現象とみ
ることは正当である。このような自治に一定の制限が課されることは，相続法
に特有のことではなく，債務契約法においても尊重されなければならない限界
はある。このような法律の基本的な態度が被相続人の抵触法の私的自治に肯定
的な評価の基礎を提供する。

　第2に，EGBGB旧第24条第2項において，被相続人以外の当事者に法選
択が許される場合があることである。同項によると，ドイツ人である被相続人
がその死亡時に外国に住所を有した場合，相続人が遺産債務に対する責任につ
いて被相続人の住所地法を援用することができる。同規定は，実際上重要では
なく，首尾一貫したものでもない。なぜ相続人のみが自身にとって都合の良い
法に乗り換えることを許されることによって，特権を与えられるのか，なぜ遺
産債権者や被相続人にはそのような特権が与えられないのか，疑問である。

　第3に，EGBGB旧第27条や旧第28条においては，相続財産の分裂が必然
的に生じていた。ある部分的な問題への適用が妥当とみられる法のために法定
の相続準拠法の適用を部分的に放棄することと，法定の相続準拠法の代わりに
他の準拠法を選択することを原則的に容認することの間には相違があるとして
も，一定の場合において相続財産の分裂が許容されていることは，相続準拠法
がいかなる場合にも例外なく適用されるのではなく，一定の条件のもとで相続
を他の法規範によらしめる準備のあることを示すことになる。このような限定
的な意味において，相続財産の分裂は，ドイツ国際相続法において法選択を許
す論拠と評価されうる。

　さらにDölleは，正当と評価される関連を示すような法秩序を被相続人が選
択することができるのは当然のことながら，相続との人的又は空間的関連を示
す法秩序の選択に制限されるべきでなく，事実に即した（sachliche）連結も許
されるとし，十分な根拠のない法選択のみが排除されるとする点に特徴があ
る[144]。

　これに対してKühneは，国際相続法における当事者自治の根拠を遺言自由
に見出すことについて，このような見解が，債務契約法における当事者自治が

---

(144)　*Dölle*, a.a.O. (Fn. 120), S. 234.

第2章　ドイツ法における当事者自治

実質法上の契約自由に基づいているという推定に基礎を置いているところ，このような考えが否定されるべきであるとする[145]。すなわち，Kühne によれば，実質法上の契約自由は構成要素に分けられるが，契約締結の自由と契約内容の決定の自由のいずれも当事者自治を正当化しない。第1に，契約締結の自由については，たとえば物権実質法においても契約締結の自由が存在するため，契約締結の自由から当事者自治が正当化されるとすれば，物権法においても法選択が無制限に許容されることになる。しかし，この点で債務契約法と物権法の間にある共通点から，国際物権法においても当事者自治が一般に妥当することは誰も導かなかったという。第2に，実質法上の規範が任意的である限りで，当事者の合意によりそれを置き換えることができるが，それがまさに契約内容の決定の自由であり，私的自治に関することである。内国法上の強行規範も置き換えることができるという当事者自治の特有の効力は，私的自治によって根拠づけることができない。したがって，遺言自由もまた，国際相続法上の当事者自治を正当化するものではなく，その根拠づけは，抵触法の領域で見出されなければならないとする。

　そこで Kühne は，国籍と住所（常居所）との間の連結困難を当事者自治の消極的根拠として持ち出し，この連結困難を克服する手法として，個々の事案において被相続人が最も密接な関連を有する法を相続準拠法とする方法と，当事者の選択にゆだねる方法を挙げる[146]。このうち，前者は，それが法的安定性を害することをとりわけ理由として否定され，Kühne は，当事者自治が，唯一の，十分に実施可能な解決策であるとする[147]。

　他方で，Kühne は，相続が「被相続人に大きな人的重点を置いた1回限りの事件」であるという点で，形態に富んだ，移ろいやすい性格の債務契約法とは相違があることを認める[148]。もっとも，このような相違は，国際相続法における当事者自治の根拠を奪い去るものではなく，むしろ国際相続法において

---

(145)　*Gunther Kühne*, Testierfreiheit und Rechtswahl im internationalen Erbrecht, JZ 1973, S. 404.

(146)　*Kühne*, a.a.O. (Fn. 135), S. 68f.

(147)　*Kühne*, a.a.O. (Fn. 135), S. 69.

(148)　*Kühne*, a.a.O. (Fn. 145), S. 405.

第3節　相　続

当事者自治の範囲を制限する必要性に尽きるとし，本国法，住所地法（常居所地法）及び不動産の場合における財産所在地法の選択に制限することに同意する[149]。

Kühneはこのような見解を持ちながら，司法省の委託を受けて草案を提出したのであり，もちろんそれにおいても当事者自治が許されている。そのような解決策は，次のような法政策上の考慮に基づいている[150]。

被相続人の準拠法選択の第1の考慮として挙げられるのは，国際婚姻法におけるのと同様のものである。すなわち，契約における当事者自治の本来的な根拠は，一般化された規定として立法する際に，顧慮されるべき利益を適切に顧慮することが不可能であることにあるが，親族法の領域においても，そのような利益の多様性（たとえば，内国への移住，外国への移住，周囲の環境への適応及び獲得した法的身分の維持又は変動に関する利益）が認められるのであり，しかも，主として強行規定から成る法分野の特色は，当事者自治の原理的な承認にとって邪魔になってはいない，ということである[151]。

第2に，夫婦財産法と相続法との関連の法実務上の考慮が決定的である。実質法上，夫婦財産契約と相続契約を合体させたものが，重要な役割を果たしているところ，国際相続法において法選択が許されない場合には，夫婦財産制は当事者自治に，相続は被相続人の本国法への固定に別々に連結されることで，抵触法のレベルではそのような財産計画がきわめて大きな困難にぶつかることになる。それとは別に，法を適用する者もまた，夫婦財産制と相続の法制度上の密接な結びつきゆえに，重大な困難の前に立たせられることになろう。

第3に，準拠法選択の量的制限によって，被相続人の恣意により法的地位に影響を及ぼされることに対して，必要な範囲で第三者の利益が顧慮されている。このことにより，問題となる事実関係と選択された法との間に密接かつ重要な結びつきがあることが保証され，第三者に準拠法選択の効果が及ぶことが法政策上も甘受されうるものとなっているのである。

Neuhausと Krophollerによる提案及びマックス・プランク研究所作業グ

---

(149)　*Kühne*, a.a.O.（Fn. 145），S. 405.

(150)　*Kühne*, a.a.O.（Fn. 14），S. 158f.

(151)　*Kühne*, a.a.O.（Fn. 14），S. 94.

第 2 章　ドイツ法における当事者自治

ループによる提案いずれの解説も，婚姻の効力に関する解説を準用する[152]。まず，Neuhaus と Kropholler による提案の解説からは，なぜ当事者自治が許されるのかは明らかでない[153]。それに対して，マックス・プランク研究所作業グループによる提案の解説によると，当事者がある法を適用されるものとして選択することが重要となるような状況がありうるが，この種の状況すべてを立法者が予見することができないので，選択される法を法律上列挙することをせず，明らかに恣意的な法選択のみを除外すべきとされる[154]。そのうえで，相続に関しては，財産の所在地ごとの法選択が，動産に関しても，相続財産の清算を事情によって著しく容易にする可能性があるという点が強調されている[155]。

◆ **第 4 節　氏**[156]

第 1 款　抵触規則の内容
EGBGB 第 10 条は，個人の氏について，次のように定める。

第 10 条　氏名
1．人の氏名は，この者が属する国の法に服する。
2．夫婦は，婚姻締結に際し，又は婚姻締結の後，身分登録役場に対し，次の各号に掲げる法に従って，自らが今後称すべき氏を選択することができる。
　(1) 第 5 条第 1 項にかかわらず，夫婦の一方が属する国の法，又は
　(2) 夫婦の一方がその常居所を国内に有する場合には，ドイツ法。
　婚姻締結後におこなわれる表示は，公に認証された文書によってなされな

---

(152)　*Neuhaus/ Kropholler*, a.a.O. (Fn. 21), S. 333; *Max-Planck-Institut*, a.a.O. (Fn. 25), S. 363.

(153)　Vgl. *Neuhaus/ Kropholler*, a.a.O. (Fn. 21), S. 330.

(154)　*Max-Planck-Institut*, a.a.O. (Fn. 25), S. 358.

(155)　*Max-Planck-Institut*, a.a.O. (Fn. 25), S. 363.

(156)　2007 年改正以前のドイツ国際氏名法については，佐藤文彦『ドイツ国際氏名法の研究』（成文堂，2003 年）55 頁以下において詳細に分析・検討されている。

第 4 節　氏

ければならない。子の氏に対するこの選択の影響については，民法典第
1617c 条が準用される。

3．親権を有する者は，身分登録役場に対し，その子が次の各号に掲げる法
に従って家族の氏（Familienname）を維持する旨を決定することができる。
　(1)　第 5 条第 1 項にかかわらず，父母の一方が属する国の法，
　(2)　父母の一方がその常居所を内国に有する場合には，ドイツ法，又は
　(3)　その氏を付与している者が属する国の法。
　出生の登録後におこなわれる表示は，公に認証された文書によってなされ
なければならない。

　このように，EGBGB 第 10 条は，本国法への連結を原則としながら，一定
の場合について，いくつかの国の法に基づく氏から選択することを認める。選
択可能であるのは氏そのものであるが，実質的には準拠法の選択を認めている
とみることができる[157]。

　以下では，EGBGB 第 10 条を制定するまでに出された諸提案の議論を中心
に，その立法経緯とその後の変遷を確認する。

第 2 款　EGBGB 第 10 条制定以前

　1986 年に改正される以前の EGBGB においては，氏に関する明文の規定は
存在しなかったが，氏の取得及び変更が原則として属人法の妥当領域にあると
いう認識はかなり早くから定着していたとされる[158]。もっとも，一部の例外

---

(157)　佐藤・前掲注(15)95 頁以下（後述のマックス・プランク研究所作業グループ提案に
　　　ついて，89 頁）。EGBGB の各種コメンタールにおいても，準拠法選択（Rechtswahl）
　　　と理解されている（J. von Staudingers Kommentar zum Bürgerlichen Gesetzbuch mit
　　　Einführungsgesetz und Nebengesetzen, Art 7-12, 47, 48 EGBGB（Internationales Recht
　　　der natürlichen Personen und der Rechtsgeschäfte）（2019）, Art. 10 EGBGB, Rn. 244ff.,
　　　364ff.［*Rainer Hausmann*］（„*Staudinger/ Hausmann*“）; Münchener Kommentar zum
　　　Bürgerlichen Gesetzbuch, Bd. 11, 7. Aufl.（2018）, Art. 10 EGBGB, Rn. 32［*Volker Lipp*］）。
　　　なお，この場合には，EGBGB 第 4 条第 2 項により反致も排除される（*Staudinger/ Hepting
　　　/ Hausmann*, Art. 10 EGBGB, Rn. 118）。
(158)　佐藤・前掲注(15)55 頁。

51

第2章　ドイツ法における当事者自治

を除き，身分変更に伴う氏の取得及び変更の問題は，問題となる身分変動の効力の問題と理解されてきた(159)。

このような理解が定着していたところ，連邦通常裁判所1971年5月12日決定(160)により大きな展開を遂げることとなる。同裁判所は，婚姻の成立に伴う妻の氏の変更について，「属人法及び婚姻の効力への送致という効果を伴う二重の性質決定」を採用しつつ，それによりもたらされる適応問題につき，原則として属人法が優先されるとするが，氏の環境との関連性から，妻が婚姻の効力の準拠法，すなわち共通常居所地法に基づく氏を選択することを認めた(161)。

同決定以後，婚姻に伴う氏の変更についての選択権に関しては，外国人たる夫にも選択権を認めるべきであるか，外国の常居所地法を選択することを認めるべきであるか，添え氏を称するために常居所地法を選択することができるか，選択権の行使は行使した者の本国においてその選択権の行使が承認されることを要するか，選択権の行使は撤回可能であるか，いったん選択権が行使された後で再度選択権を行使することができるか等，具体的な諸問題が提起されることとなった(162)。

第3款　EGBGB第10条制定まで

国際私法改正作業中，氏に関する一般的な規定は，ドイツ国際私法会議の初

---

(159)　婚姻に伴う氏の変更について，BGH, 12.7.1965, BGHZ 44, 121; 嫡出子として出生した子の氏について，BGH, 26.05.1971, FamRZ 1971, 429=StAZ 1971, 250=IPRspr. 1971 Nr. 6; 養子縁組の場合について，BGH, 4.3.1960, FamRZ 1960, 229=IPRspr. 1960-1961 Nr. 128.

(160)　BGH, 12.5.1971, BGHZ 56, 193=StAZ 1971, 216=FamRZ 1971, 426=RabelsZ 35（1971）741 m. Anm. *Neuhaus*=NJW 1971, 1516=IPRspr. 1971 Nr. 48.

(161)　1986年改正前EGBGB第14条は，ドイツ人夫婦の婚姻の効力については，彼らが外国に居住する場合であってもドイツ法が適用される旨規定しており，その他の場合については，解釈により，同一本国法，かつての同一本国法，同一常居所地法，かつての同一常居所地法，最密接関連地法の順に連結されていた（Münchener Kommentar zum Bürgerlichen Gesetzbuch, Bd. 7 (1983), Art. 14 EGBGB, Rn. 26ff. [*Kurt Siehr*]）。したがって，婚姻の効力の準拠法としての常居所地法を選択することができるのは，夫婦の国籍が異なる場合に限られ，共通国籍を保有する夫婦は氏の環境との関連性を考慮する余地がなくなることが指摘されている（佐藤・前掲注⑮65頁）。

(162)　佐藤・前掲注⑮66-67頁。

52

期の提案[163]においては置かれていなかったところ，1981年に公表されたドイ
ツ国際私法会議の提案において初めて挿入された。それによれば，氏は，原則
として身分変更の効力の準拠法によらしめられていた[164]。もっとも，同提案
とともに公表された鑑定意見において，Strumは，原則的に本国法に連結し
ながらも，常居所地法，配偶者の氏名準拠法，父母の一方の氏名準拠法に服す
ることができるとする規定を提案した[165]。その理由は次の通りである[166]。
第1に，ドイツにおいては夫婦が同一の氏を称するので，妻の本国法が夫の氏
を称することを認めない場合にドイツに居住する妻と内縁関係にあるとの疑い
がかけられるようであれば，婚姻の保護を定めるGG第6条第1項に反するた
め，居所地法であるドイツ法の選択が認められる。その場合には，夫の法の選
択を認めない理由はない。そして，男女同権（GG第3条第2項）に基づき，妻
に許されることは夫にも許されなければならない。第2に，GG第2条を実現
するために当事者自治が認められる。すなわち，氏名を自由に選択し，放棄す
ることができることは西洋の法において基本的自由に属するのであり，また，
婚姻生活の形成及び子の教育について，ドイツ憲法の中心的な原則である私法

---

(163) 国際人事法及び国際家族法に関するものとして，Vorschläge für eine Reform des
deutschen interanationalen Eherechts, in: *Lauterbach* [Hrsg.], a.a.O. (Fn. 8) （なお，こ
の改正提案について，桑田三郎「ドイツ国際婚姻法における改正要綱について」桑田=
山内編著・前掲注(21) 1頁，同「ドイツ国際婚姻法をめぐる諸提案」法学新法69巻6号
（1962年）21頁参照）; Vorschläge für eine Reform des deutschen interanationalen
Kindschaft-, Vormundschafts- und Pflegschaftsrechts, in: *Lauterbach* [Hrsg.], Vors-
chläge und Gutachten zur Reform des deutschen internationalen Kindschafts-,
Vormundschafts- und Pflegschaftsrechts (1966) （なお，この改正提案について，桑田
三郎「ドイツ国際親子法の改正要綱について」桑田=山内編著・前掲注(21) 29頁参照）;
Vorschläge für Reform des deutschen internationalen Personen- und Sachenrechts, in:
Beitzke [Hrsg.], Vorschläge und Gutachten zur Reform des deutschen internationalen
Personen- und Sachenrechts (1972).

(164) Vorschläge für eine Reform des deutschen interanationalen Personen-, Familien-
und Erbrechts, in: *Beitzke* [Hrsg.], a.a.O. (Fn. 11), Name § A (S. 3).

(165) *Fritz Strum*, Zur Reform des deutschen internationalen Namensrechts, in: *Beitzke*
[Hrsg.], a.a.O. (Fn. 11), S. 92.

(166) *Strum*, a.a.O. (Fn. 165), S. 89f.

第2章　ドイツ法における当事者自治

上の形成の自由の空間が妥当する。他方で，氏名を固定することにおける秩序
政策上の利益があるとしても，現代においてはそれを管理することに不都合は
ない。第3に，子の法が，両親の婚氏を子の氏とするが，両親が共通の氏を持
たない場合に生じる適応問題を解決することができる。このように，Strum
においては，基本権と適応問題の解消の点から当事者自治が提案された。

　ところで，司法省の委託により Kühne が作成した草案[167]及び Neuhaus と
Kropholler の提案[168]もまた，前述の決定が示した妻の選択権を引き継がず，
当事者自治を採用していなかった。

　これらの提案に対して，マックス・プランク研究所作業グループにより作成
された提案は，本国法への連結を原則としながら，「称氏者，その配偶者，未
成年者の父母の一方が国籍又は常居所によりいずれか他の法と結びつけられて
いる場合」にその法を選択すること，子の命名について，命名者の本国法又は
常居所地法をも選択することを認める[169]。このようにしてマックス・プラン
ク研究所作業グループが人事法，親族法，相続法において当事者自治を認める
のは，それが個別事件における正義と法的安定性に資するからである[170]。こ
こでは，国際氏名法を柔軟に形作ることによって，当事者の希望を可能な限り
広く顧慮するものとされる[171]。また，この準拠法選択によって，異なる本国
に属する家族において氏の一致をもたらすことを可能にすること，本国以外の
国に常居所を有する者がその社会的な環境に適合することを容易にすること，
官庁による後見及び時間のかかる訴訟からの解放という点に実質的な理由が求
められる[172]。

　このような多様な提案を受けて作成された政府草案[173]では，本国法を原則

---

(167)　Entwurf eines Gesetzes zur Reform des internationalen Privat- und Verfahrens-
　　　rechts, in: Kühne, a.a.O. (Fn. 14), § 11 (S. 5).

(168)　*Neuhaus/ Kropholler*, a.a.O. (Fn. 21), Art. 6 (S. 327).

(169)　*Max-Planck-Institut*, a.a.O. (Fn. 25), These 4 (S. 349).

(170)　*Max-Planck-Institut*, a.a.O. (Fn. 25), S. 347.

(171)　*Max-Planck-Institut*, a.a.O. (Fn. 25), S. 355.

(172)　*Max-Planck-Institut*, a.a.O. (Fn. 25), S. 355f.

(173)　Entwurf eines Gesetzes zum Neuregelung des Internationalen Privatrechts, BR-
　　　Drucks 222/83, S. 8 (Art. 10).

第 4 節　氏

としながら（第 10 条第 1 項），夫婦の氏名について，内国での婚姻の際に，夫婦の一方の本国法（重国籍の場合はいずれも選択することができる）か，夫婦の一方が内国に常居所を有する場合にはドイツ法を選択することができる（同条第 3 項）との規定が提案された。また，少なくとも一方がドイツ人でない夫婦が，内国で婚姻したのでなく，かつ，この夫婦が共通の家族の氏を称していない場合において，夫婦の一方が常居所を内国に有しているか，又は婚姻の一般的効力につきドイツ法が準拠法となるときは，ドイツ実質法上の氏の選択の表示をすることができるとされている（同条第 4 項）。政府草案の理由書によれば，準拠法の選択を認めるのは，まず，氏が環境とかかわりを持っているという，法政策的に顧慮に値する思考（*Alexander Lüderitz*, Anknüpfung im Parteiinteresse, in: *Lüderitz/Schröder* [Hrsg.], Internationales Privatrecht und Rechtsvergleichung im Ausgang des 20. Jahrhunderts: Bewahrung oder Wende?: Festschrift für Gerhard Kegel (1977), S. 36f.）を顧慮するためであることが挙げられている[174]。そして，第 3 項の準拠法選択に関しては，夫婦の国籍が異なる場合において，双方の本国法が婚姻中に称する氏に関して一致していないときに生じる適応の必要性を満たすことが考慮されている[175]。

　政府草案が公表された後，マックス・プランク研究所により反対提案が提出された。その内容は，原則として本国法連結を維持しつつ（第 10 条第 1 項），婚氏について，夫婦の一方の本国法（重国籍の場合はいずれも選択することができる）又は常居所地法に基づき氏を選択することができるとし（同条第 2 項），子の氏について，夫婦の一方の本国法，認知，準正若しくは養子縁組にかかる親又は氏を付与しようとする者の本国法，子の常居所地法に基づき選択することができるとする（同条第 3 項）[176]。また，同提案は，政府草案において，婚姻又は氏名の選択が内国でおこなわれるか，外国でおこなわれるかによって，また，嫡出子であるか，非嫡出子であるかによって異なる選択可能性を統一するものであり，説明はそこに焦点があてられている。

　1985 年には，ドイツ連邦身分登録官連盟により，政府草案に対する変更提

(174)　RegBegr BR-Drucks 222/83, S. 47.

(175)　RegBegr BR-Drucks 222/83, S. 47.

(176)　Max-Planck-Institut, a.a.O.（Fn. 95）, S. 615ff.

55

第 2 章　ドイツ法における当事者自治

案が提出された。そこでも夫婦による選択（提案第 2 項第 1 号及び第 3 項）や親による嫡出子の氏の選択（代替提案第 5 項）が認められていた[177]。

第 4 款　1993 年及び 1997 年改正

1986 年国際私法改正により制定された EGBGB 第 10 条は次の通りである。

第 10 条　氏名

1．人の氏名はこの者が属する国の法に服する。

2．夫婦は，国内での婚姻締結に際し，双方が婚姻締結後に称すべき氏につき，次の各号に掲げる法に従って選択することができる。

　(1) 第 5 条第 1 項にかかわらず，夫婦の一方が属する国の法，又は

　(2) 夫婦の一方がその常居所を国内に有する場合には，ドイツ法。

3．ドイツ人及び外国人の夫婦間での婚姻が国内で締結されておらず，かつ，この夫婦が婚姻締結に際して婚姻中におけるその称氏について何らの表示もおこなっていなかった場合には，夫婦のうちドイツ人は，相手方が属する国の法に従って自身が家族の氏を称しようとする旨を表示することができる。かかる表示がおこなわれるのは，当該家族の氏のドイツ身分登録簿への登録が，この者が国内に立ち帰った後遅くとも 1 年が満了する以前に，必要とされるときとする。婚姻法第 13a 条第 3 項並びに BGB 第 1617 条第 2 項第 2 文及び第 3 文が準用される。夫婦のうちドイツ人が何らの表示もおこなっていない場合には，この者は婚姻中，この者が婚姻締結の当時称していた家族の氏を称する。

4．その婚姻が国内で締結されておらず，かつ，少なくともその一方がドイツ人ではない夫婦が共通の家族の氏を称していない場合において，次の各号に掲げるときは，この夫婦は，婚姻中に称する氏についての表示をBGB 第 1355 条第 2 項第 1 文に従いおこなうことができる。

　(1) 夫婦の一方がその常居所を国内に有しているとき，又は

　(2) ドイツ法が婚姻の一般的効力につき基準となるとき。

　第 3 項第 2 文が準用される。

---

(177)　*Heinz Reichard*, Das Namensrecht im IPR-Entwurf, StAZ 1986, S. 2ff.

56

第4節　氏

5．父母のいずれもがドイツ人でない場合において，その共通の嫡出子の出
　生が登録される前に，その法定代理人は，身分登録官に対し，その子が次
　の各号に掲げる法に従って家族の氏を維持する旨を決定することができる。

（1）第5条第1項にかかわらず，父母の一方が属する国の法，

（2）父母の一方がその常居所を内国に有するときは，ドイツ法。

6．非嫡出子は，その父母の一方又はその氏を付与しているものが属する国
　の法によっても氏を持つことができる。

　ところが，1991年に，夫婦が婚姻時にいずれの出生氏を婚氏とするかを決
定しない場合に夫の出生氏を婚氏とする旨を規定していたBGB第1355条第2
項第2文がGG第3条第2項に違反するとの決定[178]を連邦憲法裁判所が下し
たことで，氏名に関して，BGBの改正，ひいてはEGBGBの改正が検討され
ることとなった。政府草案においては，夫婦別氏の導入に伴う調整のために旧
規定の修正及び新規定の追加が提案されたところ[179]，連邦参議院から，さら
なる議論が求められた。連邦参議院は，旧規定が解釈及び適用に関して相当な
問題をもたらしていたことから，氏名実質法の改正に適応させると同時に，婚
氏についての準拠法選択の拡大を熟慮されるべきであるとした[180]。その後の
議論は窺い知れないが，準拠法選択に関しては，最終的に，内国での婚姻の場
合（第2項）及び外国での婚姻の場合（第3項）における準拠法選択並びに氏
の選択（第4項）が一本化されて現在とほぼ同一の条文となり（新規定第2項），
嫡出子の氏については，選択権者が法定代理人から父母に改められ，かつ，
「夫婦がいずれもドイツ人ではない場合」という制限が外され，さらに，婚姻
した場合における選択の影響が嫡出子に及びうることとなった[181]。

---

(178)　BVerfG, 5.3.1991, BVerfGE 84, 9. 解説として，ドイツ憲法判例研究会編『ドイツの
　　憲法判例II〔第2版〕』（信山社，2006年）91頁〔山下威士〕。

(179)　Gesetzentwurf der Bundesregierung, Entwurf eines Gesetzes zur Neuordnung des
　　Familiennamensrechts（Familiennamensrechtsgesetz – FamNamRG）, BR-Drucks 262/
　　92, S. 6f.

(180)　Gesetzentwurf der Bundesregierung, Entwurf eines Gesetzes zur Neuordnung des
　　Familiennamensrechts（Familiennamensrechtsgesetz – FamNamRG）, BT-Drucks 12/
　　3163, S. 25, Nr. 8.

第2章　ドイツ法における当事者自治

その後，1997年には，親子関係法の改正[182]により，嫡出子と非嫡子との区別が廃止されたことに伴い，「国際私法の重要な適応の必要性」[183]から，EGBGB第10条においてもその区別が廃止された。

なお，2007年の身分登録法改正[184]に伴い，氏の選択の表示をすべき相手が，身分登録官から身分登録役場へと変更された。また，同時に，EGBGB第10条に関係する規定として，第47条が新設された。同条は，氏名法上の適応問題を解決することを目的とするものである[185]。この規定は抵触規則ではなく，EGBGB第10条によりドイツ氏名法が適用される場合を念頭に置いて調整を施すためのものとして，EGBGBに第3章（「適応」）を挿入したうえでそこに含まれている[186]。

第5款　EGBGB第48条の新設

2003年のGarcia Avello判決以来，欧州司法裁判所においては，他の構成国において取得された氏が承認されるという結果をもたらす先決裁定が下されてきた[187]。ドイツでは，とりわけGrunkin-Paul事件の問題状況に対応するた

---

(181)　Gesetz zur Neuordnung des Familiennamensrechts (Familiennamensrechtsgesetz - FamNamRG) vom 16. Dezember 1993 (BGBl. I S. 2054).

(182)　Gesetz zur Reform des Kindschaftsrechts (Kindschaftsrechtsreformgesetz - KindRG) vom 16. Dezember 1997 (BGBl. I S. 2942).

(183)　Gesetzentwurf der Bundesregierung, Entwurf eines Gesetzes zur Reform des Kindschaftsrechts (Kindschaftsrechtsreformgesetz - KindRG), BT-Drucks 13/4899, S. 137.

(184)　Gesetzes zur Reform des Personenstandsrechts (Personenstandsrechtsreform- gesetz - PStRG) vom 19.2.2007 (BGBl. I S. 122).

(185)　Gesetzentwurf der Bundesregierung, Entwurf eines Gesetzes zur Reform des Personenstandsrechts (Personenstandsrechtsreformgesetz – PStRG), Begründung, BT-Drucks 16/1831, S. 78f.

(186)　Entwurf eines Gesetzes zur Reform des Personenstandsrechts (Personenstands- rechtsreformgesetz – PStRG), Begründung, BT-Drucks 16/1831, S. 78.

(187)　Case C-148/02, Carlos Garcia Avello v. Belgian State, [2003] ECR I-11613; Case C-353/06, Grunkin-Paul, [2008] ECR I-7639; Case C-208/09, Sayn-Wittgenstein, [2010] ECR I-13693. 各事件の詳細は，Garcia Avello事件について，中西康「氏名の変更と，

第 4 節　氏

め[188]，EGBGB 第 48 条が新設された[189]。

第 48 条　他の欧州連合構成国において取得された氏名の選択

　　ある者の氏がドイツ法に服する場合，その者は，身分登録役場に対する表示によって，他の欧州連合構成国に常居所を有している間に取得し，当該構成国において身分登録簿に登録された氏につき，当該氏がドイツ法の重要な原則に明らかに反するのでない限り，これを選択することができる。その者が，氏の選択が将来に向かってのみ効力を有することを明示的に表する場合を除き，氏の選択は，当該他の構成国における身分登録簿への登録の時点に遡って効力を有する。表示は，公に認証され，又は作成された文書によってなされなければならない。第 47 条第 1 項及び第 3 項が準用される。

　同条は，第 10 条と同様に，文言上は，準拠法ではなく氏名の選択を認めるものである。もっとも，第 10 条第 2 項及び第 3 項では，各号に掲げられた国の実質法上の氏を選択することができるとして，国籍又は常居所を連結点とし

　　EU 市民権としての国籍差別からの自由（EU 法の最前線第 56 回）」貿易と関税 52 巻 12 号（2004 年）72 頁，同「EU 法における『相互承認原則』についての考察——国際私法方法論の観点から」法学論叢 162 巻 1-6 号（2008 年）236 頁以下，Grunkin and Paul 事件について，西連寺隆行「氏名の承認拒否と EU 市民の移動・居住の自由（EU 法の最前線第 110 回）」貿易と関税 57 巻 6 号（2009 年）75 頁，Sayn-Wittgenstein 事件について，中西康「氏名と EU 市民権——貴族の爵位の承認拒絶の正当化と憲法的アイデンティティ（EU 法の最前線第 153 回）」貿易と関税 61 巻 1 号（2013 年）91 頁参照。

(188)　Gesetzentwurf der Bundesregierung, Entwurf eines Gesetzes zur Anpassung der Vorschriften des Internationalen Privatrechts an die Verordnung (EU) Nr. 1259/2010 und zur Änderung anderer Vorschriften des Internationalen Privatrechts, BT-Drucks 17/11049, S. 12, Garcia Avello 事件の問題状況に関しては，EGBGB 第 10 条第 2 項前段第 1 号並びに第 3 項前段第 1 号及び第 3 号に基づく法選択可能性によって顧慮されている。

(189)　Gesetz zur Anpassung der Vorschriften des Internationalen Privatrechts an die Verordnung (EU) Nr. 1259/2010 und zur Änderung anderer Vorschriften des Internationalen Privatrechts vom 23.01.2013 (BGBl. I S. 101). 同条の評価について，Cristian Kohler, « La reconnaissance de situations juridiques dans l'Union européenne : le cas du nom patronymique », in Paul Lagarde (ed.), *La reconnaissance des situations en droit international privé* (2013), pp. 75 s.; *Anatol Dutta*, Namenstourismus in Europa?, FamRZ 2016, S. 1213.

第2章　ドイツ法における当事者自治

ており，準拠法の選択と理解されている。それに対して，第48条では，常居所は連結点ではなく，選択しうる氏がいずれの国の実質法によるものかは，当該他の構成国次第である。この点で，常居所は，他の構成国で取得され登録された氏を「抵触法上承認する」ことを正当化するための密接な関連であるとされる[190]。

◆ 第5節　第2章の総括

ドイツにおいては，1986年の国際私法改正の際に，婚姻の身分的効力及び離婚，夫婦財産制，相続並びに氏について当事者自治が導入された。

まず，国際親族法について，政府草案の理由書は，契約における当事者自治の本来的な根拠は，一般化された規定として立法する際に，顧慮されるべき利益を適切に顧慮することが不可能であることにあり，親族法の領域においても，そのような利益の多様性（たとえば，内国への移住，外国への移住，周囲の環境への適応及び獲得した法的身分の維持又は変動に関する利益）が認められること，そして，主として強行規定から成る法分野の特色が，当事者自治の原理的な承認にとって邪魔になってはいないこと，当事者自治が，個々の場合における事理に即した解決策も法適用の予見可能性も促進する適当な手段であることを挙げる。これは前述の通り，Kühne の草案に依拠している。

Kühne は，国際相続法においても同様の顧慮があてはまるとして比較的広範な当事者自治の導入を提案していたが，政府草案は，この点については Kühne の見解を採用していない。政府草案では，国際相続法において当事者の影響力を認めるように一定の可能性を開くことは事理に即していると認識しつつも，とりわけ遺留分権利者の保護を重視して，内国に所在する不動産について，ドイツ法の選択を認めるのみとした。

さらに，氏については，政府草案の理由書によれば，準拠法の選択を認めるのは，まず，氏が環境とかかわりを持っていること，そして，夫婦の国籍が異なる場合において，双方の本国法が婚姻中に称する氏に関して一致していない

---

(190)　*Staudinger/ Hausmann*, Art. 48 EGBGB, Rn. 15.

60

ときに生じる適応の必要性を満たすことが考慮されている。

　国際私法改正の審議にあたっては，これら以外にも様々な提案が提出されていた。最も特徴的であるのは，マックス・プランク研究所作業グループの作成した提案である。同提案は，家族法領域全域において当事者自治を広範に認めることを提案するものであるが，それは，そうすることで個別事件における正義と法的安定性に資するからである。マックス・プランク研究所作業グループは，最近では，相続に関する欧州連合規則の議論においても，当事者自治の導入を推進している[191]。

---

(191)　第 4 章第 2 節第 3 款(3)参照。

◆ 第3章 ◆ ハーグ条約における当事者自治

　ハーグ国際私法会議の作成する条約のうち，国際家族法において当事者自治を認めるものとして，1978年の「夫婦財産制の準拠法に関する条約」，1989年の「死亡による財産の相続の準拠法に関する条約」，2007年の「扶養義務の準拠法に関する議定書」がある。これらはいずれも，まだそれぞれの事項について当事者自治を認める立法例が少ない中で採択された先駆的なものである。この中で条約として成功しているものは乏しいが，批准はせずとも影響を受けた国は少なくないであろう。そのため，それぞれのハーグ条約がいかなる根拠をもって当事者自治を認めたのかを考察する意義は小さくないと思われる。

　以下では，夫婦財産制（第1節），相続（第2節），扶養義務（第3節）の順にみていき，最後に総括する（第4節）。

◆ 第1節　夫婦財産制

　1978年の「夫婦財産制の準拠法に関するハーグ条約」（以下，「ハーグ夫婦財産制条約」という。）は，1978年3月14日にハーグ国際私法会議において採択された条約であり，現在はフランス，ルクセンブルク及びオランダの3か国について発効している。条約の締約国数からは「失敗」と評されるが，我が国だけでなく，その他の多くの国にも影響を及ぼしている。

　ハーグ国際私法会議において最初に夫婦財産制が持ち出されたのは，1968年の第11回外交会議の中であり，その際は，死亡による財産の相続についての一般的な議論に関連して偶然に検討された[1]。その後，1972年の第12回外交会議においてやや実質的な議論がおこなわれた[2]。代表の中には，その事

---

(1)　Alfred E. von Overbeck, « Rapport de la Commission spéciale », *Actes et documents de la Treizième session de la Conférence de La Haye de droit international privé*, t. II, Régimes matrimoniaux（1978），para. 9.

第3章　ハーグ条約における当事者自治

項が相続に密接に関連しており，それらの事項を分けることが困難であることから，それ自体が正式議題に含まれるべきであるかを疑問視する者もいた[3]。しかしながら，きわめて多くの代表が夫婦財産制の準拠法に関する条約に賛成しており，優先されるべきであるとすら考えられたため，この時初めてその問題が最終議定書に含まれることとなった[4]。特別委員会によって作成された準備草案をもとに，1976年の第13回外交会議で議論が重ねられ，最終的にハーグ夫婦財産制条約は，1978年3月14日に採択された。

第1款　抵触規則の内容

ハーグ夫婦財産制条約は，主たる準則として，夫婦により選択された法を夫婦財産制に適用する旨を規定しており，そのような選択がない場合に代替手段としてのみ，客観的な連結をおこなう。主観的連結を定める第3条及び第6条は次のとおりである。

第3条

夫婦財産制は，婚姻前に夫婦が指定した国の法により規律される。

夫婦は，次の各号に掲げる法の1つのみを指定することができる。

　　(1) 指定時において夫婦の一方が国籍を有する国の法

　　(2) 指定時において夫婦の一方がその常居所を有する国の法

　　(3) 夫婦の一方が婚姻後にその新たな常居所を定める最初の国の法

夫婦により指定された法は，夫婦の全ての財産に適用される。

夫婦は，前3項の規定に基づき法を指定したと否とにかかわらず，不動産の一部又は全部について，当該不動産の所在地法を指定することができる。

夫婦は，将来取得すべき不動産について，当該不動産の所在地法により規律される旨を定めることができる。

第6条

夫婦は，婚姻中に，従前の準拠法と異なる法にその夫婦財産制を服させる

---

(2)　von Overbeck, *supra* note 1, para. 10.

(3)　von Overbeck, *supra* note 1, para. 10.

(4)　von Overbeck, *supra* note 1, para. 10.

第1節　夫婦財産制

ことができる。

　夫婦は，次の各号に掲げる法の1つのみを指定することができる。

　　(1) 指定時において夫婦の一方が国籍を有する国の法

　　(2) 指定時において夫婦の一方がその常居所を有する国の法

　夫婦により指定された法は，夫婦の全ての財産に適用される。

　夫婦は，前項又は第3条の規定に基づき法を指定したと否とにかかわらず，不動産の全部又は一部について，当該不動産の所在地法を指定することができる。夫婦は，将来取得すべき不動産について，当該不動産の所在地法により規律される旨を定めることができる。

　客観的連結は第4条に定められており，原則として，「夫婦双方が婚姻後にその新たな常居所を定める国の法」によるが，次の場合には，夫婦の共通本国法による。すなわち，(1)第5条に規定される宣言がその国においてなされ，かつ，同条第2項の規定により当該夫婦へのその適用が除外されていない場合，(2)その国が本条約の当事国でなく，その国の国際私法規則によれば，その国の法が適用され，かつ，夫婦が婚姻後の最初の常居所を(a)第5条に規定される宣言をした国若しくは(b)本条約の当事国でなく，その国の国際私法が彼らの本国法の適用を規定する国に定める場合，又は(3)夫婦が同一国において婚姻後の最初の常居所を定めない場合である。

　準拠法の選択は，婚姻締結前後とも認められる（第3条第1項及び第6条第1項）。婚姻後の準拠法選択については，夫婦が，場合によっては起こりうる常居所又は国籍の変更を顧慮することを可能にするものであるとされている[5]。もっとも，そのような状況の変更がなくとも，従前の夫婦の一方の本国法から，他方の本国法又は夫婦の双方若しくは一方の常居所地法に準拠法を変更することも単純に可能である[6]。

　ハーグ夫婦財産制条約においては，準拠法の統一性が原則とされ，夫婦により選択された準拠法は全ての財産に適用されるのであり，原則として，準拠法

---

[5] *Günther Beitzke*, Die 13. Haager Konferenz und der Abkommensentwurf zum ehelichen Güterrecht, RablesZ 41 (1977), S. 464.

[6] *Beitzke*, a.a.O. (Fn. 5), S. 464.

第3章　ハーグ条約における当事者自治

を個々の財産について選択することはできない（第3条第3項及び第6条第3項）。しかし，例外的に，不動産に関しては，個々の財産の所在地法を選択することが認められる（第3条第4項及び第6条第4項）。不動産に関するこの例外は，不動産を原則として所在地法に服させる法域があることから正当化されるとされている[7]。もっとも，当該不動産の所在地法の選択が認められるのみで，ある不動産の所在地法に，他の国に所在する不動産も服させることはできないとされる[8]。

　婚姻締結後の準拠法の選択又は変更は，原則として遡及効を有するとされるが，第三者の権利には影響を及ぼし得ないと解されている[9]。客観的連結の場合における準拠法の自動的な変更については，従前の準拠法により獲得された夫婦又は第三者の権利保護のため[10]，将来効が規定されている（第8条第1項）が，夫婦は遡及効を合意することができる（同条第2項前段）。この場合においても第三者の権利を害することはできない（同項後段）。

　夫婦の一方と第三者との法律関係に対する夫婦財産制の効力についても，夫婦財産制の準拠法を選択している場合には，その法が適用される（第9条第1項）。ただし，締約国は，開示若しくは登記要件を満たす場合又は第三者が夫婦財産制の準拠法について知り，若しくは知るべきであった場合を除き，当該夫婦の一方が夫婦財産制の準拠法を当該第三者に対抗することができない旨の規定を置くことができ（第9条第2項），不動産が所在する締約国は，当該不動産につき同様の規定を定めることができる（第9条第3項）。第三者との関係においては，夫婦の一方の当該財産の処分権限の有無や責任又は保証の範囲が問題となるからである[11]。

　第11条は，夫婦による準拠法の選択の結果が重要性を有することから[12]，

---

(7)　*Beitzke*, a.a.O. (Fn. 5), S. 463.

(8)　Alfred E. von Overbeck, « Rapport explicatif », *Actes et documents de la Treizième session de la Conférence de La Haye de droit international privé*, t. II, Régimes matrimoniaux (1978), para. 135.

(9)　von Overbeck, *supra* note 8, para. 139.

(10)　von Overbeck, *supra* note 8, para. 172.

(11)　von Overbeck, *supra* note 8, para. 176.

(12)　von Overbeck, supra note 8, para. 187.

66

準拠法の選択は，明示的であるか，夫婦財産契約の規定から当然に生じるものでなければならないとする。明示的に選択する場合には，夫婦が選択する法又は選択がおこなわれた地の法が夫婦財産契約の方式について規定する要件を満たさなければならない（第13条前段）。ただし，いかなる場合であっても，その選択は，書面で，日付が記載され，夫婦双方により署名されなければならない（同条後段）。

第2款　von Overbeck 報告書

現在では，前述のように多くの国で，夫婦財産制について当事者自治が認められている。しかしながら，ハーグ夫婦財産制条約の起草当時は状況が異なっており，フランスのようないくつかの国が夫婦による準拠法選択を認める一方で，その他のほとんどの法域においては，当事者自治は完全に排除されていた[13]。特に，大陸ヨーロッパ諸国では，夫婦財産制が家族法の一部をなしており，家族法の他の事項のように客観的連結に服し，夫の本国法が採用されていた[14]。ところが，条約の成立に至るまでの10年の間に，夫婦財産制については当事者自治に依拠するという考えが，相続と同様に，ますます支持を得るようになっていった[15]。また，公式報告書においては，その考えを支持する理由としては，一般的に，国内実質法においても国際私法においても，金銭的な利益のみが関係する場合には，当事者の意思を可能な限り大きな範囲で考慮するのに適していることが挙げられている[16]。同様に，夫婦財産制に関しては，当事者自治が，準拠法について安定性を保障し，全締約国におけるその尊重を保障するのに最も適当であるとされている[17]。それはまた，多くの事案において，相続準拠法に夫婦財産制を服させる可能性を夫婦に与えるものであ

---

(13)　von Overbeck, *supra* note 8, para. 32. Voir « Questionnaire commenté sur les conflits de lois en matière de régimes matrimoniaux et Réponses des Gouvernements », *Actes et documents de la Treizième session de la Conférence de La Haye de droit international privé*, t. II, Régimes matrimoniaux (1978), pp. 9 ss.

(14)　von Overbeck, *supra* note 8, para. 32.

(15)　von Overbeck, *supra* note 8, para. 32.

(16)　von Overbeck, *supra* note 1, para. 20; von Overbeck, *supra* note 8, para. 32.

(17)　von Overbeck, *supra* note 1, para. 20; von Overbeck, *supra* note 8, para. 32.

第3章　ハーグ条約における当事者自治

り，夫婦財産制と相続という2つの事項に異なる法を適用することから生じる問題を回避させうるものであるとされる[18]。そのほか，当事者自治の導入が，夫婦財産制を新たな事情に順応させる一方で，夫婦財産制の準拠法の「自動的な変更」を取り入れた際の不便宜を回避する可能性も開くことが述べられている[19]。また，選択された法の適用の根拠は夫婦の共通の意思にあり，この解決策は，夫婦の一方のみに関連して存在する要素に依拠する客観的な連結点に対する異議を回避することができるとされている[20]。さらに，ハーグ国際私法会議の文脈においては，当事者自治が住所地法主義と本国法主義を調和させるため，この解決策は特に有用であるとされる[21]。

　ハーグ夫婦財産制条約の起草過程においては，当事者自治を導入することについて一致していた一方で，たとえば売買契約において許される範囲で当事者自治を拡張することは提案されず，むしろハーグ国際私法会議は，夫婦が関連を有するいくつかの法の中から選択することを認めることが望ましいとの意見を持っていた[22]。また，特別委員会では，まず第1に主観的連結に基づき，補助的にのみ，客観的連結に基づき準拠法を決定するシステムを受け入れることについて全員が一致していた[23]。ここではこのように主観的連結を優先させる理由については明らかにされていなかったが，公式報告書においては，「本条約の発効が夫婦財産制の準拠法を選択するという実務を促進することが望まれる」ことが説明されている[24]。

　前述のようにハーグ夫婦財産制条約第3条においては，(1)指定時における夫婦の一方の本国法，(2)指定時における夫婦の一方の常居所地法，(3)夫婦の一方の婚姻後の最初の常居所地法及び(4)不動産に関しては，その所在地法から選択することができる。本国法の適用については，夫婦の一方が保有する国

---

(18)　von Overbeck, *supra* note 1, para. 20; von Overbeck, *supra* note 8, para. 32.

(19)　von Overbeck, *supra* note 8, para. 33.

(20)　von Overbeck, *supra* note 8, para. 34.

(21)　von Overbeck, *supra* note 1, para. 20; von Overbeck, *supra* note 8, para. 33.

(22)　von Overbeck, *supra* note 8, para. 34.

(23)　von Overbeck, *supra* note 1, para. 19.

(24)　von Overbeck, *supra* note 8, para. 140.

第1節　夫婦財産制

籍は，それが属する国の国内法にとって十分な関連とみなされるとされている(25)。常居所地法に関しては，指定時における夫婦の一方の常居所地法と，夫婦の一方の婚姻後の最初の常居所地法を選択することができる。この後者の規定は，夫婦にとって，彼らが婚姻後定住するつもりである国の法にその夫婦財産制を服させることが婚姻前に可能であるべきであるという考えに一致している(26)。また，不動産に関しては，英米法系諸国によって，その法体系において基本的である所在地法が夫婦にとって利用可能となることが切望されていた(27)。このことに加えて，不動産に関して夫婦財産制が物の所在地法としては，多数の非締約国の法に服しうることが考慮されている(28)。したがって，全ての財産に適用される唯一の法を選択することができることは，夫婦にとって有益であるとされる(29)。

第3款　評　価

ハーグ夫婦財産制条約は，フランス，ルクセンブルク及びオランダというわずか3か国で発効しているのみである。しかし，同条約の失敗は，その客観的連結に原因があり，特に，第4条において住所地法主義と本国法主義の間で妥協が試みられたが，満足させることができずきわめて複雑になってしまったことに理由があるとされている(30)。実際，ハーグ夫婦財産制条約における当事者自治の許容は，ハーグ国際私法会議で立場の一致をみたのであり(31)，我が国及びドイツをはじめとして多くの国がハーグ夫婦財産制条約の主観的連結から着想を得ていることは事実である。

---

(25)　von Overbeck, *supra* note 8, para. 128.

(26)　von Overbeck, *supra* note 8, para. 131.

(27)　von Overbeck, *supra* note 8, para. 133.

(28)　von Overbeck, *supra* note 8, para. 133.

(29)　von Overbeck, *supra* note 8, para. 133.

(30)　*Jan Kropholler*, Der Einfluß der Haager Übereinkommen auf die deutsche IPR-Kodifikation, RablesZ 57 (1993), S. 217.

(31)　von Overbeck, *supra* note 8, para. 31.

第3章　ハーグ条約における当事者自治

◈ 第2節　相　続

「財産の相続の準拠法に関するハーグ条約」（以下，「ハーグ相続条約」とい
う。）[32]は，1988 年にハーグ国際私法会議第 16 会期において採択された。現
在まで，アルゼンチン，ルクセンブルク及びスイスが署名するにとどまり，い
まだ発効していない。我が国でも本条約の批准が期待され，これを前提に国際
私法改正研究会が国内法化試案[33]を公表したが，最終的には条約批准にも立
法にも至らなかった。しかし，ハーグ相続条約は，統一法というかたちで初め
て被相続人による準拠法選択を認めたものであり，その内容及び議論を概観す
ることが重要であると思われる。

　もっとも，ハーグ相続条約に関しては，すでに詳細な分析・検討がなされて
いるため[34]，本節では，抵触規則の内容と最終報告書のみに触れることとす
る。

第1款　抵触規則の内容

　ハーグ相続条約は，第 3 条において客観的連結を規定している。同条は，本
国法と常居所地法の対立を解消するため，やや複雑な規定を採用している。

第3条　客観的連結

1．相続は，被相続人が，死亡の時に常居所を有していた国の国籍を，その
　　当時有していた場合には，その国の法によって規律される。

2．相続は，被相続人が死亡の時に常居所を有していた国に死亡の直前に 5
　　年以上の期間居住していた場合にも，その国の法によって規律される。た

---

(32)　条文の邦訳については，国際私法改正研究会「『相続の準拠法に関する法律試案』
　　の公表」国際法外交雑誌 92 巻 4=5 号（1993 年）147 頁，Waters 報告書の邦訳について
　　は，道垣内正人=織田有基子訳「財産の相続の準拠法に関するハーグ条約についての報
　　告書（翻訳）」北海学園大学学園論集 102 号（1999 年）95 頁参照。

(33)　国際私法改正研究会・前掲注[32] 147 頁。同試案においては，第 3 条，第 5 条及び第
　　6 条を引き継いだ規定が置かれたものの，結局，通則法制定にあたっては，本国法への
　　客観的連結が維持されることとなった。

(34)　木棚照一『国際相続法の研究』（有斐閣，1995 年）92 頁以下。

70

第2節　相　続

だし，例外的な状況下で，被相続人が，死亡の時に，その当時国籍を有していた国と明らかにより密接な関係を有していたときは，その国の法が適用される。

3．その他の場合には，相続は，被相続人が死亡の時に国籍を有していた国の法によって規律される。ただし，被相続人が死亡の時に他の国とより密接な関係を有していたときは，この限りではない。この場合には，当該他の国の法が適用される。

そして，被相続人による準拠法選択を規定するのは第5条である。

第5条　主観的連結

1．何人も，自己の財産全体の相続を規律するため，特定の国の法を指定することができる。この指定は，指定をした者が，指定の当時又は死亡の時に，その国の国籍を有し，又はその国に常居所を有していた場合に限り，有効とする。

2．前項の指定は，死亡による財産の処分の方式に従ってなされる明示の意思表示によらなければならない。（以下略）

3．（略）

4．（略）

なお，重国籍者の場合には，被相続人が有していた複数の国籍を有する国の法のうちから1つを選択することが認められている[35]。

さらに，第6条は，「実質法的指定」と題して，被相続人が「自己の特定の財産の相続を規律するため，1又は2以上の国の法律を指定することができる」するが，この指定は，第3条又は第5条第1項の規定により適用される法律の適用を妨げないと規定する。

---

(35)　Donovan W. M. Waters, « Rapport explicatif », *Actes et documents de la Seizième session de la Conférence de La Haye de droit international privé*, t. II, Successions – loi applicable（1990）, para. 61.

71

第3章　ハーグ条約における当事者自治

第2款　Waters 報告書

特別委員会の当初において，被相続人本人が，遺言が実施に移されるときに，遺産がどのように処分されるかを知ることができないことが困難な問題の1つとして共有されていた[36]。そこで，遺言作成時に被相続人の死亡時の遺言を規律する法律を決定できれば，コモンロー諸国における生存者間の処分及び遺言による処分と，大陸法諸国における相続についての合意及び遺言とを調和させることが可能となり，世界各国に財産を有する者の財産計画が非常に立てやすくなると述べられている[37]。

選択しうる準拠法の選択肢として，「指定時の本国法」，「指定時の常居所地法」，「死亡時の本国法」，「死亡時の常居所地法」という4つの法が含められたのは，次のような理由からである[38]。すなわち，ほとんど全ての法域にとって被相続人による準拠法の選択を認めるという考え方がなじみのないことであり，被相続人による法選択の幅を制限することが賢明かつ実際的であると考えられた。国籍と常居所という2つの連結点はいずれも，被相続人の「帰属」を重視するもので，このことは相続の人的で家族的な性格にふさわしい。また，被相続人の自然的結合を反映したこれら以外の法の選択を被相続人に認めることは，相続権の剥奪を容認することになってしまい，生存配偶者や子から相続権を奪うことを禁ずる家族保護の法律の適用を確保することという本条約の中心的な目的の1つにもとることになる。他方で，死亡時の本国法と常居所地法のみを選択肢とすることはあまりにも制限的であり，被相続人が遺言の作成時点でいずれの法が準拠法となるのかを認識できるようにするためには，遺言作成時の本国法と常居所地法の選択も認めなければならない，と。加えて，このように指定時の本国法及び常居所地法の選択が可能とされた最大の理由は，指定時の法律を選択することが許されれば，被相続人は，夫婦財産制の問題と遺産相続の問題にいずれの法律が適用されるか，そして同じ法律を双方に適用することが可能であることを知ったうえで，夫婦財産契約と相続の分配を自由に計画できるだろうという認識があったからであるように思われる，と述べられ

---

(36)　Waters, *supra* note 35, para. 20.

(37)　Waters, *supra* note 35, para. 21.

(38)　Waters, *supra* note 35, paras. 26, 61.

72

ており，事柄の性質上，被相続人の死亡時の本国法又は常居所地法になるであろう法律を選択することが，その者にとって最上の財産計画を生み出すわけではないことを指摘する[39]。

　所在地法を準拠法として選択することについては，多くの代表がその導入に努力した。それを採用する主たる論拠は，法律家が最もよく知っているのは自身の地域の法律であり，その結果として遺産管理手続の全体が，より早く，より信頼でき，かつより安価になるので，複数の法域に財産を有する被相続人は，ある地域に所在する財産にはその地域の法律が適用されることを望む，という点にあった[40]。しかし，第1に，ハーグ相続条約の目的の1つである統一主義に反して分割主義が復活することになること，第2に，もう1つの目的である家族の保護が，家族を保護する法律を全く持たない国に財産を置くことによって損なわれることになることから，反対を受けたのである[41]。結局，所在地法の選択は，実質法的指定に形を変えて組み込まれ，第3条又は第5条1項により決定された準拠法の強行規定の適用を妨げないものとなった。この実質法的指定は所在地法に限定されるものではなく，いかなる量的制限にも服さない[42]。もっとも，実質法的指定は，準拠法の任意規定の枠内で外国法を取り込むというものであるので，当然のことながら，このような規定がなくとも実質法的指定をおこないうることが指摘された[43]。

◆ 第3節　扶養義務

　渉外的な扶養義務に関しては，従来からいくつかのハーグ条約があった。すなわち，準拠法に関するものとして，1956年の「子に対する扶養義務の準拠法に関する条約」，1973年の「扶養義務の準拠法に関する条約」，外国判決の承認執行に関しては，1958年の「子に対する扶養義務に関する判決の承認及

---

(39)　Waters, *supra* note 35, para. 61.

(40)　Waters, *supra* note 35, para. 69.

(41)　Waters, *supra* note 35, para. 69.

(42)　Waters, *supra* note 35, para. 70.

(43)　Waters, *supra* note 35, para. 69.

第3章　ハーグ条約における当事者自治

び執行に関する条約」，1973年の「扶養義務に関する判決の承認及び執行に関する条約」である。ハーグ国際私法会議は，これらをまとめた新しい包括的な条約を作成すべく，2003年から作業を開始した。当初は，準拠法と外国判決の承認執行をともに規定した条約を作成する方向であったが，主に扶養事件において法廷地法を適用している国家からの反対を受け，作業グループにおいて検討された結果，準拠法に関する準則については別途議定書で定められることとなった。2007年11月23日の「扶養義務の準拠法に関する議定書」（以下，「扶養議定書」という。）は，ハーグ国際私法会議第21会期において採択された。

第1款　抵触規則の内容

　扶養議定書は，原則として，扶養権利者の常居所地法によることを定めている（第3条第1項）が，3種類の特則が置かれている。まず，親子間等の扶養義務については，(1)扶養権利者の常居所地法により扶養を受けることができない場合には，法廷地法，(2)(a)扶養権利者が扶養義務者の常居所地で申立てをした場合，法廷地法，(b)同法により扶養を受けることができない場合には，扶養権利者の常居所地法，(3)これらのいずれによっても扶養を受けることができない場合には，扶養権利者と扶養義務者の共通本国法が適用される（第4条）。そして，夫婦（離婚したもの，その婚姻が無効であったものも含む）間の扶養義務については，夫婦の一方が扶養権利者の常居所地法の適用に異議を唱えた場合には，婚姻により密接な関連を有する法が適用され（第5条），親子関係に基づく子に対する扶養義務及び夫婦間の扶養義務以外の扶養義務については，扶養義務者は，扶養義務者の常居所地法及び扶養権利者と扶養義務者の共通本国法によれば扶養義務がないことを理由として，扶養義務について争うことができる（第6条）。

　これらの客観的連結を前提に，第7条及び第8条において，2種類の当事者自治が定められている。

第 3 節 扶 養 義 務

第 7 条　個別の手続のための準拠法の指定[44]

1．第 3 条から前条までの規定にかかわらず，扶養権利者及び扶養義務者は，特定の国における個別の手続のためにのみ，その国の法を扶養義務の準拠法として明示的に指定することができる。

2．そのような手続の開始前にされる指定は，当事者双方により署名された合意であって，書面によるもの又はその中に含まれた情報が後の参照のために利用することができるアクセス可能な媒体に記録されたものによらなければならない。

第 8 条　準拠法の指定

1．第 3 条から第 6 条までの規定にかかわらず，扶養権利者及び扶養義務者は，いつでも次の法のいずれかを扶養義務の準拠法として指定することができる。

　(a)　指定時においていずれかの当事者が国籍を有するいずれかの国の法

　(b)　指定時におけるいずれかの当事者の常居所地国の法

　(c)　これらの者の財産制について，当事者により準拠法として指定された法又は実際に適用された法

　(d)　これらの者の離婚又は法的別居について，当事者により準拠法として指定された法又は実際に適用された法

2．そのような合意は，書面により，又はその中に含まれた情報が後の参照のために利用することができるアクセス可能な媒体に記録されなければならず，かつ，当事者双方により署名されなければならない。

3．第 1 項の規定は，18 歳未満の者及びその人的な能力の障害又は不十分さのためにその利益を守ることができない成年者の扶養義務については適用しない。

4．第 1 項の規定に従って当事者により指定された法律にかかわらず，扶養権利者がその扶養についての権利を放棄することができるか否かは，指定時における扶養権利者の常居所地法により決定される。

---

(44)　邦訳は，櫻田嘉章=道垣内正人編『注釈国際私法　第 2 巻』（有斐閣，2011 年）410頁〔早川眞一郎〕に従った。

第3章　ハーグ条約における当事者自治

5．指定時において，当事者がその指定の結果について十分に知らされ，か
　つ，認識していた場合を除き，当事者により指定された法の適用が当事者
　のいずれかにとって明らかに不公正又は不合理な結果をもたらす場合には，
　その法は適用しない。

　第8条の準拠法選択は，成年者間の扶養義務についてのみ用いられることが
できるものである。また，同条については準拠法選択の効果が特定の手続に限
られず，その合意が変更されたり，破棄されたりしない限り，その効果は持続
する[45]。さらに，第8条によれば準拠法はいつでも選択することができ，た
とえば，夫婦が，婚姻前又は婚姻中において，婚姻中及び離婚後の扶養義務に
ついて準拠法を選択することもできるとされる[46]。以上の点で第8条の準拠
法選択は第7条によるものよりも自由度の高いものとなっている。もっとも，
後者については，「指定時において，当事者がその指定の結果について十分に
知らされ，かつ，認識していた場合を除き，当事者により指定された法律の適
用が当事者の一方にとって明らかに不公正又は不合理な結果をもたらす場合」
には，選択された法は適用されない（同条第5項）。なお，第7条については手
続前に合意がなされる場合，第8条についてはいかなる場合にも，準拠法選択
の合意は，「当事者双方により署名された合意であって，書面によるもの又は
その中に含まれた情報が後の参照のために利用することができるアクセス可能
な媒体に記録されたものによらなければならない」とされる。

　当事者による準拠法選択が，第7条によるものであるか，第8条によるもの
であるかが問題になりうるが，いずれかによってのみ有効である場合には，そ
れを有効とする規定によったものと考えられる[47]。他方で，いずれによって
も有効である場合には，当事者の意思解釈の問題となる[48]。

---

(45)　Andrea Bonomi, *Rapport explicatif sur le Protocole de La Haye du 23 novembre 2007
　　sur la loi applicable aux obligations alimentaires* (2013), at https://assets.hcch.net/upload
　　/expl39.pdf, paras. 117, 124.

(46)　Bonomi, *supra* note 45, para. 125.

(47)　Bonomi, *supra* note 45, para. 117.

(48)　Bonomi, *supra* note 45, para. 117.

第3節　扶養義務

第2款　Bonomi 報告書

扶養議定書においては，前述のように当事者自治が採用されたのであるが，
1956年条約及び1973年条約にはなかったものであり，主な目新しい点の１つ
とされる[49]。この点は，準拠法の選択の自由をそれが伝統的に排除されてき
た領域においても認めるという，国際的な強い傾向に合致していると評価され
ている[50]。

　第７条による準拠法選択については，特に成年者間で重要な役割を果たすも
のであるとされ，特に，離婚又は法的別居の場合においては，夫婦は，扶養義
務の準拠法を離婚又は法的別居が争われている法廷地の法に服させることがで
き，それによって，手続が促進されるという[51]。

　もっとも，第７条は子に対する扶養義務に関しても開かれている。この点に
ついては，当事者自治の導入に伴う危険は，法廷地法の適用による手続の容易
化という利点により，十分にバランスがとられるとされる[52]。第４条第３項
の特則（上述第４条(2)(a)）によると，子に対する扶養義務については，扶養
権利者が申立てをする場合にはいつでも法廷地法が適用されるため，第７条の
影響は限定的である[53]。むしろ，債務者によって申立てがなされる場合で
あって，それが扶養義務者の常居所地において，又は扶養権利者の常居所地以
外の国においてなされるときには，第４条により扶養権利者の常居所地法が適
用されるところ，法廷地法を選択することができるので有用であるとされ
る[54]。

　第７条により準拠法を選択する場合には，特定の当局においてすでに扶養の
申立てがなされたか，又はまさになされるところである，ということが想定さ
れているため，準拠法を選択する際には，当事者は法廷地法のもとでの扶養の
存在や性格について情報を得ることができるため，濫用の危険は少ないとされ

---

(49)　Bonomi, *supra* note 45, para. 109.

(50)　Bonomi, *supra* note 45, para. 109.

(51)　Bonomi, *supra* note 45, para. 113.

(52)　Bonomi, *supra* note 45, para. 114.

(53)　Bonomi, *supra* note 45, para. 114.

(54)　Bonomi, *supra* note 45, para. 114.

第3章　ハーグ条約における当事者自治

る(55)。

　第8条の準拠法選択は，前述の通り自由度の高いものとなっているが，その主な利点は，準拠法に関する安定性及び予見可能性を保障することにあるという(56)。すなわち，当事者がそのような選択をすれば，選択された法は，彼らの人的な状況が変更したとしても適用され続けるのであり，また，紛争が生じた際にいずれの当局に申立てがなされるかによっても変わらないことに，利点があるのである(57)。また，同条の選択はいつでも可能であるので，夫婦が，婚姻前又は婚姻中に，婚姻中及び離婚後の扶養義務について準拠法選択をすることにより，扶養義務の準拠法が前もって定まるので，夫婦あるいは扶養権利者である配偶者の常居所が変更した場合であっても，合意の有効性が後で争われることはない(58)。

　第8条の適用が一定の類型の者との関係について除外されるのは，次のような理由からである。まず，「弱点のある（vulnerable）」成年者については，国内実質法上様々な方法で保護が図られているが，それでもなお濫用の危険を回避するために，同条の適用が除外されることとなった(59)。また，未成年者については，準拠法選択により想定されるリスクが利点を上回ることが理由とされる(60)。未成年者が通常はその親によって代理されるが，その親がまた，子に対して扶養を与える義務者でもあることが考慮されなければならず，そのような場合においては準拠法の選択を認めると利益抵触の度を越したリスクが生じることが懸念された(61)。

　選択肢を順にみてみると，まず，(a)指定時における当事者の一方の本国法と(b)指定時における当事者の一方の常居所地国の法については，特に争われなかったとされており(62)，前述の根拠に尽きるのであろう。国籍に関する選

---

(55)　Bonomi, *supra* note 45, para. 115.

(56)　Bonomi, *supra* note 45, para. 125.

(57)　Bonomi, *supra* note 45, para. 125.

(58)　Bonomi, *supra* note 45, para. 125.

(59)　Bonomi, *supra* note 45, para. 127.

(60)　Bonomi, *supra* note 45, para. 127.

(61)　Bonomi, *supra* note 45, para. 127.

(62)　Bonomi, *supra* note 45, paras. 130, 132.

第3節　扶養義務

択肢については，当事者が重国籍者である場合の処理が問題となるが，この点について議定書が規定していないことを考慮すると，いずれの国籍も選択することができるとされ，むしろ，最も密接な国籍や最も実効的な国籍を決定するのであるとすれば，選択の有効性に関して不確実性を生み出す危険があり，当事者自治を弱めることになると述べられている[63]。

　これらに対して，(c)当事者の財産制について，当事者により準拠法として指定された法又は実際に適用された法及び(d)当事者の離婚又は法的別居について，当事者により準拠法として指定された法又は実際に適用された法の選択については，かなり議論があった。すなわち，これらの選択肢を認めることに対しては，(a)及び(b)だけでもすでにかなり広範な選択肢であることを考慮すると，それが現実に必要でないきわめて複雑な制度を作り出すこと，財産制，離婚及び法的別居に関しては各国の抵触規則によることになるが，そのためにこれらの選択肢を認めることが統一性の外観を作り出すだけであること，財産制又は離婚若しくは別居の準拠法に扶養義務の準拠法を服させる場合には，扶養義務の準拠法選択の有効性が，財産制又は離婚若しくは別居の準拠法選択の有効性に左右されてしまうことが指摘された[64]。最後の点については，当事者自治がわずかな国でしか承認されていない離婚について特に深刻であるとされている[65]。このようなデメリットにもかかわらず，その導入が受け入れられることになったのは，これらの選択肢が，夫婦に対して，その関係の解消の場合に同時に解決される様々な問題（離婚及び法的別居，夫婦財産制の解消並びに扶養義務）について単一の法が適用されることを保障することができるためである[66]。

---

(63)　Bonomi, *supra* note 45, para. 131.

(64)　Bonomi, *supra* note 45, para. 135.

(65)　Bonomi, *supra* note 45, para. 135. もっとも，Bonomi 報告書もローマⅢ規則の採択による発展に言及しており（para. 142），ローマⅢ規則が採択された現在，当時と比較すると，離婚について準拠法選択を認める国は増加している。

(66)　Bonomi, *supra* note 45, paras. 136, 138, 141.

第3章　ハーグ条約における当事者自治

第3款　評　価

　扶養義務の当事者自治の導入に関する議論は，1973年条約に基づいて法選択を可能であるとしたオランダ裁判所の判決[67]によって誘発されたとの指摘がある[68]。ここでの議論は，1973年条約の解釈に関するものであったが，法実務において法選択の必要性があることを端的に表しているといえるだろう[69]。

　Bonomiは扶養議定書の報告者となったが，彼は次のような見解を示していた[70]。すなわち，扶養議定書が当事者自治に対する制限を含んでいるとしても，この解決策は行き過ぎであると思われる。準拠法選択が実際には，当事者の一方（とりわけ，情報がより少ない者，より影響を受けやすい者）を不公平な結果に追いやることができることは忘れてはならない。選択可能な法が制限的であるとしても，準拠法の選択は，あらゆる請求を扶養権利者から奪う結果をもたらしうる。それは，扶養議定書の基礎にある保護への配慮と明らかに矛盾するものであると思われる[71]。また，このような自由主義的な解決策は，扶養義務に関する合意との関係で，いくつもの国家の態度とほとんど相容れないものである。それゆえ，準拠法の選択を維持するとしても，裁判所の側にそれを変更することを可能にする制度を組み入れることが必要である，と。

　学説上は，法的安定性及び予見可能性を当事者に与える点で評価されているが，第8条(c)及び(d)による準拠法の選択については，選択される法が法廷地の国際私法に左右されることになるので，裁判管轄合意をすることが重要となることが指摘されている[72]。

---

(67)　e.g. Hoge Raad 21.2.1997, NIPR 1997, Nr 10.

(68)　Europäisches Zivilprozess- und Kollisionsrecht EuZPR/EuIPR, Bd. 5, 4. Aufl. (2016), Vorbemerkungen zu Art 7 und 8 HUntStProt, Rn. 2 [*Marianne Andrae*] („*Rauscher/ Andrae*").

(69)　Siehe *Rauscher/ Andrae*, Vorbemerkungen zu Art 7 und 8 HUntStProt, Rn. 2.

(70)　Andrea Bonomi, « La réforme des règles de conflit en matière d'obligations alimentaires. Quelques observations sur les travaux en cours à La Haye et à Bruxelles », in Piotet/ Tappy (eds.), *L'arbre de la méthode et ses fruits civils : recueil de travaux en l'honneur du Professeur Suzette Sandoz* (2006), p. 212.

(71)　この点については，欧州連合の委員会提案についても同列に述べている。

また，このような点は，Bonomi 報告書においては述べられていないが，次のような意義を与える見解もみられる[73]。すなわち，客観的連結は当事者の典型的な利益を評価して定めるものであり，個々の事案の特殊性は考慮されないため扶養権利者と扶養義務者が実際に最も密接に結びつけられている国とは異なる国の法が導かれる可能性がある。その意味において，準拠法選択を導入することは，扶養関係の当事者に対し，自身らが最も密接に結びつけられていると感じる法秩序，あるいは，その関係を規律する実質的な利益に最も近いと考える法秩序を選び出すことを可能にする。

◆ 第4節　第3章の総括

ハーグ国際私法会議では，夫婦財産制，相続及び扶養義務に関して，当事者による準拠法の選択を認める条約ないし議定書を採択している。ハーグ諸条約においては，当事者の予見可能性及び法的安定性を確保するとともに，そのために複数の事項に係る準拠法を一致させることに着目している点が共通している。

まず，夫婦財産制条約では，当事者自治を支持する理由として，金銭的な利益のみが関係する場合に当事者の意思を可能な限り大きな範囲で考慮するのが適当であることが挙げられている。また，当事者自治は，準拠法の安定性を保障するのに最適であり，夫婦財産制と相続に異なる法を適用することから生じる問題を回避することもできるという利点も持っている。

相続条約に関しては，被相続人本人が，遺産がどのように処分されるかを知ることができないことが困難な問題の1つとして共有されていた。そこで，遺言作成時に被相続人の死亡時の遺言を規律する法律を決定することを認めることで，財産計画が立てやすくなるように配慮されることとなった。被相続人は，死亡時のみならず遺言作成時の本国法又は常居所地法も選択することができるものとされているが，このようにすることで，被相続人が遺言の作成時点でい

---

(72)　*Rauscher/ Andrae*, Art 8 HUntStProt, Rn. 12.

(73)　*Rauscher/ Andrae*, Vorbemerkungen zu Art 7 und 8 HUntStProt, Rn. 4.

第3章　ハーグ条約における当事者自治

ずれの法が準拠法となるのかを認識できるようになり，また，このように準拠法選択時の本国法及び常居所地法の選択が認められれば，夫婦財産契約と相続の分配の計画に資すると考えられている。

　扶養議定書第7条の特定の手続に関する法廷地法の選択は，法廷地法の適用による手続の容易化に根拠を置く。特に，離婚又は法的別居の場合においては，夫婦が，扶養義務の準拠法を離婚又は法的別居が争われている法廷地の法に服させることができ，有用であるとされる。それに対して，扶養議定書第8条の一般的な準拠法の選択については，主要な利点が，準拠法に関する安定性及び予見可能性を保障することにあるという。当事者が準拠法を選択することにより，選択された法が，彼らの人的な状況の変更にかかわらず適用され続けるのであり，また，紛争が生じた際にいずれの当局に申立てがなされるかによっても変わらない。さらに，夫婦間の扶養義務については，夫婦財産制又は離婚若しくは法的別居の準拠法も選択することができる。これは，様々なデメリットを越えて，夫婦関係の解消の場合に同時に解決される複数の問題への単一の法の適用を保障することができることから認められている。

　第8条の一般的な準拠法の選択は，未成年者及び被後見人等との間の扶養義務については適用されない。これは，親権者等これらの者の代理人となる者であり，かつ，扶養を提供する者による濫用の危険があるためである。もっとも，特定の手続に関する法廷地法の選択（扶養議定書第7条）は，法廷地法の適用による手続の容易化という利点によりバランスをとることができるとして，あらゆる扶養義務に認められる。準拠法の合意が許されるのが，多くの場合，対等な当事者間であることを鑑みると，扶養議定書の後者の準拠法選択は，画期的であり，注目に値する。また，このような考慮は，現在準拠法選択が認められていない親子関係についても参考になると思われる。

82

◆ 第4章 ◆ 欧州連合規則における当事者自治

　欧州連合においては最近の発展が著しい。契約外債務の準拠法に関するローマⅡ規則，契約債務の準拠法に関するローマⅠ規則を初めとして，これまでに採択され，又は現在作成中の規則については，いずれも当事者による準拠法選択を認める規定を置いている。欧州連合は，従来広く認められていたわけではない法分野において当事者自治を採用した規則を作成し，それを認める国を一気に増加させている点で注目に値する。

　これらはいずれも，指令（Directive）ではなく規則（Regulation）の形式がとられている。その理由は，この分野で欧州連合による立法がなされる場面では，法的安定性及び予見可能性が求められ，それゆえ，統一規則が同一であることが必要とされるからである[1]。規則の採択については，ニース条約の発効により，欧州議会と理事会が共同で採択する共同決定手続がとられることとなったが[2]，家族関係については，従来通り理事会が唯一の立法権者であり，その議決は全会一致を要する[3]。

---

(1) Proposal for a Regulation of the European Parliament and of the Council on jurisdiction, applicable law, recognition and enforcement of decisions and authentic instruments in matters of succession and the creation of a European Certificate of Succession, Explanatory Memorandum, COM (2009) 154 final, para. 3.2; Proposal for a Council Regulation (EU) implementing enhanced cooperation in the area of the law applicable to divorce and legal separation, Explanatory Memorandum, COM (2010) 105 final, para. 4.2; Proposal for a Council Regulation on jurisdiction, applicable law and the recognition and enforcement of decisions in matters of matrimonial property regimes, Explanatory Memorandum, COM (2011) 126 final, para. 3.2; Proposal for a Council Regulation on jurisdiction, applicable law and the recognition and enforcement of decisions in matters of matrimonial property regimes, Explanatory Memorandum, COM (2016) 106 final, para. 3.2.

(2) 欧州共同体設立条約第67条第5項。リスボン条約下でも引き継がれている（欧州連合運営条約第81条第2項）。

第 4 章　欧州連合規則における当事者自治

　以下では，離婚（第 1 節），相続（第 2 節），夫婦財産制（第 3 節），氏（第 4
節）について順にみていき，最後に総括する（第 5 節）。

　なお，欧州連合においては，「扶養義務に関連する事件における裁判管轄，
準拠法，決定の承認及び執行並びに協力に関する 2008 年 12 月 28 日の欧州共
同体理事会規則 4/2009」[4]が採択されているが，それは，欧州連合が扶養議
定書に加盟した結果，同規則に拘束される構成国において扶養義務の準拠法が
同議定書により決定される旨を規定するのみである（第 15 条）ため，ここで
は言及しない。

◆ 第 1 節　離　婚[5]

第 1 款　規則の概要

　離婚及び法的別居に関する抵触規則を定める「離婚及び法的別居の準拠法の
領域における強化された協力の実施に関する 2010 年 12 月 20 日の理事会規則
1259/2010」（以下，「ローマⅢ規則」という。）は，2010 年 12 月 20 日に採択さ
れ，2012 年 6 月 21 日に発効した。ローマⅢ規則は，前掲の他の規則とは異な
り，強化された協力（enhanced cooperation）[6]制度を用いて採択されたもので
ある。

---

(3)　欧州共同体設立条約第 67 条第 1 項及び第 2 項。リスボン条約下では，欧州連合運営
　　条約第 81 条第 3 項。

(4)　概略について，金汶淑「扶養に関する EU 国際私法の最近の動向――扶養規則を中心
　　に」国際私法年報 13 号（2011 年）29 頁参照。

(5)　概略について，林貴美「EU 国際家族法の動向――離婚，カップルの財産関係及び相
　　続に関する EU 規則を中心に」国際私法年報 13 号（2011 年）52 頁参照。

(6)　本書では，中野俊一郎「当事者自治原則の正当化根拠」立命館法学 339=340 号
　　（2011 年）301 頁及び林・前掲注(5)52 頁の訳に従ったが，そのほか，先行統合（岩沢雄
　　司編集代表『国際条約集〔2019 年版〕』（有斐閣，2019 年）及び中西優美子『EU 法』
　　（新世社，2012 年）），高度化協力（庄司克宏『新 EU 法　基礎編』（岩波書店，2013
　　年）），強化協力（中村民雄「欧州憲法条約――解説及び翻訳」衆憲資第 56 号）又は緊密
　　な政策協力（入稲福智「EU 国際私法（成文法）の概要」平成国際大学研究所論集 11 号
　　（2011 年）49 頁）等の訳語があてられている。

第 1 節　離　婚

　強化された協力は，多段階統合の 1 つであり，欧州連合が法行為を採択でき
ない場合に，最後の手段として，いくつかの構成国が先に統合を進めることを
可能にするものであるとされる[7]。この制度は，アムステルダム条約[8]によ
り導入され，利用を容易にするため，ニース条約[9]により改正された[10]。し
かし，強化された協力制度は，適用条件が厳格であることもあり，1 度も用い
られなかったため，さらに容易に適用すべく，リスボン条約[11]により変更を
加えられた[12]。現在，強化された協力の手続については，欧州連合条約第 20
条及び欧州連合運営条約第 326 条ないし第 334 条に規定されている。強化され
た協力は，連合の目的の実現を促進し，連合の利益を保護し，連合の統合過程
を強化することを目的とするものである（欧州連合条約第 20 条第 1 項第 2 段落）。
それはまた，その目的が合理的な期間内に連合全体としては達成されることが
できない場合に，最後の手段として用いられるうるものであり，少なくとも 9
構成国が参加することを必要とする（欧州連合条約第 20 条第 2 項第 1 文）。手続
は，共通外交安全保障政策以外の分野における措置であるか，共通外交安全保
障政策の枠組における措置であるかによって区別される（欧州連合運営条約第
329 条）。前者の場合の手続につき，欧州連合運営条約第 329 条第 1 項は，次の
通り規定する。すなわち，欧州連合条約又は欧州連合運営条約により規律され
る分野の 1 つにおいて強化された協力を希望する構成国は，欧州委員会に対し
て申請をおこなう。この申請を受け，欧州委員会は，理事会に対して提案を提
出することができる。提案をするか否かは，欧州委員会の裁量であるが，提案
をしない場合には，関係構成国にその理由を通知しなければならない。強化さ

---

(7)　中西優美子・前掲注(6) 129 頁。

(8)　Treaty of Amsterdam amending the Treaty on European Union, the Treaties
　　establishing the European Communities and certain related acts, OJ C 340/1.

(9)　Treaty of Nice amending the Treaty on European Union, the Treaties establishing
　　the European Communities and certain related acts, OJ C 80/1.

(10)　中西優美子「EU 条約および EC 条約におけるより緊密な協力制度——ニース条約に
　　よるより緊密な協力制度の改正を中心に」日本 EU 学会年報 22 号（2002 年）122 頁。

(11)　Treaty of Lisbon amending the Treaty on European Union and the Treaty
　　establishing the European Community, OJ C 306/1.

(12)　中西優美子・前掲注(6) 129 頁。

第 4 章　欧州連合規則における当事者自治

れた協力の許可は，欧州議会の同意を得た後に，特定多数決によって理事会により与えられる（欧州連合条約第 16 条第 3 項）。設定された強化された協力には，他の構成国が後から参加することも可能であり，欧州委員会及び強化された協力に参加する構成国は，できる限り多くの構成国の参加を促進することを確保しなければならない（強化された協力の開放原則。欧州連合運営条約第 328 条）。もっとも，後から強化された協力に参加することを希望する構成国は，強化された協力を承認する決定（Decision）が定めた参加条件を満たし，理事会の参加許可を得なければならない（欧州連合運営条約第 331 条）。強化された協力の枠組において採択された法行為は，それに参加する構成国のみを拘束する（欧州連合条約第 20 条第 4 項）。

　ローマⅢ規則は，リスボン条約発効後，強化された協力制度が初めて用いられた例である。ローマⅢ規則には 17 構成国が参加しており，それらの構成国だけがローマⅢ規則に拘束される。

第 2 款　抵触規則の内容

　本規則の適用範囲は，第 1 条に定められている。同条第 1 項は，「本規則は，法の抵触に関わる事案に関し，離婚及び法的別居に適用される。」と規定する。このことから，2 つの本規則適用要件が明らかになるとされる[13]。すなわち，第 1 に，紛争は，婚姻を終了させる離婚又は夫婦の結びつきを弱める法的別居に関連するものでなければならない[14]。同条では，別居後の婚姻の解消については述べられていないが，第 9 条から，「法的別居の離婚への転換」も扱われることがわかる。また，第 1 条第 2 項によれば，本規則は，それが単に離婚又は法的別居手続の中で先決問題として生じるにすぎない場合であっても，(a)自然人の権利能力及び行為能力，(b)婚姻の存在，有効性又は承認，(c)婚姻の無効，(d)夫婦の氏，(e)夫婦財産制，(f)親責任，(g)扶養義務，(h)信託又は相続には適用されない。第 2 に，離婚又は法的別居が国境を越える側面を有するものでなければならない[15]。本規則は，「法の抵触に関わる事案」がど

---

(13)　Katharina Boele-Woelki, *For better or for worse: the Europanization of international divorce law*, 12 Yb. Priv. Int. L. 1 (2010), p. 13.

(14)　Boele-Woelki, *supra* note 13, p. 13.

第1節　離　婚

のようなものであるかを具体的に示していない。しかし，たとえば，参加構成
国の権限ある機関に紛争が係属した時点で，夫婦が異なる国籍又は常居所を有
している場合には，本規則により準拠法が決定されなければならないとされ
る(16)。さらに，本規則においては，夫婦は，婚姻中に準拠法を選択すること
を認められているため，訴訟係属時には夫婦が同一国籍であり，その国に常居
所を有しており，その国で離婚の申立てがなされたとしても，婚姻中に夫婦の
一方がその国とは異なる国に国籍又は常居所を有していた場合には，本規則が
適用されると考えられている(17)。

　第4条は，「本規則により指定された法は，それが参加構成国の法であると
否とを問わず，適用される。」と規定する。これは，本規則が，欧州連合域内
外の国の法を同等に扱うことを意味している。抵触法に関する他の欧州連合規
則やハーグ条約でも，同様の規定が置かれている(18)。

　当事者自治については，第5条が定めている。

第5条　当事者による準拠法選択

1．夫婦は，離婚及び法的別居の準拠法を指定する合意をすることができる。
　　ただし，その法は，次に掲げる法の1つでなければならない。

　　(a) 夫婦が合意の締結時においてともに常居所を有する国の法

---

(15)　Boele-Woelki, *supra* note 13, p. 13.

(16)　Boele-Woelki, *supra* note 13, p. 13.

(17)　次のような例が考えられる。婚姻時において，妻はドイツ国籍，夫はオランダ国籍
　　を有しており，夫婦はいずれもドイツの居住している。婚姻中に夫がドイツ国籍を取得
　　し，その結果，オランダ国籍を喪失した。この場合，離婚の申立ては，おそらくドイツ
　　でなされ，その時の事情のみを考慮すれば，国内事案とされるだろう。しかし，夫がオ
　　ランダ国籍を喪失するまでは，夫婦は，オランダ法を離婚準拠法として選択することが
　　でき，夫がオランダ国籍を喪失した後も，その選択は効力を失わない（Boele-Woelki,
　　supra note 13, p. 13）。

(18)　ローマⅠ規則第2条，ローマⅡ規則第3条，製造物責任の準拠法に関するハーグ条
　　約第11条第2文，扶養義務の準拠法に関するハーグ条約第3条，ハーグ夫婦財産制条
　　約第2条，代理の準拠法に関するハーグ条約第4条，国際物品売買契約の準拠法に関す
　　るハーグ条約第6条，ハーグ相続条約第2条，親責任及び子の保護に関するハーグ条約
　　第20条，扶養議定書第2条等。

第4章　欧州連合規則における当事者自治

　(b) 夫婦が最後にともに常居所を有していた国であって，夫婦の一方が合
　　　意の締結時においてなお常居所を有する国の法
　(c) 夫婦の一方が合意の締結時において国籍を有する国の法
　(d) 法廷地法
２．第3項の適用を妨げることなく，準拠法を指定する合意は，遅くとも裁
　　判所に係属する時まで，いつでも締結及び変更することができる。
３．法廷地法がそのように規定する場合には，夫婦は，手続中に裁判所にお
　　いて準拠法を指定することもできる。この場合において，その指定は，法
　　廷地法に従い裁判所において記録されなければならない。

　合意がなされた後に状況が変わることによって，連結点が変更される場合が
あるが，夫婦が準拠法選択合意を変更することを合意しない限り，準拠法は変
更されないままであるとされる[19]。それゆえ，夫婦の一方が合意を変更した
くないと考える場合には，他方は，当初の選択に身をゆだねるしかないと考え
られている[20]。
　第7条は，合意の形式的有効性について定めているが，これは，夫婦が自己
の選択の影響に確実に気付くようにするためのものであるとされる[21]。前文
(18)によれば，情報に基づく選択（informed choice）は，本規則の基本原則で
ある。合意（準拠法選択を変更する合意を含む。）は，書面で明示され，日付が
記載され，夫婦双方により署名されなければならない（第7条第1項）。合意が
なされた時において夫婦が常居所を有する参加構成国が，これらの合意につき
追加の形式的要件を定める場合には，その要件をも満たさなければならない
（同条第2項）。また，合意がなされた時において夫婦が異なる参加構成国に常
居所を有しており，それらの法が異なる形式的要件を定める場合には，いずれ
かの法の要件を満たせばよい（同条第3項）。合意がなされた時において夫婦の
一方のみが参加構成国に常居所を有し，その国がこれらの合意につき追加の形
式的要件を定める場合には，その要件を満たさなければならない（同条第4項）。

---

(19)　Boele-Woelki, *supra* note 13, p. 16.
(20)　Boele-Woelki, *supra* note 13, p. 16.
(21)　Boele-Woelki, *supra* note 13, p. 16.

第1節　離　婚

　第8条は，第5条による選択がない場合における準拠法を段階的に規定している。すなわち，離婚及び法的別居は，(a)裁判所に係属した時において夫婦がともに常居所を有する国があるときはその法により，それがないときは，(b)夫婦が最後にともに常居所を有した国（ただし，居住期間が裁判所に係属する1年以内に終了したときに限る。）であって，裁判所に係属した時において夫婦の一方がなお常居所を有する国があるときはその法により，それがないときは，(c)裁判所に係属した時において夫婦双方が国籍を有する国があるときはその法により，それがないときは，(d)係属した裁判所の属する国の法により規律される。

　前述のように，ローマⅢ規則は，第4条において構成国でない国の法を含む外国法の適用を認めているが，いくつかの「安全装置（safety mechanisms)」[22]も導入されている。第1に，第10条は，第5条又は第8条に従い適用される法が離婚を規定せず，又は夫婦の一方にその性別を理由に離婚若しくは法的別居に対する平等な権利を与えない場合には，法廷地法が適用されると規定する。その結果として，夫婦間の平等という基本原則が保護されるとされている[23]。第2に，第12条には，公序条項が置かれている。それによれば，本規則により指定された法の規定の適用が明らかに法廷地の公序に反する場合には，その国の法の適用を拒絶することができる。第3に，第13条によれば，本規則は，離婚を規定せず，又は離婚手続上問題の婚姻を有効なものとみなさない法を有する参加構成国の裁判所に，本規則の適用により離婚を宣言することを義務づけるものではない。この規定から利益を受ける国の1つはマルタであったとされる[24]。現在，マルタでは，2011年1月1日に発効した改正民法により離婚が認められているが，ローマⅢ規則採択当時のマルタ法は，離婚を規定していなかった。そのため，改正法発効以前においては，マルタ裁判所に離婚訴訟が提起され，ローマⅢ規則の規定に従い外国法の適用が導かれる場合であっても，マルタ裁判所に，離婚を宣言する義務はなかったということである。また，この規定は，ポーランド等の同性婚の承認を望まない構成国にも利

----

(22)　Boele-Woelki, *supra* note 13, p. 19.

(23)　Boele-Woelki, *supra* note 13, p. 19.

(24)　Boele-Woelki, *supra* note 13, p. 21.

第4章 欧州連合規則における当事者自治

益を与える[25]。すなわち，同条によれば，同性婚を有効な婚姻とみなさない国は，それに対して離婚を与える義務を負わないのである[26]。

地域的及び人的不統一法国の取扱いについては，第14条及び第15条に規定されているが，重国籍者の取扱いは，各国の法にゆだねられている（前文(22)）。

ところで，欧州連合構成国において離婚訴訟を提起する場合には，基本的には「婚姻事件及び親責任事件における裁判管轄並びに裁判の承認及び執行に関する2003年11月27日の理事会規則2201/2003」（以下，「ブリュッセルII bis規則」という。）[27]に従って裁判管轄が決定される。ブリュッセルII bis規則第3条第1項によれば，構成国の裁判所が裁判管轄を有するのは，(a)①夫婦の共通常居所，②夫婦の一方がなお居住している場合には，夫婦の最後の共通常居所，③被告の常居所，④共同申立ての場合には，夫婦の一方の常居所，⑤申立人が申立ての直前に1年間居住している場合，申立人の常居所若しくは⑥申立人が申立ての直前に6ヶ月間居住し，かつ，その国籍を有する場合，申立人の常居所がその国にあるとき，又は(b)夫婦双方がその国の国籍を有するときである。したがって，夫婦がローマIII規則第5条第1項(d)の定める法廷地法として選択しうるのは，これらの国の法のいずれかということになる。そうすると，夫婦の最後の共通常居所ではない夫婦の一方の常居所地であって，夫婦のいずれも国籍を有しない国で訴えを提起する場合（(a)③ないし⑤により申し立てることになる。）には，ローマIII規則第5条第1項(a)ないし(c)以外の国の法を選択することができることになる。

---

(25)　Boele-Woelki, *supra* note 13, p. 22.

(26)　もっとも，現時点ではポーランドはローマIII規則に参加していない。

(27)　Council Regulation（EC）No 2201/2003 of 27 November 2003 concerning jurisdiction and the recognition and enforcement of judgments in matrimonial matters and the matters of parental responsibility, repealing Regulation（EC）No 1347/2000, OJ L 338/1.

第1節　離　婚

第3款　立法経緯と各国の立場

(1) 採択までの経過

(i) 離婚事件における準拠法及び管轄に関するグリーンペーパー

理事会は，離婚準拠法の問題を2度持ち出した。1度目は，1998年12月3日に理事会が採択したウィーン行動計画[28]である。その「民事事件における司法協力」と題する項目において，「その目的は，欧州市民のために生活をより単純にすることである」[29]とし，とられるべき措置が定められている。アムステルダム条約の発効（1999年5月1日）から5年以内にとられるべき措置として，「離婚準拠法に関する法律文書（ローマⅢ）を作成する余地を検討する」[30]ことが挙げられた。それは，すなわち，「管轄並びに判決の承認及び執行の領域においてブリュッセルⅡによって踏み出された離婚事件に関する第一歩に次いで，法廷地漁りを妨げるために，準拠法を決定する規則について合意する余地が，徹底した研究に基づいて検討されなければならない」[31]ことを意味する。

2度目は，2004年11月4・5日に採択されたハーグ・プログラム[32]である。ハーグ・プログラムは，「自由，安全及び司法の領域」の強化のための優先課題を定めたものであり，その中で，2005年に離婚に関する事件における抵触法（ローマⅢ）に関するグリーンペーパーを提出することを欧州委員会に求めた[33]。

それに応じて，欧州委員会は，2005年3月14日に離婚事件における準拠法及び管轄に関するグリーンペーパー[34]を公表した。その内容は，次の通りで

---

(28)　Action Plan of the Council and the Commission on how best to implement the provisions of the Treaty of Amsterdam on an area of freedom, security and justice ("Vienna Action Plan"), OJ C 19/1.

(29)　Vienna Action Plan, para. 39.

(30)　Vienna Action Plan, para. 41(a).

(31)　Vienna Action Plan, para. 41(a).

(32)　The Hague Programme: strengthening freedom, security and justice in the European Union ("The Hague Programme"), OJ C 53/1.

(33)　The Hague Programme, para. 3.4.2.

(34)　Green Paper on applicable law and jurisdiction in divorce matters, COM (2005) 82

第4章　欧州連合規則における当事者自治

ある。欧州連合においては，市民の移動性が増すにつれて，「国際的な」カップル，すなわち，夫婦が異なる国籍を有し，異なる構成国に居住し，又はその国籍とは異なる構成国に居住するようなカップルが増加している。欧州連合域内の離婚件数の多さからすると，離婚事件における準拠法（及び裁判管轄）は，多数の市民に影響を及ぼすことになる。第1に，各構成国の抵触規則間の相違の重大性は，「国際的な」離婚の場合に多くの問題を生じさせる。まず，各構成国の抵触規則の間の相違とそれらの規則の複雑さを考慮すると，個々の事案にいずれの国の法が適用されるかを予測することは，しばしば困難となる。それゆえ，市民の正当な期待に合致しない結果が生じうる。また，各構成国で抵触規則が異なることから，一定の結果を得るため，ある構成国の裁判所に相手方よりも先に離婚を申し立てるという状況が起こりうる。これらの問題は，構成国の抵触規則の統一によって解消されうる。第2に，当事者自治が不十分であり，柔軟性が欠如している。各構成国の抵触規則は，個々の事件において，夫婦の本国法の適用や法廷地法の適用といった，ある1つの解決策を導き出す。しかしながら，このような客観的連結は，十分に柔軟でない場面がある。たとえば，客観的連結により，夫婦の共通本国法が準拠法として指定される場合であっても，夫婦は，常居所地により密接な関連を有していると感じることがあるが，その事実には注意が払われていない。夫婦に準拠法選択を認める当事者自治を導入すれば，柔軟性の強化を図ることができる。さらに，法的安定性及び予見可能性は，抵触規則の統一により高められるが，それは，当事者自治の導入によりさらに強化されうる。

　以上のことが述べられた上で，グリーンペーパーでは，これらの問題に対して，現状維持，統一抵触規則の導入，当事者自治の導入及びそれらの複合という解決策が提示された。欧州委員会は，いくつかの質問を付し，このグリーンペーパーに対するコメントを募集した。準拠法に関しては，とりわけ，「あなたは，抵触規則の統一を支持するか。その論拠は何か。」（Question 2），「当事者は，準拠法を選択することを認められるべきであるか。その論拠は何か。」（Question 6），「選択は一定の法に制限されるべきであるか。」（Question 7）等の

---

final.

第 1 節　離　婚

質問がなされた。

(ⅱ) グリーンペーパーに対するコメント

　欧州委員会は，グリーンペーパーに対するコメントとして，約 65 の回答を
受け取った[35]。その多くは，法的安定性及び予見可能性を強化すること，制
限的な当事者自治を導入することの必要性を認めていた[36]。他方で，抵触規
則の統一が外国法の適用を裁判所に義務づけることや，それによって離婚手続
における遅延及び費用の増加がもたらされうることに対する懸念が表明され
た[37]。

　グリーンペーパーにおいてなされた質問のうち，「当事者は，準拠法を選択
することを認められるべきであるか。その論拠は何か。」(Question 6) につい
て，公開されている範囲で各構成国の回答を見てみたい。回答が公開されてい
る構成国は，チェコ共和国，エストニア，フィンランド，アイルランド，ラト
ビア，スロバキア，スウェーデン，オランダ及び連合王国である[38]。まず，
抵触規則を統一することに賛成したのは，チェコ共和国，エストニア，ラトビ
ア及びスロバキアの 4 構成国であり，反対したのは，フィンランド，アイルラ
ンド，スウェーデン，オランダ及び連合王国の 5 構成国である。賛成側の理由
としては，離婚を得やすくすること，法的安定性や予見可能性を高めること，
裁判所への殺到を防ぐことが挙げられる。反対側の理由としては，構成国の抵
触規則の相違からあまり問題が生じていないこと，外国法の適用が法的安定性
を減少させ，費用を増加させ，手続の遅延を引き起こすために外国法の適用を
避けたいことが挙げられている。

---

(35)　Proposal for a Council Regulation amending Regulation (EC) No 2201/2003 as
　　　regards jurisdiction and introducing rules concerning applicable law in matrimonial
　　　matters, COM(2006) 399 final, p. 5. 回答は，欧州委員会ウェブサイト (http://ec.europa.
　　　eu/justice_home/news/consulting_public/divorce_matters/news_contributions_divorc
　　　e_matters_en.htm) で閲覧可能だったが，現在はアクセスすることができない。

(36)　Explanatory Memorandum, COM(2006) 399 final, p. 5.

(37)　Explanatory Memorandum, COM(2006) 399 final, p. 5.

(38)　マルタの回答も公開されてはいたが，それは，マルタ法が離婚に関して規定してお
　　　らず，それゆえ，マルタ裁判所が離婚事件を扱う管轄を持たなかったために，グリーン
　　　ペーパーに対してコメントしないことを表明するものだった。

第4章　欧州連合規則における当事者自治

　それに対して，当事者自治の導入に関しては，チェコ共和国，エストニア，ラトビア，フィンランド，スウェーデン，オランダの6構成国が賛成し，スロバキア，アイルランド及び連合王国の3構成国が反対した。賛成側の理由としては，最も容易に離婚を得ることができる法を夫婦が選択できること，準拠法の決定を容易にすること，予見可能性を高めること，結果が市民の正当な期待に合致することが挙げられる。反対側の理由としては，手続の複雑さを不必要に増加させること，離婚しようとしている夫婦が申立て時又は手続中に合意をすることが困難であること，濫用の危険があり，離婚制度に強い影響を与えうること，法廷地漁りを助長させ，法的安定性の減少，争い，手続の遅延及び費用増加を引き起こすことが挙げられている。後述のように，最初から統一抵触規則に参加しないことが明らかであった連合王国及びアイルランドを除けば，この中で当事者自治に反対したのはスロバキアのみであった。当事者自治を許容する理由については，おおよそローマⅢ規則の関連文書において述べられていたものと一致している。

(iii) ブリュッセルⅡ規則を改正する規則としてのローマⅢ規則の断念

　これらの意見に注意を払って規則提案[39]が提出され，それがローマⅢ規則（提案）と呼ばれることとなった。このローマⅢ規則提案は，ブリュッセルⅡbis 規則を修正するものとして計画されていた。提案は，具体的には，夫婦による法廷地選択及び離婚に関する抵触規則を導入することを内容としていた。当事者自治に関しては，第20a 条として，(a)夫婦の最後の共通常居所地法，(b)夫婦の一方の本国法（連合王国及びアイルランドについては，夫婦の一方が度ミサイルを有する国の法），(c)夫婦が5年以上居住していた国の法，又は(d)法廷地法の選択を認める規定が挿入された。同提案においては，当事者自治を認めていないことによって，夫婦との関連が希薄な法が適用され，彼らの正当な期待に合致しない結果がもたらされるという問題点が認識されており[40]，夫婦に準拠法選択を認めることによって柔軟性を強化することとしている[41]。

　同提案については，法廷地選択は抵抗なく受け入れられたが，抵触規則につ

---

(39)　COM (2006) 399 final.

(40)　Explanatory Memorandum, COM (2006) 399 final, p. 3.

(41)　Explanatory Memorandum, COM (2006) 399 final, pp. 4, 9.

いては激しい議論があったとされている[42]。もっとも，抵触規則に関して断交を引き起こしたのは，当事者による準拠法選択ではなく，選択がなされなかった場合の準則であったといわれている[43]。

　それは，様々な理由から，外国離婚法の適用を好まない国があったためである。スウェーデン及びフィンランドにおいては，離婚権は，基本権であるとみなされている[44]。そのため，「夫婦は，手続に時間を浪費し，又はお金をかけるという危険を冒すことなく，自由に婚姻を終了させることができなくてはならない」[45]のであり，「基本的に制限されていない離婚権もまた，男女間の平等という重要な問題である」とされている[46]。オランダは，法廷地法の適用を強く支持していたが，最終的には，ローマⅢ規則をしぶしぶ受け入れたとされる[47]。連合王国及びアイルランドは，英米法系の伝統ゆえに法廷地法アプローチを採っているが，欧州連合条約及び欧州連合運営条約付属の連合王国及びアイルランドの地位に関する議定書に基づき，個々の法律文書の採択に参加しない権利を有しており，それゆえ，ローマⅢ規則の採択の障害にはならなかったといわれている[48]。とりわけ，スウェーデンが提案に強く反対し続けたため，ブリュッセルⅡbis規則を修正する規則提案は，全会一致要件を満たすことができなかった[49]。

　そこで，2008年7月28日，ギリシャ，スペイン，イタリア，ルクセンブル

---

(42)　Katharina Boele-Woelki, *To be, or not to be: enhanced cooperation in international divorce law within the European Union*, 39 VUW L. Rev. 779 (2008), p. 784.

(43)　Boele-Woelki, *supra* note 42, p. 784.

(44)　Boele-Woelki, *supra* note 42, p. 785.

(45)　Maarit Jänterä-Jareborg, "Jurisdiction and applicable law in cross-border divorce cases in Europe", in Basedow/ Baum/ Nishitani (eds.), *Japanese and European private international law in comparative perspective* (2008), p. 340. スウェーデン及びフィンランドでは，数か月の熟慮期間を要することもあるが，いかなる事由もなしに一方の申立てにより離婚することができる（スウェーデン婚姻法第5章（離婚）第1条-第5条及びフィンランド婚姻法第25条-第27条）。

(46)　Jänterä-Jareborg, *supra* note 45, p. 340.

(47)　Boele-Woelki, *supra* note 42, p. 785.

(48)　Boele-Woelki, *supra* note 42, p. 785.

(49)　Boele-Woelki, *supra* note 42, p. 785.

第 4 章　欧州連合規則における当事者自治

ク，ハンガリー，オーストリア，ルーマニア及びスロベニアは，婚姻事件の準
拠法の領域における強化された協力を望むことを表明し，その趣旨で委員会が
理事会に提案を提出することを求める申請を委員会に対しておこなった。これ
らの 8 構成国に続き，2008 年 8 月 12 日にブルガリアが同一の申請をおこない，
2009 年 1 月 12 日にフランス，2010 年 4 月 15 日にドイツ，同年同月 22 日にベ
ルギー，同年 5 月 17 日にラトビア，同年同月 31 日にマルタ，同年 6 月 4 日の
理事会会議の間にポルトガルが加わった。なお，ギリシャは，2010 年 3 月 3
日にその申請を撤回した。2010 年 3 月 24 日，委員会は，これらの申請に応じ
て，離婚及び法的別居の準拠法に関して強化された協力の権限を付与する理事
会決定の提案[50]と，当該強化された協力を実施する理事会規則の提案[51]を同
時に採択した。後者の提案においては，当事者自治を認める規定として第 3 条
が定められており，(a)合意時における夫婦の常居所地法，(b)夫婦の最後の
常居所地法，(c)合意時における夫婦の一方の本国法又は(d)法廷地法からの
選択が認められていた。これらは，抵触規則の柔軟性並びに法的安定性及び予
見可能性を強化するものとされた[52]。

　2010 年 7 月 12 日，理事会は，離婚及び法的別居の準拠法の領域において強
化された協力の権限を付与する決定[53]を採択し，強化された協力を実施する
規則であるローマⅢ規則も，欧州議会第 1 読会における修正を経て 2010 年 12
月 20 日に採択された。ローマⅢ規則の定める抵触規則の内容は前述の通りで
あり，当事者自治が認められているが，これについて，前文(15)は，市民の移
動の増加に伴いさらなる柔軟性と法的安定性が求められるところ，同規則が，
この目的を達成するため，制限的当事者自治を導入し，当事者の自治を強化す
るものであるとしている。

　なお，2012 年 11 月 21 日にリトアニア[54]，2014 年 1 月 27 日にギリシャ[55]，

---

(50)　Proposal for a Council Decision No …/2010/EU authorising enhanced cooperation in
the area of the law applicable to divorce and legal separation, COM (2010) 104 final.

(51)　COM (2010) 105 final.

(52)　Explanatory Memorandum, COM (2010) 105 final, pp. 3, 7.

(53)　Council Decision of 12 July 2010 authorising enhanced cooperation in the area of the
law applicable to divorce and legal separation (2010/405/EU), OJ L 189/12.

96

第 1 節　離　婚

2016 年 8 月 11 日にエストニアの参加が認められ[56]，現在，17 構成国がロー
マⅢ規則に参加している。

(2) 強化された協力不参加の理由

　残る 12 構成国[57]は，提案された統一抵触規則の内容や政治的な理由から，
ローマⅢ規則には参加していない[58]。

　その中でも，デンマークは例外である。デンマークは，欧州連合条約及び欧
州連合運営条約付属のデンマークの地位に関する議定書第 1 条及び第 2 条に基
づき，欧州連合運営条約第 3 部第 5 編「自由，安全及び司法の領域」に従い提
案された措置の採択に参加しないものとされているため，ローマⅢ規則への参
加のような個別的な決定をすることはできない。

　とりわけ，外国離婚法の適用を受け入れることができないことを主張する構
成国が，ローマⅢ規則に参加していない。それらは，主として，法廷地法の適
用を支持する[59]。まず，権限のある裁判所が常に法廷地法を適用するという
英米法系の伝統から法廷地法の適用を支持する国として，連合王国，アイルラ
ンド及びキプロスが挙げられる[60]。連合王国及びアイルランドは，欧州連合
条約及び欧州連合運営条約付属の連合王国及びアイルランドの地位に関する議
定書第 3 条に従い，それらが特定の法律文書に参加する意思を示さない限り，
欧州連合運営条約第 3 部第 5 編に定められる措置の採択には参加しない。その

---

(54)　Commission Decision of 21 November 2012 confirming the participation of Lithuania in enhanced cooperation in the area of the law applicable to divorce and legal separation (2012/714/EU), OJ L 323/18.

(55)　Commission Decision of 27 January 2014 confirming the participation of Greece in enhanced cooperation in the area of the law applicable to divorce and legal separation (2014/39/EU), OJ L 23/41.

(56)　Commission Decision (EU) 2016/1366 of 10 August 2016 confirming the participation of Estonia in enhanced cooperation in the area of the law applicable to divorce and legal separation, OJ L 216/23.

(57)　ローマⅢ規則採択当時に構成国でなかったクロアチア（2013 年加盟）を除く。

(58)　Boele-Woelki, *supra* note 13, p. 9.

(59)　Boele-Woelki, *supra* note 13, p. 11.

(60)　Boele-Woelki, *supra* note 13, p. 11.

第 4 章 欧州連合規則における当事者自治

ため，それらがローマⅢ規則に参加しないことは初めから明らかであったといわれている[61]。

スウェーデン及びフィンランドは，参加しないことを率先して決めたとされる[62]。前述のように，スウェーデンは，ブリュッセルⅡbis 規則を修正する規則提案の際に激しく異議を述べ，提案が全会一致要件を満たすことができない原因となっていた。これらの国では，離婚権が基本権であると考えられているため，外国離婚法を適用することはできないとされている[63]。

オランダは，ブリュッセルⅡbis 規則を修正する規則提案にもしぶしぶ同意していただけであり，ローマⅢ規則に参加しないことも簡単に決定したとされる[64]。グリーンペーパーに対するコメントによれば，オランダは，そもそも抵触規則の統一を支持していない[65]。オランダは，その理由として，抵触規則の統一が構成国の実質法の相違を乗り越える方法であるとは考えられないこと，オランダ国際私法の自由主義的な性格にもかかわらず，オランダ裁判所への「殺到」が見られないことを挙げている。

その他の不参加構成国も，様々な理由でローマⅢ規則に参加していない。チェコ共和国では，国際私法の専門家による強化された協力の支持にもかかわらず，欧州連合に反対するという政治的な決定がなされたとされる[66]。エストニアは，民事司法協力の枠組で先例を作るであろう強化された協力の影響が全く分析されなかったために，強化された協力を支持しなかった[67]。しかしながら，識者の見解によれば，これらの 2 か国は，後々参加することが予想されている[68]。ポーランドは，ローマⅢ規則が同性カップルにポーランドで離

---

(61) Boele-Woelki, *supra* note 13, p. 11.

(62) Boele-Woelki, *supra* note 13, p. 11.

(63) Boele-Woelki, *supra* note 42, p. 785.

(64) Boele-Woelki, *supra* note 13, p. 11.

(65) Question 2（「あなたは，抵触規則の統一調和を支持するか。その論拠は何か。」）に対するコメント参照。

(66) Boele-Woelki, *supra* note 13, p. 11.

(67) Boele-Woelki, *supra* note 13, p. 11.

(68) Boele-Woelki, *supra* note 13, pp. 11-12 (Information about CzechRepublic was provided by Monika Pauknerová, Charles University, Prague, and about Estonia by

第1節　離婚

婚を得ることを認めることを恐れて，政治的な決定をおこなったとされる[69]。しかしながら，ポーランド代表は，まさにこの事項がローマⅢ規則において扱われることになることを見落としていたと考えられている[70]。スロバキアは，多くの理由で強化された協力を拒否した[71]。第1に，スロバキアは，強化された協力制度が国際私法に関して用いられないことを望んでいた。第2に，裏口的な方法で有責離婚が適用されるようになることを危惧した。第3に，スロバキアには法的別居の制度がないため，スロバキアにおいては，それに関する規則は適用されることができない。第4に，スロバキアはなお，離婚が当事者自治の観念と相容れない「国の支配する」制度であると考えている[72]。ギリシャは，当初は他の構成国とともに強化された協力を要求していたが，2009年に極端な費用削減措置がとられたために，正当な理由なしに全ての諮問委員会を解散させ，その申請を撤回することになったとされる[73]。

第4款　学説上の議論

学者の中にも，離婚について，当事者自治を支持する意見がある。Boele-Woelki は，準拠法選択の自由が，夫婦に法的安定性を与えるものであり，歓迎されるべきであるとする[74]。また，Marinai は，準拠法選択の自由を強化することが，より多くの柔軟性を与え，たとえば，構成国の裁判所により宣言された離婚の承認を本国で得ることを望む第三国の国民にとって有益なものとなりうるとしている[75]。

Karin Rammo, Ministry of Justice of Estonia).

(69)　Boele-Woelki, *supra* note 13, p. 12 (Information was provided by Monika Jagielska, University of Silesia in Katowice).

(70)　Boele-Woelki, *supra* note 13, p. 12.

(71)　Boele-Woelki, *supra* note 13, p. 12.

(72)　Boele-Woelki, *supra* note 13, p. 12 (Information was provided by Miloš Haťapka, Ministry of Justice of the Slovak Republic).

(73)　Boele-Woelki, *supra* note 13, p. 12 (Information was provided by Achilles Koutsouradis, University of Thessaloniki).

(74)　Boele-Woelki, *supra* note 13, p. 14.

(75)　Simone Marinai, *Matrimonial matters and the harmonization of conflict of laws: a way*

第 4 章　欧州連合規則における当事者自治

　当事者自治の根拠については，様々に述べられている。まず，これが憲法に基づくものであるという見解がある[76]。具体的には，私生活及び家庭生活の尊重についての権利を定める欧州人権条約第 8 条[77]が当事者自治を保障することが主張される。同条に基づく私生活及び家庭生活の尊重は，とりわけ，個人の生活に影響を与える基本的な決定を彼ら自身がする権利を含意しているとされる[78]。また，このような見解をとる者には，欧州司法裁判所及び欧州人権裁判所が，国際家族法に関して，当事者による準拠法の決定が私的及び家族生活に対する基本権であることを認めつつあると理解されている[79]。

　他方で，当事者自治を認める根拠の 1 つとして，欧州連合の統合のための妥協の必要性を挙げる見解もある[80]。すなわち，欧州連合においては，本国法主義をとる国と常居所地法主義をとる国が混在しているが，それらを調和させる手段の 1 つが当事者自治を認めることである[81]。また，外国法の適用を認

---

　　to reduce the role of public policy as a ground for non-recognition of judgments, 13 Yb. Priv. Int. L. 255 (2011), p. 262.

(76)　e.g. Toni Marzal Yetano, *The constitutionalisation of party autonomy in European family law*, 6(1) J. Priv. Int. L. 115 (2010); Pietro Franzina, *The law applicable to divorce and legal separation under Regulation (EU) No. 1259/2010 of 20 December 2010*, 3(2) Cuadernos de Derecho Transnacional 85 (2011), para. 44.

(77)　欧州人権条約第 8 条（私生活及び家族生活が尊重される権利）

　1．全ての者は，その私生活，家族生活，住居及び通信の尊重を受ける権利を有する。

　2．この権利の行使に対しては，法律の基づき，かつ，国の安全，公共の安全若しくは国の経済的福利のため，無秩序若しくは犯罪の防止のため，健康若しくは道徳の保護のため，又は他の者の権利及び自由の保護のため民主的社会において必要なもの以外のいかなる公の機関による干渉もあってはならない。

　（邦訳は，岩沢編集代表・前掲注(6)に従った。）

(78)　Franzina, *supra* note 76, para. 44.

(79)　Yetano, *supra* note 76, pp. 158-166.

(80)　e.g. Erik Jayme, *Party autonomy in international family and succession law: new tendencies*, 11 Yb. Priv. Int. L. 1 (2009), p. 3; Franzina, *supra* note 76, para. 45; Thalia Kruger, *Rome III and parties' choice* (October 16, 2012), available at SSRN: http://ssrn.com/abstract=2173334, p. 2; Magdalena Pfeiffer, *Choice of law in international family and succession law*, 2(4) The Lawyer Quarterly 291 (2012), p. 296.

(81)　Jayme, *supra* note 80, p. 3; Franzina, *supra* note 76, para. 45.

第1節　離　婚

める大陸法系諸国といかなる場合にも自国法（法廷地法）を適用する英米法系諸国との衝突も解消しなければならない。法廷地法の選択を認める当事者自治は，英米法系諸国への譲歩であり[82]，いずれの制度とも矛盾しない解決策を見つけることを手助けしうるとされる[83]。

　さらに，法廷地法の選択を認める理由としては，法廷地法の選択によって，裁判所が自国法を適用することができるようになり，外国法を適用する場合よりも，迅速で経済的な手続がおこなわれうるということも挙げられる[84]。

　ローマⅢ規則は，構成国による全会一致が不可能であったために，強化された協力の枠組での採択を余儀なくされた。当時，一部の構成国が提案の受け入れに積極的でなかったのは，家族関係事件における国家の認識が異なること，特に，各構成国が離婚を得るために要求する手続的及び実体的事由が異なることの結果であったことは明らかであるとの見方がある[85]。

　そのような中で，ローマⅢ規則には17構成国が参加しており，それらの構成は多種多様であると評価されている[86]。すなわち，離婚手続において迅速に結果が出るスペインと，より厳格な要件を課すイタリアや離婚を認めていなかったマルタがともに参加している。また，スウェーデンのような「自由主義的」な構成国が参加していない一方で，アイルランドのような離婚に厳格な構成国も参加していない。これらのことからすると，実質法の相違は，強化された協力への参加又は不参加の決定を説明することはできず，抵触規則の相違についても同様であるとされる[87]。唯一結びつけて考えられるであろう傾向は，離婚に法廷地法を適用する構成国のほとんどが強化された協力に参加していないということであるが，このことは，最密接関連地法の原則に従い連結をおこなう構成国も不参加のグループに含まれていることを考慮すると，過大評価されるべきではないとされている[88]。ローマⅢ規則への参加構成国の構成は，

---

(82)　Pfeiffer, *supra* note 80, p. 301.

(83)　Jayme, *supra* note 80, p. 3.

(84)　Pfeiffer, *supra* note 80, p. 301.

(85)　Marinai, *supra* note 75, p. 265.

(86)　Marinai, *supra* note 75, p. 269.

(87)　Marinai, *supra* note 75, p. 269.

第4章　欧州連合規則における当事者自治

様々な実質法及び抵触規則を持つ国が，離婚について当事者自治を認める可能性があることを示しうると思われる。

◆ 第2節　相　続[89]

第1款　規則の概要と抵触規則の内容

相続の領域における連合立法の採択に関しては，1998年のウィーン行動計画ですでに「相続に関する……国際裁判管轄，準拠法並びに承認及び執行についての法文書を作成する可能性を検討すること」が優先事項として掲げられていた[90]。続いてハーグ・プログラムは，2005年に相続に関する抵触法についてのグリーンペーパーを提出することを欧州委員会に要求した。これに従い，欧州委員会によって2005年3月1日に「相続及び遺言に関するグリーンペーパー」[91]が採択され，同文書において提起された質問に対しては，約60の回答を受け取った。その後，専門家グループPRM III/IVと欧州委員会が招集した国家の専門家との会合を経て，2009年10月14日に，「相続に関する裁判管轄，準拠法，裁判及び公文書の承認執行並びに欧州相続証明書に関する規則提案」[92]が欧州委員会から上程された。この規則提案には，欧州委員会の委託のもと2004年に公表されたドイツ公証人委員会及びDörnerとLagardeの主導により進められた欧州連合における国際相続法の研究（以下，「DNotI研究報告書」という。）[93]が大きな影響を与えたとされる[94]。また，この規則提案に

---

(88)　Marinai, *supra* note 75, pp. 269-270.

(89)　相続規則の制定以前においてその内容及び議論を紹介したものとして，長田真里「相続準拠法をめぐる立法論的課題」民商法雑誌135巻6号（2007年）76頁，林・前掲注(5)52頁参照。

(90)　Vienna Action Plan, para. 41 (c).

(91)　Green Paper: Succession and wills, COM (2005) 65 final.

(92)　Proposal for a Regulation of the European Parliament and of the Council on jurisdiction, applicable law, recognition and enforcement of decisions and authentic instruments in matters of succession and the creation of a European Certificate of Succession, COM (2009) 154 final.

(93)　Rechtsvergleichende Studie der erbrechtlichen Regelungen des Internationalen

第 2 節　相　続

対しては，マックス・プランク研究所がコメントを出しているほか，欧州連合
における国際相続法について，広く議論された様子が伺える。そして，最終的
には，2012 年に「相続事件における裁判管轄，準拠法，裁判の承認及び執行，
公文書の受領及び執行並びに欧州相続証明書の導入に関する 2012 年 7 月 4 日
の欧州議会・理事会規則 650/2012」（以下，「相続規則」という。）[95]が採択さ
れるに至った。なお，連合王国，アイルランドは，同規則にオプト・インしな
い決定をしている[96]。

　相続規則の準拠法に関する規定は 20 条以下に規定されている。まず，第 21
条において原則的な客観的連結が，第 22 条において主観的連結が定められて
いる。

第 21 条　一般規定

1．この規則に別段の定めのない限り，相続全体に適用される法は，被相続
　　人が死亡時においてその常居所を有していた国の法とする。
2．被相続人が，死亡時において，第 1 項に従い適用されるであろう法の属
　　する国とは異なる国と明らかにより密接な関係を有していたことが事案の
　　全ての状況から明らかになる場合には，例外的に，相続に適用される法は，
　　当該異なる国の法とする。

Verfahrensrechtes und Internationalen Privatrechts der Mitgliedsstaaten der Europäi-
schen Union, in: *Deutsches Notarinstitut* [Hrsg.], Les successions internationales dans
l'UE/ Conflict of Law of Succession in the European Union/ Internationales Erbrecht in
der EU (2004), S. 169-328 ("DNotI Study"). 同研究報告書の要約として，*Heinrich
Dörner/ Christian Hertel/ Paul Lagarde/ Wolfgang Riering*, Auf dem Weg zu einem
europäischen Internationalen Erb- und Erbverfahrensrecht, IPRax 2005, S. 1.
(94)　林・前掲注(5) 63 頁。
(95)　Regulation (EU) No 650/2012 of the European Parliament and of the Counfil of 4 July
2012 on jurisdiction, applicable law, recognition and enforcement of decisions and
acceptance and enforcement of authentic instruments in matters of succession and on the
creation of a European Certificate of Succession, OJ L 201/107.
(96)　相続規則前文(82)。

第4章　欧州連合規則における当事者自治

第22条　準拠法の選択

1．何人も，その相続全体を規律する法として，準拠法選択時又は死亡時に
　　国籍を保有する国の法を選択することができる。
　　複数の国籍を保有する者は，準拠法選択時又は死亡時に国籍を保有する国
　　の1つを選択することができる。
2．その選択は，死因処分の方式における意思表示において明示的になされ
　　るか，又はそのような処分の条項から明らかになるものでなければならな
　　い[97]。
3．準拠法を選択する行為の実質的有効性は，選択された法により規律され
　　る。
4．準拠法選択の変更又は撤回は，死因処分の変更又は撤回の方式に関する
　　要件を満たさなければならない。

　第22条の準拠法選択は，遺留分権利者の保護を目的とするいかなる制限に
も服しない点で，特徴的である。なお，同条に従い準拠法を選択した場合には，
反致は考慮されない（第34条第2項）。さらに，第24条第2項及び第25条第
3項において，死因処分（遺言，共同遺言又は相続契約）の準拠法選択を認める
規定が置かれている。もっとも，この選択は，相続全体にかかわるものではな
く，死因処分の許容性，実質的有効性及び一定の効力についてのみに影響を及
ぼすものである。

---

(97)　Bonomi によれば，この解決策は，重国籍の場合に実効的国籍を採用することを否
　　定した欧州司法裁判所の判例に従っていると評価されている（Andrea Bonomi/ Patrick
　　Wautelet (eds.), *Le droit européen des successions: Commentaire du Règlement
　　n° 650/2012 du 4 juillet 2012* (2ᵉ éd., 2016), Art. 22, para. 23 [Bonomi]）。そのように判
　　断した判例として，Case C-369/90, Micheletti and Others v Delegación del Gobierno en
　　Cantabria, [1992] ECR I-4239, points 10-11; Case C-148/02, Carlos Garcia Avello v.
　　Belgian State, [2003] ECR I-11613, point 28; Case C-168/08, Hadadi, [2009] ECR I-6871,
　　points 51-56.

第2節　相　続

第2款　公式文書における議論

(1) グリーンペーパーとその回答

　2005年のグリーンペーパーにおいてすでに，被相続人による準拠法選択の可能性が議題に挙げられていた[98]。その問題関心としては，どのような客観的連結が採用されたとしても，一定の状況においては，相続に関係する者の正当な期待に合致しない可能性があり，当事者自治の導入により一定程度の柔軟性が与えられるだろうということである。

　この点に関して意見聴取に向けられた問いは，次の通りである。すなわち，「（遺言又は無遺言相続における）被相続人となる者について，推定相続人の同意を得て，又は得ずに，その相続について適用されるべき準拠法を選択することが許されるか。相続人は，相続が開始された後において，同様の可能性を享受することができるか。」（Question 5），「相続準拠法の選択可能性が認められるならば，その可能性は制限されるべきであるか，また，法選択をなすための手続について規定を置くべきであるか。仮に連結点として規定が置かれないならば，次の基準は認められるべきであるか。：国籍，ドミサイル，常居所又はその他の基準」（Question 6），「いつの時点の連結点が有効なものとなるべきであるか。何らかの特定の条件（継続期間，死亡日における有効性）が必要であるか。」（Question 7），「共同遺言及び将来の相続に関する契約の準拠法を選択することは可能であるべきか。そのような選択には準則及び要件が必要であるか。そうであるならば，どのようなものであるべきか。」（Question 8），「夫婦の一方は，その夫婦財産制の準拠法をその相続の準拠法として選択することが許されるべきであるか。」（Question 9）である。

　これらの問いに対する回答[99]のうち，当事者自治に関する部分を要約すると，次のようになる。すなわち，被相続人に相続準拠法の選択をゆだねることは，市民によるその相続の管理を容易にするものであり，大きな前進として受け入れられたが，この選択が厳格な制限の範囲で行使されることを強く求めることで一致していた。また，量的制限に関しては，連結点が，被相続人にきわ

---

(98)　COM (2005) 65 final, para. 2.4.

(99)　回答は，http://ec.europa.eu/justice/news/consulting_public/successions/news_contributions_successions_en.htm において閲覧可能である。

第4章　欧州連合規則における当事者自治

めて関連の強いもの，すなわち，被相続人の準拠法選択時又は死亡時の常居所
又は国籍とされるべきであり，夫婦財産制の準拠法の選択は，状況との現実の
関連のない法を回避すべきこと，また，それが法的不安定性を生み出しうるこ
とから賛成されなかった。

(2) 欧州議会による勧告

欧州議会による勧告[100]は，それほど詳細な理由づけを述べていないので，
内容のみを簡単に紹介したい。

まず，Recommendation 3（個人に与えられるべき選択の自由）において，一
定の選択の自由が与えられるべきであるとされ，特に可能とすべきものとして
裁判管轄合意と並んで，被相続人が，相続を規律する法として，選択がなされ
た当時におけるその本国法又は常居所地法を選択することが挙げられている。
また，Recommendation 8（「財産所在地法」及び「遺留分」の原則について）に
おいて，客観的に決定される相続準拠法によって規定される被相続人に最も近
い親族に対して，相続財産の一部を保障する基本的な原則に，法選択の可能性
が反しないことを述べている。

(3) 影　響　評　価

規則提案付属の影響評価においても，被相続人の準拠法選択の自由について
言及がある。

影響評価の問題意識は，欧州連合における国際相続について，しばしば被相
続人の期待や目的と合致しない結果が生じており，（潜在的な）相続人等の権
利が実現されないことにある[101]。その原因の1つとして，構成国の法制上，
被相続人による準拠法選択が不十分であったり，制限的であったりすることを
挙げる[102]。このことから，欧州連合域内における移動の自由を利用する市民

---

(100)　European Parliament resolution with recommendations to the Commission on
　　　succession and wills, P6_TA(2006) 0496.

(101)　P6_TA(2006) 0496, para. 3.1.

(102)　Commission Staff Working Document Accompanying the Proposal for a Regulation
　　　of the European Parliament and of the Council on jurisdiction, applicable law, recognition
　　　and enforcement of decisions and authentic instruments in matters of successions and on
　　　the introduction of a European Certificate of Inheritance: Impact Assessment, SEC(2009)
　　　410 final, para. 3.1.4.

第 2 節　相　続

にとって，次のような問題が引き起こされうるとする。すなわち，そのような
市民らが遺言を作成し，その後居所を変更した場合，彼らはしばしば，この変
更によって彼らの遺言が，別の法に服するために，もはや期待された効力を有
しなくなることに気付かない。彼らがこの事実に気付いたとしても，彼らは，
その相続の準拠法として従前の常居所地法を選択することによってこのような
結果を回避することはできない。唯一の解決策は，関係する全ての構成国の要
件を満たす遺言を作成することであるが，これは実際にはほとんど不可能であ
る。

　そのため，影響評価においては，Policy Option A.3 ないし A.7 において，抵
触法の調和が提示されており，そこには被相続人の死亡時の常居所地法への客
観的連結と被相続人による本国法の選択が含まれている[103]。この点について，
強行的なものである相続権の保護が害されるおそれを増加させることから，広
範囲の法選択は認められないとされている[104]。

　また，欧州基本権憲章第 24 条との関係で，子どもの権利についても検討さ
れている[105]。すなわち，被相続人による準拠法選択の導入は，その選択がき
わめて限定的なものになっているとしても，子どもの法的地位を弱める場合が
ありうる。しかし，多くの構成国が被相続人の子どもについて遺留分を認めて
いることから，これはまれな場合にしか生じるものでなく，多くの場合には，
かなりポジティブな効果（特に，法的安定性の強化，抵触法問題に関する法的紛争
の回避，費用節約等）によって克服されるとされ，また，実務家は，親が，子
どもに対して遺留分よりも少ない相続権を与えることはきわめてまれな場合に
すぎないことを確認したとされている。

(4) 相続規則提案及び相続規則

　相続規則提案第 17 条（現第 22 条）のコメントは次のようなものである[106]。
被相続人に準拠法の選択が認められれば，生前贈与を撤回不可能としている国
の国籍を有する者は，その相続の準拠法として本国法を選択することによって，

---

(103)　SEC(2009) 410 final, para. 6.2.1.

(104)　SEC(2009) 410 final, para. 6.4.

(105)　SEC(2009) 410 final, para. 7.1.

(106)　COM(2009) 154 final, para. 4.3.

第4章 欧州連合規則における当事者自治

その行為の有効性を担保することができる。他方，全ての構成国において被相続人の親族に対する支援を保障することを目的とした制度が置かれており，これを考慮する必要がある。本国法の選択に限られた理由は，このような被相続人の親族（とりわけ生存配偶者及び子ども）の正当な利益の保護と，法的安定性及びその相続を計画するより大きな可能性との間の妥協を達成するためであると説明されている。そして，この選択は，欧州連合域内で与えられる移動の自由から利益を享受する一方，その本国との密接な関連を維持することを熱望する被相続人に対し，その相続によってこのような文化的な関連を維持することを可能にするものであるとされる。

　また，相続規則前文においても類似の記述が見受けられる。準拠法選択について言及しているのは前文(38)であるが，それは，相続準拠法の選択を認めることによって，市民にとっては前もって相続を計画することが可能となること，本国法の選択に限られるのは，被相続人と選択された法との間の関連を確保し，また，遺留分を与えられる者の正当な期待を害する意図で選択された法を回避するためであるとする。

第3款　DNotI 研究報告書及び諸提案における議論

　相続規則提案の公表以前には，DNotI 研究報告書が提出されたほか，Dutta によっても提案が出された。さらに，規則提案の公表後には，マックス・プランク研究所の提案が公表された。これらにおいては，当事者自治に関しても詳細に議論されているので，その内容をみていきたい。

(1) DNotI 研究報告書[107]

　DNotI 研究報告書は，前述の通り，欧州委員会の委託のもと進められたもので，規則提案に大きな影響を与えたとされる。そのうえ，制限的な準拠法選択は，同報告書において奨励されたものといわれている[108]。同報告書は，比較法により詳細に検討をおこなったうえで，提案を示している。本書と関連のある部分についての要約は，次の通りである。

---

(107)　DNotI Study, S. 265ff.

(108)　Bonomi/ Waultet (eds.), *supra* note 97, Art. 22, para. 2 [Bonomi].

第 2 節　相　続

　まず，DNotI 研究報告書は，当事者自治の利点について次のように述べる。
すなわち，「相続法上法選択を認めることは，被相続人に対して法的安定性を
作り出す。それは，存命中からすでに，後で適用される相続準拠法を固定し，
このようにすることで，その財産分配計画を確実な基礎に置くことができる。
さらに，professio juris は，被相続人に対して，それによって適当な財産分配
計画のイメージをよりよく実現する実質法規を選択することを可能にする。」
そして，当事者自治の前提となる客観的連結については，「現代の欧州相続抵
触法は，とりわけ自由移動の権利を利用し，その本国外でも欧州連合の至る所
で職業に専念するという，欧州連合市民の要請を考慮しなければならない」と
し，「おそらく社会的，職業的及び家族的な被相続人の生活の中心のあった国
であり，本質的な相続財産が所在し，相続債権者がその本拠を有する国の法の
適用を導く」ことのできる，被相続人の最後の常居所地法への客観的連結を示
し，このような連結が，「被相続人が居所地国に統合されているという推定を
出発点とする」ことを付記する。しかし，このような前提に立っていることか
ら，次のような問題点が指摘される。すなわち，「常居所がとりわけ安定的な
連結点でなく，それゆえ比較的容易に準拠法の変更をもたらすことが顧慮され
なければならないが，最後の常居所への相続法上の連結は，それだけでは，あ
るいは一時的にのみ外国に居住し，さらにその出身国の言語的，文化的及び法
的な生活様式をとるべき立場にあると感じる『本国に結びつけられた』被相続
人の利益も，その常居所がしばしば変更し，それゆえ彼が生涯の終わりにどこ
に滞在しているかを知ることができず，それにもかかわらず現在すでにその財
産を処分することを欲している被相続人の利益も，顧慮しないのである。」そ
して，「このようなグループの人々の利益状況を取り入れるためには，被相続
人の最後の常居所地への客観的連結を（制限的な）法選択可能性によって補充
することが有意義であると思われる」と結論づける。
　それでは，具体的にはどのような準拠法選択が認められるか。第 1 に，被相
続人の死亡時の本国法が 1 つの選択肢となる。なぜなら，この選択可能性は，
被相続人があるいはその本国の法秩序に根を下ろし続けているということを顧
慮するものであるからである。そして第 2 に，被相続人の準拠法選択時の本国
法又はその当時の常居所地法が次の選択肢となる。この選択可能性は，とりわ

け，被相続人の財産分配計画を容易にすることから認められる。第3に，死亡時の居所地法を選択する可能性は，同一の客観的連結があることを考慮すると，ほとんど実際的な意義はないが，この選択可能性は，被相続人が現時点ですでに，間近に迫った居所地の変更を考慮して，将来の居所地法の基準に従って遺言をすることを確実にするものであるとされる。さらに，被相続人はそのような法選択をすることによって，最後の常居所地法がその本国法又は財産所在地法に反致することを回避することができるのであるが，これは第三国との関係で効果を発揮するものである。

　他方で，以前の居所地法の選択も認めることは推奨されない。被相続人がこの法の適用範囲を離れた以上，当該連結を正当化する十分な実質的関連は存在しないからである。また，財産所在地法の選択も，どのような範疇でも認めることは推奨されておらず，その理由は，このような選択可能性が，DNotI 研究報告書の提案する統一的な客観的連結との矛盾を引き起こし，相続財産の分裂という欠点を主観的連結の枠組で再び引き入れることになるからである。

　婚姻している被相続人に対して，その夫婦財産制の準拠法を相続準拠法として選択することを認めることは，適応問題を回避するために検討されうるとしている。しかし，相続準拠法の連結が安定的な連結点を要求するところ，夫婦財産制の準拠法は一定の不確実性を持っていること，また，相続準拠法として遺言作成時の本国法又は居所地法の選択が許されるならば，夫婦財産制の準拠法を選択するのと同一の法を選択することができ，実際上の要請も比較的小さいこと等が反論材料とされる。それゆえ，相続準拠法としての夫婦財産制の準拠法の選択が求められるのは，（夫婦財産制の準拠法における不変更主義を前提とすると）被相続人が婚姻締結時に相続準拠法を選択せず，その後，常居所を別の国に移転したり，別の国の国籍を取得したりした場合であり，このような要請を顧慮するのであれば，夫婦財産制の準拠法の選択が与えられるとする。

　さらに，推定相続人及び遺留分権利者の保護についても，詳細に述べられている。すなわち，これらの権利者の保護が相当数の構成国において重要な規律原則であるとみられており，公序に近いものとなっているので，法選択の許容に対する抗弁として，被相続人がそれによって，その親族に対する義務から逃れる機会を得ることが引き合いに出されうるであろう。しかし，より詳細に見

第2節　相　続

ると，このような危険の実際の規模は，一見して想定されるよりも小さいことがわかるとして，第1に，被相続人が，その常居所を遺言自由の制限のない構成国に移し，新たな居所を死亡時まで維持することによって，彼が財産を遺すことを欲しない推定相続人又は遺留分権利者を回避することができることを挙げる。そして第2に，手厚い親族保護を持つ国にその常居所を有する被相続人は，その本国法である自由主義的な法を相続準拠法として選択することで，常居所地法の規律を逃れることができるが，この場合には，当該親族はおそらく被相続人と国籍を共有しているので，そのような場合において，親族にとって不利なものではあるが共通の本国法であるものの適用が甘受されうるとする。これらの場合を除くと，親族保護の必要性は，被相続人がその常居所を移転し，親族保護のない居所地法を選択した後に，親族保護のある元の居所地又はその本国に戻るという場合にのみ存在するとされる。このような場合に，親族を保護するため，元の居所地又は本国法によれば存在していた遺留分等の権利を法選択が害する限りで，その有効性を否定するということが考えられるが，このような制限は限定的に解釈されるべきであり，被相続人の死亡時の本国と居所地が同一である場合に限られるとする[109]。

(2) Dutta 意見[110]

Dutta による意見は，相続規則提案の公表前に出されたものであり，これは，2008 年に提示された精巧な規定を含む非公式のディスカッション・ペーパーに基づくものである。要約は次の通りである。

Dutta は，第1に，法選択の自由が被相続人の「一生の利益 (the lifetime interests)」に最もよく資するものであると述べる。その理由としては，居所地法の適用の2点のデメリットが挙げられる。1つは，居所地法の適用においては，常居所概念が不確かであるせいで，準拠法に対する予見可能性における被

---

(109) Lagarde は，遺留分の権利の迂回という法選択に対する抗弁に対して，このような異議を認めることができるとして反論する。*Paul Lagarde*, Familienvermögens- und Erbrecht in Europa, in: *Peter Gottwald* [Hrsg.], Perspektiven der justiziellen Zusammenarbeit in Zivilsachen in der Europäischen Union (2004), S. 17.

(110) *Anatol Dutta*, Succession and Wills in the Conflict of Laws on the Eve of Europanisation, RabelsZ 73 (2009), S. 569ff.

第4章　欧州連合規則における当事者自治

相続人の利益が無視されるが，それは，準拠法選択の自由によって維持することができるという。もう1つは，客観的な連結点として被相続人の最後の常居所を用いることが，被相続人の安定性の利益を無視していることである。すなわち，居所地原則は，被相続人が最も密接にその居所国へ結びつけられていたという推定又は政治的な目標に基づいており，この推定は，特に，被相続人の本国や以前の居所地国における安定性の利益が勝る場合には成り立たない。この点もまた，被相続人が常居所の将来的な変更にかかわらず準拠法を固定することができる準拠法選択の自由によって維持されることができるとする。

　第2に，Dutta によると，共同体は抵触法における安定性の利益の保護の達成に努めるものであるが，これは，域内市場の実現にとって特に重要であるとされる。ここで家族法に関する例として，Grunkin-Paul 事件(111) が挙げられる。同事件は，子が生まれ常居所を有する構成国の法に基づき有効に登録された名前が，その子が密接な関連を有する他の構成国において承認されなかったことが，欧州共同体設立条約第18条第1項により保障される移動の自由及び居所の自由に反すると結論づけたものである。相続法上保障される法的地位に関して，Grunkin-Paul 事件で認められたような基本的自由に基づく承認義務が認められるかは難しい問いであるが，このような基本的自由の実現のために安定性の利益の保護，ゆえに被相続人に当事者自治を与えることが重要であることが欧州司法裁判所の判例によって示されるとする。

　そして第3に，被相続人の選択の自由が，問題となる抵触法上の利益をよりよく評価することができるのが国ではなく個人であることをますます頻繁に承認するようになっている，国際私法における自由主義化への一般的な傾向の一部であると述べる。そして，この傾向は，当事者自治が基本的な原則となりつつあるヨーロッパ国際私法においても妥当しうるという。これまでの親族法に関する規則提案も準拠法選択を認めており，また，それら以上に相続に関しては，実質法上も遺言の自由がヨーロッパ域内で広く受け入れられているだけでなく，憲法上も保障されるので，遺言の自由が理論的に法選択の自由を強制できるわけではないが，それを抵触法のレベルでも継続させるべきであると結論

---

(111)　Case C-353/06, Grunkin-Paul, [2008] ECR I-7639.

第2節　相　続

づける。

　他方で，親族の私的利益と国家の利益という2つの遺言の自由の実質法上の制限についても述べる。第1に，客観的連結によって保護的な法が適用されることは，親族にとって単なる一致であり，親族が通常は被相続人の最後の常居所を共有しているという事実は，被相続人の抵触法上の利益を尊重することの反射的な結果でしかなく，客観的連結においても，被相続人が常居所を変更することによって特定の法を回避することはできるので，親族の保護が必要であるとしても，それは，選択の自由を制限することではなく，主観的連結にも客観的連結にも適用されるその他の手段でなされるべきであるとする。そして，第2に，特に客観的連結によってその相続法が適用されることになる居所地国の利益が，2つの面でかかわるものの，いずれも選択の自由によって不当に危険にさらされるものではないとする。すなわち，相続準拠法が何らの保護も与えない場合に居所地国が親族の社会的福祉の責任を負うことになりうるという財政上の利益については，被相続人という人的な基準を用いることがすでにその利益を妨げているのであり，また，内国の公序を保護する利益は，強行的適用法規や公序といった一般的な手段によって達成されうるのである。

　また，Dutta は，選択可能な法の範囲について，ディスカッション・ペーパーで提案された選択肢に対して，選択される法との最小限の関連で十分であるとする。Dutta 意見によると，あらゆる場合において，以前の，現在の又は将来の本国法又は常居所地法を選択することができ，被相続人が重国籍者である場合には，いずれも選択することができ，また，本国が2つ以上の法域を有する場合には，その1つを選択することができる。被相続人の最後の常居所地法の選択は，反致との関係で重要とされる。さらに，相続と夫婦財産制の間の協働の問題を回避するためには，夫婦はそれぞれその相続について夫婦財産制の準拠法を選択することができるべきであるとする。夫婦財産制の準拠法に関する規則がまだ採択されていないことを考慮すると，構成国の国際私法いずれによっても夫婦財産制に適用される法の選択を認めること，あるいは，夫婦の一方に対してその常居所の抵触規則のもとで適用される夫婦財産制の準拠法の選択に制限することが考えられるとする。

　また，Dutta は，分割指定（とりわけ特定の不動産の所在地法の選択）につい

113

第4章　欧州連合規則における当事者自治

て，欧州連合としては相続財産の統一性を支持するが，しかしながら，統一主義は被相続人の利益及びその相続計画を保護することを主たる目的としているので，異なる法が適用されるという事実に被相続人が気付き，この状況を任意に生じさせる場合には，その判断に従わない理由はなく，それは特に，一定の場合には，相続財産の計画及び清算を促進するために分割指定をする尤もな理由があるためであるとする。

以上の検討の結果として，Dutta は次の規定を提案する。

第3.2条　選択の自由

1．何人も，遺言による処分（遺言，共同遺言又は相続契約）の形で，相続財産の一部又は全部の相続が，次の実質法によって規律されることを定めることができる。

　(a) その者がその死亡以前の任意の時点で保有する国籍の国の法，

　(b) その者がその死亡以前の任意の時点で常居所を有する国の法，

　(c) その夫婦財産制を規律する法又は

　(d) 不動産に関しては，相続財産に属する不動産が所在する国の法

2．(1) 当該選択は，明示的になされるか，遺言による処分又は事案の事情により合理的な確実性をもって証明されなければならない。(2) 当該選択の存在及び実質的有効性は，指定された法によって規律される。

3．何人も，任意の時点で，前項の要件に従い，以前の法選択を撤回し，又は変更することができる。

(3) マックス・プランク研究所提案[112]

マックス・プランク研究所の提案は，相続規則提案の公表を受けて，学者らによる一連の会合を経て作成されたものである。もっとも，その提案について

---

(112)　*Max Planck Institute for Comparative and International Private Law*, Comments on the European Commission's Proposal for a Regulation of the European Parliament and of the Council on jurisdiction, applicable law, recognition and enforcement of decisions and authentic instruments in matters of succession and the creation of a European matters of succession and the creation of a European Certificate of Succession, RabelsZ 74 (2010), S. 606ff.

は，多数派の意見を採用しており，全てが満場一致で承認されたわけではないようである(113)。

　同研究所としては，相続規則提案第17条の準拠法選択がきわめて制限的であると考え，準拠法選択を支持するという判断は歓迎しつつも，その範囲を合理的に拡張することを提案する。他方で，それによって，選択がなければ適用されたであろう法によって与えられる強行的な相続権を被相続人が回避することができるようになるという危険も孕んでいることを指摘する。そこで，同研究所は，より大きな選択の自由を被相続人に与えること，そして，強行的な家族保護の準則を回避する可能性を限定することという，この領域における2つの主要な目的を念頭に置いて，規則提案の修正を提案する。同研究所の提案する規定は，次の通りである。

第17条　選択の自由

1．何人も，相続が部分的又は全体として，次の法により規律されることを選択することができる。

　(a) その者が保有し，又は保有していた国籍の属する法，

　(b) その者が常居所を有する，又は有していた国の法，ただし，その居所が実質的でない場合はこの限りでない。

　(c) 選択時においてその者の夫婦財産制を規律する国の法，ただし，この夫婦財産制が死亡時に存在し続けている場合に限る。

　(d) 不動産に関しては，財産が所在する国の法

2．法選択は，遺言による処分の方式要件を満たす。選択は，明示的又は遺言による処分の文言又は事案の事情から明白に示されるものでなければならない。

3．法選択の存在及び有効性は，選択された法により規律されるものとする。

4．前3項の規定は，以前の法選択の変更又は撤回にも同様に適用される。

　同研究所は，主として3つの理由から，より大きな選択の自由が重要である

---

(113)　*Max Planck Institute for Comparative and International Private Law*, a.a.O. (Fn. 112), Rn. 25.

第4章　欧州連合規則における当事者自治

と考えている。第1に，準拠法選択を認めることは，被相続人に，その相続を実効的に計画し，法的安定性を増加させるのに必要なツールを与えるものである。第2に，全ての構成国が遺言の自由を規定しており，被相続人に準拠法選択の自由を与えることは，国際私法領域への遺言の自由の拡張とみられうる[114]。第3に，この分野における法選択の自由は，個人の準拠法選択の自由に向かう国際私法における一般的な傾向に合致している。

また，同研究所の提案は，より大きな選択の自由と，第三者の正当な期待の保護とを両立させるため，選択された法との有意義で安定的な関連を有する客観的な要素を用いて，準拠法選択を量的に制限することを推奨するものである。そして，与えられた選択の自由が被相続人の利益と第三者の利益とのバランスをとった結果であるとすれば，第三者の利益はそこで考慮されたので，家族保護に関する強行規定を定めるなどしてそれを2度考慮すべきではないと述べる。

同提案は，Dutta と同様に[115]，被相続人自身がその相続の複数の部分について異なる相続法を選択することを望む場合には，彼らは保護される必要がなく，そのような選択が可能であるべきであるとして分割指定を認める。また，不動産相続の準拠法として所在地法を選択することができるようにすることで，相続準拠法と不動産準拠法との一致により，相続財産の管理を単純化することができるという[116]。

また，同研究所は，婚姻している被相続人が，夫婦財産制がその死亡時に存在している限りで，相続準拠法としてその夫婦財産制準拠法を選択することができることを提案する。被相続人の配偶者が生存している場合，相続に関する準則と夫婦財産制の解消に関する準則が適用にあたって競合するが，それぞれの問題への異なる国の法の適用は，状況を不必要に複雑にすることになり，回避されるべきであるとして，夫婦財産制の準拠法と相続準拠法の一致を可能にするべく，そのような規定が提案される。これは，相続財産の管理を大いに単純化するものであるとされる。

---

(114)　この点については，*Dörner/ Hertel/ Lagarde/ Riering*, a.a.O. (Fn. 93), S. 5 に依拠している。

(115)　*Dutta*, a.a.O. (Fn. 110), S. 577f.

(116)　*Dutta*, a.a.O. (Fn. 110), S. 578 も同旨である。

◆ **第3節　夫婦財産制**[117]

第1款　規則の概要

夫婦財産制に関する連合立法の採択は，1998年のウィーン行動計画で優先事項として確認されたものである[118]。2000年11月30日に理事会によって採択された民事及び商事事件における裁判の相互承認に関するプログラムは，「婚姻関係から生じる財産に関する権利及び婚姻していないカップルの別離の財産的結果」に関して裁判管轄並びに裁判の承認及び執行に関する法律文書を起草することを規定した[119]。2004年11月4・5日に欧州理事会によって採択されたハーグ・プログラムは，相互承認プログラムの実施を最優先事項とし，委員会に対して，「裁判管轄及び相互承認の問題を含む夫婦財産制に関する事件における法の抵触についてのグリーンペーパー」を提出することを要求し，2011年までに立法を採択する必要性を強調した[120]。2009年12月11日に欧州理事会により採択されたストックホルム・プログラムもまた，相互承認が夫婦財産制及び婚姻していないカップルの別離の財産的結果に拡張されなければならないと述べている[121]。

これらの要求に対する欧州委員会の行動は次のとおりである。2006年7月17日，委員会は，裁判管轄及び相互承認の問題を含む夫婦財産制に関する事件における法の抵触に関するグリーンペーパーを公表した[122]。これに対しては40の回答があり，2008年2月5日にその回答を公表している[123]。委員会

---

(117)　概略について，林・前掲注(5)52頁参照。

(118)　Vienna Action Plan, para. 41 (c).

(119)　Draft programme of measures for implementation of the principle of mutual recognition of decisions in civil and commercial matters, OJ C 12/1, p. 3.

(120)　The Hague Programme, para. 3.4.2.

(121)　The Stockholm Programme: An open and secure Europe serving and protecting citizens, OJ C 115/1, p. 24.

(122)　Green Paper on conflict of laws in matters concerning matrimonial property regimes, including the question of jurisdiction and mutual recognition, COM (2006) 400 final.

(123)　Summary of Replies to the Green Paper on the Conflict of Laws in Matters

第4章　欧州連合規則における当事者自治

が立法提案を起草するために設置した専門家グループ PRM/III は，関係する専門分野及び複数の欧州連合の法伝統を代表する専門家からなるもので，2008年から 2010 年の間に 5 回の会議を開催した[124]。委員会はまた，2009 年 9 月 28 日に 100 人の参加者にパブリック・ヒアリングをおこなったが，その議論は，特に準拠法，裁判管轄並びに裁判の承認及び執行を対象とする夫婦財産制に関する連合法律文書の必要性を確認した[125]。2010 年 3 月 23 日には，起草された提案の要旨を議論するため，国家の専門家との会議が開かれた[126]。2010 年 10 月 27 日に採択された「欧州連合市民権レポート 2010：欧州連合市民の権利の障害を取り除く」において，委員会は，欧州連合が国境を越えて欧州連合市民に与えた権利を彼らが行使しようとする際にその日々の生活において直面する主たる障害の 1 つとして，国際的なカップルの財産権を取り巻く安定性の欠如を確認した[127]。これを改善するため，委員会は，国際的なカップルにとって，いずれの裁判所が裁判管轄を有し，いずれの法が彼らの財産権に適用されるかを知ることを容易にするための立法提案を 2011 年に採択することを公表した[128]。

　2011 年 3 月 16 日，欧州委員会は，夫婦財産制規則提案を公表した[129]。な

---

　　concerning on Matrimonial Property Regimes, including the Questions of Jurisdiction and Mutual Recognition ("Summary of Replies"), p. 2. 回答は，http://ec.europa.eu/justice/news/consulting_public/matrimonial_property/news_contributions_matrimonial_property_en.htm において閲覧可能である。

(124)　COM(2011) 126 final, para. 2.

(125)　Explanatory Memorandum, COM(2011) 126 final, para. 2.

(126)　Explanatory Memorandum, COM(2011) 126 final, para. 2.

(127)　EU Citizenship Report 2010: Dismantling the obstacles to EU citizens' rights, COM (2010) 603 final, para. 2.1.1.

(128)　COM(2010) 603 final, para. 2.1.1.

(129)　2011 年提案における準拠法選択に関する条文は次の通りであった。

　第 16 条　準拠法の選択

　　夫婦又は将来の夫婦は，その夫婦財産制の準拠法を選択することができる。ただし，当該準拠法は，次に掲げる法の 1 つでなければならない。

　(a) 夫婦又は将来の夫婦の共通常居所のある国の法

　(b) 選択がなされた時において夫婦の一方の常居所のある国の法

第3節　夫婦財産制

お，これには，委員会によりおこなわれた夫婦財産制及び登録パートナーシッ
プ財産制に関する規則提案に対する共同影響調査が添付されている。その後，
2013 年 9 月 10 日の欧州議会立法決議[130]において，夫婦財産制規則提案の修
正が採択されたが，理事会において全会一致を達成することができなかった。
しかし，2015 年 12 月から 2016 年 2 月にかけて，17 構成国から，夫婦財産事
件に関する裁判管轄，準拠法及び裁判の承認執行について，強化された協力の

(c) 選択がなされた時において夫婦又は将来の夫婦の一方が国籍を有する国の法

第18条　準拠法の変更

　夫婦は，婚姻中いつでも，その夫婦財産制をこれに適用される法以外の法に服させる
ことができる。夫婦が指定する法は，次に掲げる法の1つでなければならない。

(a) 当該選択がなされる時において夫婦の一方の常居所のある国の法

(b) 当該選択がなされる時において夫婦の一方が国籍を有する国の法

　夫婦が別段に望まない限り，婚姻中になされる夫婦財産制の準拠法の変更は，将来に
おいてのみ効力を有する。

　夫婦が当該準拠法の変更を遡及させることを選択する場合，遡及効は，これに適用さ
れる法に従いなされた以前の取引の有効性又は従前の準拠法から引き出される第三者の
権利に影響を及ぼさない。

(130) European Parliament legislative resolution of 10 September 2013 on the proposal
for a Council regulation on jurisdiction, applicable law and the recognition and
enforcement of decisions in matters of matrimonial property regimes, P7_TA (2013)
0338. 準拠法選択の条文に関しては，次の通り，第 16 条と第 18 条に定められていた準
拠法の選択と変更が1つの条文となるよう修正が加えられた。(Amendment 60 & 64)。

第 16 条

1．夫婦又は将来の夫婦は，次の各号に掲げる法の1つである場合に限り，その夫婦財
　産制の準拠法を指定又は変更することを合意することができる。

　(a) 当該合意が締結される時において，夫婦若しくは将来の夫婦又はその一方が常居
　　所を有する国の法又は

　(b) 当該合意が締結される時において，夫婦又は将来の夫婦の一方が国籍を有する国
　　の法。

2．夫婦が別段の合意をしない限り，婚姻中になされた夫婦財産制の準拠法の変更は，
　将来に向かってのみ効力を有するものとする。

3．夫婦が当該準拠法の変更を遡及させることを選択する場合には，その遡及効は，こ
　れに適用される法に従い締結された以前の取引の有効性又は従前の準拠法から引き出
　される第三者の権利に影響を及ぼさない。

第 4 章　欧州連合規則における当事者自治

実施が要請された。それに従い，同年 3 月に当該強化された協力に係る規則提案(131)が採択され，同年 6 月 24 日に「夫婦財産事件に関する裁判管轄，準拠法並びに裁判の承認及び執行の領域における強化された協力を実施する理事会規則」(132)が制定された。同規則には現在，ベルギー，ブルガリア，キプロス，チェコ共和国，ドイツ，ギリシャ，スペイン，フランス，クロアチア，イタリア，ルクセンブルク，マルタ，オランダ，オーストリア，ポルトガル，スロベニア，フィンランド及びスウェーデンの 18 構成国が参加している。

第 2 款　抵触規則の内容

　夫婦財産制規則は，裁判管轄，準拠法及び承認執行に関する準則を含むものである。ここでは，抵触規則に関係する「第 1 章　適用範囲及び定義」と「第 3 章　準拠法」を概観したい。

　まず，第 1 条は適用範囲を定める。夫婦財産制規則は，夫婦財産制に適用される（第 1 項前段）が，(a)夫婦の権利能力及び行為能力，(b)婚姻の存在，有効性又は承認，(c)扶養義務，(d)死亡した配偶者の財産の相続，(e)社会保障，(f)婚姻中に発生したが婚姻中に年金収入とならなかった退職年金又は障害年金の，離婚，法的別居又は婚姻の無効の場合における夫婦間での移転又は調整の資格，(g)財産に関する物権の性質並びに(h)不動産又は動産に対する権利の登録簿への登載（そのような登載に係る法律上の要件を含む。）及び当該権利を登録簿へ登載すること又はしないことの効果は適用範囲から除外される（第 2 項）。第 3 条にはいくつかの文言の定義が置かれており，「夫婦財産制」は，「婚姻又はその解消の結果としての夫婦間及び夫婦と第三者との関係における財産関係に関する一連の準則」と，「夫婦財産契約」は，「夫婦又は将来の夫婦がその夫婦財産制を規律するためにその間でするあらゆる合意」と定義されている（(a)及び(b)）。さらに，第 3 章に置かれた第 27 条において，夫婦財産制規則のもとでの夫婦財産制準拠法の適用範囲が例示列挙されている。すなわち，

---

(131)　COM(2016) 106 final.

(132)　Council Regulation (EU) 2016/1103 of 24 June 2016 implementing enhanced cooperation in the area of jurisdiction, applicable law and the recognition and nforcement of decisions in matters of matrimonial property regimes, OJ L 183/1.

第3節　夫婦財産制

同規則は，(a)夫婦の一方又は双方の財産の婚姻中及び婚姻解消後の異なる区分への分類，(b)一方の区分から他方の区分への財産の移転，(c)夫婦の一方の責任及び債務に対する他方の義務，(d)財産に関する夫婦の一方又は双方の権限，権利及び義務，(e)夫婦財産制の解消及び財産の区分，分与又は清算，(f)夫婦の一方と第三者との間における法律関係に対する夫婦財産制の効力，(g)夫婦財産契約の実質的有効性に適用される。

　夫婦による準拠法の選択については，第22条が次のように定める。

第22条　準拠法の選択

1．夫婦又は将来の夫婦は，その夫婦財産制の準拠法を指定し，又は変更することを合意することができる。ただし，その法は，次に掲げる法の1つでなければならない。

　(a) 夫婦又は将来の夫婦の双方又は一方が合意の締結時において常居所を有する国の法

　(b) 夫婦又は将来の夫婦の一方が合意の締結時において国籍を有する国の法

2．夫婦が別段の合意をしない限り，婚姻中になされた夫婦財産制の準拠法の変更は，将来に向かってのみ効力を生じる。

3．第2項に基づく準拠法のあらゆる遡及的な変更は，当該法から引き出される第三者の権利に対して不利な影響を及ぼさない。

　このように，夫婦財産制規則は制限的な当事者自治を認める。第22条は，夫婦又は将来の夫婦に選択権を与えており，婚姻締結前でもその後でも準拠法を選択しうるのであり[133]，また，準拠法の変更も可能である。夫婦が準拠法を選択しない場合，第26条第1項によれば，夫婦財産制には，(a)婚姻締結後最初の夫婦の共通常居所地法，それがない場合には，(b)婚姻締結時における夫婦の共通本国法（夫婦が複数の共通国籍を有する場合には適用されない（第2

---

(133)　*Nina Dethloff*, Güterrecht in Europa – Perspektiven für eine Angleichung auf kollisions- und materiellrechtlicher Ebene, in *Kronke/ Thorn* [Hrsg.], Grenzen überwinden – Prinzipien bewahren: Festschrift für Bernd von Hoffmann zum 70. Geburtstag am 28. Dezember 2011 (2011), S. 77.

第 4 章　欧州連合規則における当事者自治

項)），それがない場合には，(c)全ての状況を考慮して，夫婦が婚姻締結時に
おいてともに最も密接な関連を有する国の法が適用される。したがって，夫婦
財産制規則においては，当事者自治が原則，客観的連結が例外とされていると
いえる。なお，共通本国法に対する共通常居所地法の優先は，ヨーロッパ抵触
法における一般的な傾向に合致するものであると評価されている[134]。

　なお，これらの規定に基づく準拠法は，夫婦の財産全てに適用される（第21
条）のであり，分割指定をすることはできない。仮に分割指定を認めると，夫
婦財産制の解消の際に，夫婦財産制の統一性の分裂を引き起こし，夫婦財産制
に属する各財産への異なる法の適用を起こしうるため，問題を孕んでいるとさ
れる[135]。

　第22条第2項によると，準拠法の変更は原則として将来効であるが，夫婦
が合意する場合にはその効果を遡及させることができる。ただし，その場合に
は，第三者の権利を害することはできない（同条第3項)。また，第28条は，
第三者に対する効力について定めており，原則として，夫婦の一方と第三者と
の関係に対する夫婦財産制の効力は夫婦財産制の準拠法により規律される（第
27条(f)）が，それにかかわらず，当該準拠法は，第三者と夫婦の一方又は双
方との間の紛争においては，当該第三者が当該準拠法について知っており，又
は相当の注意によりそれを知っているべきであった場合を除き，当該第三者に
対して，夫婦の一方が援用することはできない（第28条第1項)。この場合に
は，第三者との関係における夫婦財産制の効力は，(a)夫婦の一方と当該第三
者との間の取引に適用される法の属する国の法又は(b)不動産又は登録された
財産若しくは権利に関しては，当該不動産が所在し，又は当該財産若しくは権
利が登録された国の法によって規律される（同条第3項)。

　準拠法選択は，日付が記載され，夫婦双方によって署名された書面で明示的
におこなわれるものと規定されており（第23条第1項)，この点では実質規則
を定めている。他方，選択時における夫婦の共通常居所地を有する構成国法上
の追加的要件の遵守も定める（同条第2項)。夫婦が選択時に異なる構成国に常

---

(134)　*Dethloff*, a.a.O. (Fn. 133), S. 78.

(135)　Explanatory Memorandum, COM (2016) 106 final, para. 5.3.

122

居所を有する場合であって，双方の構成国が異なる方式要件を定める場合には，いずれか一方の国の法を満たせばよい（同条第3項）。また，夫婦の一方のみが選択時において構成国に常居所を有する場合には，当該構成国法上の要件が適用される（同条第4項）。これらの規定は，夫婦のうち弱者（しばしば妻である）を保護するためのものであるとされており[136]，第1次的には，夫婦間の力関係から保護を定めるもので，第三者に対するものではない。

　なお，夫婦財産制規則には，いくつかの準拠法に関する総則規定も置かれている。まず，夫婦財産制規則に従い決定される法は，それが構成国の法でない場合であっても適用される（第20条）。「構成国の公益……を保護するために決定的であると当該構成国によってみなされるような規定」が適用されうる（第30条第2項）ほか，公序により，夫婦財産制規則により決定される法の適用が拒絶されうる（第31条）。また，反致の排除（第32条）や，地域的及び人的な法の抵触の解決策（第33条及び第34条）について定められている。

第3款　公式文書にあらわれる見解と学説上の評価

　協議においては，夫婦財産契約の準拠法を選択する一定の自由を夫婦に与えることを支持する広いコンセンサスがあったとされている[137]。そのための準拠法の選択肢は，夫婦の現在及び過去の状況にほとんど関連を有しない法の選択を妨げるため，第15条において，夫婦又は将来の夫婦の常居所地法又は本国法に明確に制限されており[138]，これらの連結点は，密接な関連を有するものと考えられている[139]。2008年2月5日に公表されたグリーンペーパーの問いに対する回答において，「当事者の意思自治又は『法の宣言』」（Question 5）につき，夫婦による準拠法選択については大きな問題はなく，その考えは温かく迎えられたとされる[140]。他方，このような選択が量的に制限されることにも一般的な合意があった[141]。

---

(136)　Explanatory Memorandum, COM (2016) 106 final, para. 5.3.

(137)　Explanatory Memorandum, COM (2016) 106 final, para. 5.3.

(138)　Explanatory Memorandum, COM (2016) 106 final, para. 5.3.

(139)　夫婦財産制規則提案前文(19)。

(140)　Summary of Replies, p. 4.

第4章　欧州連合規則における当事者自治

　夫婦財産制規則提案においては，準拠法の選択を認めることにつき，「夫婦の財産管理を容易にするため」[142]とする。影響評価及び欧州経済社会評議会の意見においては，当事者自治が法的安定性を増加させることが述べられていた[143]。

　そのほか，学説上は，当事者自治の強化が夫婦の移動の増加を顧慮するものであり，さらに，それが他の領域の連結と合致するため，抵触法の統一が実現されているとの評価があり[144]，当事者自治の制限に関しては，「夫婦の実際の生活状況又はその生活設計とはほとんど関連しない法が選択される」ことの回避によって根拠づけられるとされる[145]。

◆ 第4節　氏

　欧州委員会は，2010年12月15日，「市民のための役所手続の簡素化：公文書の自由移動及び身分登録の効果の承認の促進」と題するグリーンペーパー[146]を公表した。同文書における検討事項の1つ「身分登録の効果の相互

---

(141)　Summary of Replies, p. 5.

(142)　夫婦財産制規則提案前文(19)。

(143)　Summary of the Impact Assessment accompanying document to the Communication from the Commission to the European Parliament, the Council, the European Economic and Social Committee and the Committee of the Regions: Bringing legal clarity to property rights for international couples, SEC(2011) 328 final, para. 4.2; Opinion of the European Economic and Social Committee on the 'Proposal for a Council Regulation on jurisdiction, applicable law and the recognition and enforcement of decisions in matters of matrimonial property regimes' and the 'Proposal for a Council Regulation on jurisdiction, applicable law and the recognition and enforcement of decisions regarding the property consequences of registered partnerships', OJ C 376/87, para. 4.1.1.

(144)　*Dethloff*, a.a.O. (Fn. 133), S. 79.

(145)　*Nina Dethloff*, Denn sie wissen nicht, was sie tun: Parteiautonomie im Internationalen Familienrecht, in: *Witzleb/ Ellger/ Mankowski/ Merkt/ Remien* [Hrsg.], Festschrift für Dieter Martiny zum 70. Geburtstag (2014), S. 47.

(146)　Green Paper, Less bureaucracy fro citizens: promoting free movement of public documents and recognition of the effects of civil status records, COM(2010) 747 final.

承認」に関連して，抵触規則の統一及び当事者自治の導入も議題に挙げられていた[147]。しかしながら，意見聴取を実施した結果，「身分登録の効果の相互承認」は激しく批判されたため[148]，もう 1 つの検討事項である「公文書の自由移動」のみについて立法手続が進められることとなった[149]。

第 2 章第 4 節でも述べたように，欧州司法裁判所において，他の構成国で取得された氏の承認に関する先決裁定が下されてきた。ドイツ連邦身分登録官連盟の委嘱を受けた学術諮問員会の作業グループは，前述のグリーンペーパーに対し，欧州司法裁判所の判例も踏まえつつ，抵触規則統一の必要性を強調していた[150]。ところが，前述のような状況が明らかになったので，氏名法に関する抵触規則の議論を活気づけるために，国際氏名法に関する準則の試案を提出することとなった。こうして 2013 年初めに新たな作業グループが創設され，2014 年に「国際氏名法に関する欧州連合規則のための試案」が公表された[151]。

同試案は，次のような抵触規則を定める。

第 4 条　準拠法の選択がない場合に適用される法

1．人の氏は，その常居所地法による。

---

(147)　COM (2010) 747 final, para. 4. 3., Question 9 & 10.

(148)　回答は，http://ec.europa.eu/justice/newsroom/civil/opinion/110510_en.htm において閲覧可能である。

(149)　2013 年 4 月 24 日に規則提案（Proposal for a Regulations of the European Parliament and of the Council on promoting the free movement of citizens and businesses by simplifying the acceptance of certain public documents in the European Union and amending Regulation (EU) No 1024/2012, COM (2013) 228 final）が公表され，2016 年 7 月 6 日に規則（Regulation (EU) 2016/1191 of the European Parliament and of the Council of 6 July 2016 on promoting the free movement of citizens by simplifying the requirements for presenting certain public documents in the European Union and amending Regulation (EU) No 1024/2012, OJ L 200/1）が採択された。

(150)　同意見は，http://ec.europa.eu/justice/newsroom/civil/opinion/files/110510/orga nisations/de_bds_bundesverband_der_deutschen_standesbeamtinnen_und_standesbea mten_en.pdf において閲覧可能である。

(151)　*Anatol Dutta/ Rainer Frank/ Robert Freitag/ Tobias Helms/ Karl Krömer/ Walter Pintens*, Ein Name in ganz Europa – Entwurf einer Europäischen Verordnung über das Internationale Namensrecht, StAZ 2014, S. 33.

第 4 章 欧州連合規則における当事者自治

2．常居所の変更それ自体は，氏の変更を生じさせない。

第 5 条 準拠法の選択

1．何人も，その属する国の法にその氏が服することを決定することができる。その者が複数の国に属する場合においては，その者は，これらの国の 1 つの法を選択することができる。

2．民事身分，常居所又は国籍の変更を契機として，新たな準拠法選択をおこなうことができる。この場合において，その者は，その属する国又は常居所を有する国の 1 つの法にその氏が服することを決定することができる。

3．夫婦及び登録パートナーは，次に掲げる国の法にその氏が服することをともに決定することができる。

　(a) その一方が属する国の法。この場合においては，第 1 項第 2 文を準用する。

　(b) その一方が常居所を有する国の法

　新たな準拠法選択については，第 2 項を準用する。

4．準拠法選択は，権限ある官庁に対して表示され，かつ，明示的におこなわれるか，又は事案の状況から明らかになるものでなければならない。

5．準拠法選択の成立及び効力は，選択された法に服する。

6．権限ある官庁は，準拠法の選択可能性について注意を促すものとする。

このような抵触規則とともに，同試案は，構成国の管轄ある当局によって登録された氏が，他のあらゆる構成国において承認されることも規定する（第 12 条第 1 項）。このように抵触規則と承認を同時に採用するのは，抵触規則を統一するだけでは，各構成国で法の解釈及び適用や常居所の認定に相違が生じうること，当事者が誤って登録された氏について保護に値する信頼を有しうること[152]，一方で，承認の準則を定めるだけでは，各国で適用する抵触規則が異なるので，身分の変更が生じた国に応じて身分登録される氏が異なりうること[153]が考慮されたためである。

---

(152)　*Dutta/ Frank/ Freitag/ Helms/ Krömer/ Pintens*, a.a.O. (Fn. 151), Rn. 6.

(153)　*Dutta/ Frank/ Freitag/ Helms/ Krömer/ Pintens*, a.a.O. (Fn. 151), Rn. 7.

第4節 氏

　同試案の公表後，マースブルク大学におけるワークショップを経て，2016年に同試案の準則について，その理念と注釈を公表した[154]。その中で，当事者自治を許容する根拠については次のように述べられている[155]。まず，伝統的な中心的論拠として，氏の継続性と安定性が挙げられる。これに関しては，第1に，特定の名称のもとで人の同一性を確認することができるという公的利益及び国家利益が持ち出される。そして第2に，旅券や身分登録証の氏の不一致から生じる困難を回避するという私的利益もある。また，氏が，人のアイデンティティー及びその私的生活の構成要素であり，欧州連合基本権憲章第7条及び欧州人権条約第8条において保護されることは欧州司法裁判所も述べているところであるが（Case C-208/09, Sayn-Wittgenstein, [2010] ECR I-13693, para. 52; Case C-391/09, Runevič-Vardyn and Wardyn, [2011] ECR I-03787, para. 66; Case C-101/13, U., Rn. 48），氏の選択の自由は，その者の自己決定権によって根拠づけられる。それ以上に，国際氏名法における準拠法選択の自由は，試案第4条第1項の客観的連結を採用するにあたって不可欠な修正である。というのも，常居所地法への客観的連結は，人が移動する際には準拠法の変更をもたらすのであり，その効果ゆえに氏を容易に信用することができなくなる。これを回避するには，人が移動を諦めるしかない。そのため，このような自動的な準拠法の変更に対しては耐性が与えられ，人が結び付けられていると感じるものの中から氏の準拠法を選択することが許されるべきである，と。

　なお，欧州委員会はその後，2020年までのアジェンダとして，同規則を補完する氏に関する準則等の法行為の必要性について欧州連合が評価すべきことを挙げており[156]，今後の動向が注目される。

---

(154)　*Anatol Dutta/ Tobias Helms/ Walter Pintens* [Hrsg.], Ein Name in ganz Europa: Vorschläge für ein Internationales Namensrecht der Europäischen Union (2016).

(155)　*Robert Freitag*, Subjektive Anknüpfung: Vorstellung des Vorschlags, in: *Dutta/ Helms/ Pintens* [Hrsg.], a.a.O. (Fn. 154), S. 50ff.

(156)　Communication from the Commission to the European Parliament, the Council, the European Economic and Social Committee and the Committee of the Regions, The EU Justice Agenda for 2020 – Strengthening Trust, Mobility and Growth within the Union, COM(2014) 144 final, para. 4.3.

127

第4章　欧州連合規則における当事者自治

◆ 第5節　第4章の総括

　欧州連合においては，前述の通り，離婚，相続，夫婦財産制及び扶養義務について，当事者に準拠法の選択を認める規則が制定されている。氏に関する抵触規則は，今後の課題となっている。

　まず，国際離婚法への当事者自治の導入については，現状として，夫婦との関連が希薄な法が適用され，彼らの正当な期待に合致しない結果がもたらされるという問題点があることを背景に，抵触規則の柔軟性並びに法的安定性及び予見可能性を強化するためのものであると説明される。

　相続規則において当事者自治が採用された理由は，2点から説明できる。第1に，準拠法を選択することで，法的安定性を保障し，被相続人が相続を実効的に計画することが可能になる。第2に，原則として常居所地法が準拠法となるので，被相続人が本国との密接な関連を維持することを望む場合に，その相続によってこのような文化的な関連を維持することが可能となる。また，被相続人の本国法の選択に限定するのは，被相続人の親族の保護のためでもある。

　夫婦財産制規則の議論においては，夫婦に一定の準拠法選択を認めることは広く支持された。同規則提案前文(19)では，このような準拠法選択が，夫婦の財産管理を容易にするためのものであると説明される。

　このように欧州連合で当事者自治が拡大している背景には，1つは，実質法における展開があるとされる[157]。たとえば，夫婦財産制の不変更主義は失われつつあり，抵触法の側面では，これを反致によって考慮する国もあれば，夫婦に準拠法の選択を認める国もある。また，相続に関しては，被相続人が自身の意思に従って遺言をすることがますます重要になっている一方で，被相続人の親族を保護する準則の優位が後退してきており，このような展開が，被相続人に自治を与える道を開いているのだという。

　もう1つの原因としては，欧州連合諸国の間で妥協を達成する必要があったことが挙げられる[158]。前述の通り，欧州連合諸国の間には，主として，本国

---

　(157)　Jayme, *supra* note 80, pp. 2-3.

　(158)　Jayme, *supra* note 80, p. 3.

128

法主義と常居所地法主義の対立があり，統一規則の制定にあたってはこれが問題となる。そこで，このような対立を調和させるために，当事者自治を導入し，本国法主義とも常居所地法主義とも矛盾しない解決策を見出すのだという。Jayme は，欧州連合の国際家族法における当事者自治の導入は，自己決定というよりもむしろ，欧州連合の統合の必要性によって動機づけられていると評価する[159]。

---

(159)　Jayme, *supra* note 80, p. 3.

◆ 第5章 ◆ 比較法的考察

　本章では，前章までの立法例の分析をもとに，我が国国際家族法への当事者自治の導入の可否とその根拠について考察する。これを論ずるにあたっては，国際家族法全体を通じて議論することのできる部分と，単位法律関係ごとに利益衡量がおこなわれるべき部分がある。

　本章では，家族法領域全体に及ぶ総論について検討をおこなった後（第1節），婚姻の身分的効力及び離婚（第2節），夫婦財産制（第3節），相続（第4節），扶養義務（第5節），氏（第6節）の順に法分野ごとに比較法的に考察する。

◆ 第1節　総　論

　以下では，国際家族法における当事者自治の根拠（第1款）及び国際家族法上の当事者自治の事項的制限（第2款）について分析した後，我が国法の検討（第3款）をおこないたい。必要な範囲で，個別の単位法律関係における議論にも言及することとする。

第1款　国際家族法における当事者自治の根拠

　国際契約法と同様に，国際家族法においてもいかなる根拠をもって当事者自治が許されるかが議論される。この領域においては，次のような理論的根拠と実質的根拠が主張される。

(1) 理論的根拠

(i) 実質法上の自治

　国際契約法における当事者自治の原則の積極的根拠としては，実質法上契約自由の原則が妥当することが挙げられるが[1]，国際家族法においてもそのような根拠づけがみられる。

131

第5章　比較法的考察

　国際相続法において当事者自治が盛んに議論される契機となった Dölle の学説では，当事者自治は主として遺言自由の原則から根拠づけられる。すなわち，債務契約法における当事者自治が実質法上の契約自由に基づいていることを前提に[2]，遺言自由の原則がドイツの相続実質法を支配しているところ，被相続人は，自らの意思で，誰がその相続人となるか，誰が遺贈を受けるか，相続財産の管理が誰にゆだねられるか等を決定することができ，したがって，遺言自由が契約法の私的自治と類似する現象とみることができるので，被相続人の抵触法上の自治も肯定されるという[3]。

　相続以外の領域においては，実質法上の自治から抵触法上の当事者自治を直接に根拠づける見解はみあたらない。しかしながら，婚姻法等の分野においては，実質法上任意的な規律が確認されるところでは，抵触法上も当事者自治がますます見受けられるようになっており，実質法上と抵触法上の自治の間に相関関係があることが指摘されている[4]。

(ii) 連 結 困 難

　Dölle の見解とは異なり，Kühne は，国際相続法における当事者自治の根拠を連結困難に求めた[5]。すなわち，本国法と住所地法（常居所地法）のいずれが個人と最も密接な関連を有するかを一律に決定することはできない。原則として準拠実質法を顧慮せずに連結点を決定する今日（当時）の大陸ヨーロッパ

---

(1) 山田鐐一『国際私法〔第 3 版〕』（有斐閣，2004 年）316 頁，溜池良夫『国際私法講義〔第 3 版〕』（有斐閣，2005 年）352 頁参照。

(2) *Gunther Kühne*, Testierfreiheit und Rechtswahl im internationalen Erbrecht, JZ 1973, S. 404.

(3) *Hans Dölle*, Die Rechtswahl im internationalen Erbrecht, RabelsZ 30 (1966), S. 222.

(4) *Heinz-Peter Mansel*, Parteiautonomie, Rechtsgeschäftslehre der Rechtswahl und Allgemeinen Teil des europäischen Kollisionsrechts, in *Leible/ Unberath* [Hrsg.], Brauchen wir eine Rom 0-Verordnung?: Überlegungen zu einem Allgemeinen Teil des europäischen IPR (2013), S. 263. See also Erik Jayme, *Party autonomy in international family and succession law: new tendencies*, 11 Yb. Priv. Int. L. 1 (2009), p. 2; *Dagmar Coester-Waltjen/ Michael Coester*, Rechtswahlmöglichkeiten im Europäischen Kollisionsrecht, in *Michaels/ Solomon* [Hrsg.], Liber Amicorum Klaus Schurig: zum 70. Geburtstag (2012), S. 34.

(5) *Gunther Kühne*, Die Parteiautonomie im internationalen Erbrecht (1973), S. 100ff.

第1節　総論

学説上は，この困難を克服する方法として，「プロパー・ロー」と当事者自治
がある。ところが，「プロパー・ロー」は法的安定性が欠如していることが重
大な欠点であるので，連結困難から引き出しうる解決策は当事者自治のみであ
り，それは十分に実施可能な解決策でもある，と。ドイツにおける1986年の
国際私法改正の際にもKühneはこの考えを打ち出し，国際親族法においても，
立法上一般的な形で規定するには顧慮されるべき利益が多様であることから，
当事者自治を導入することを提案した[6]。1983年に提出された国際私法改正
のための政府草案は，この点についてKühne草案を引き継いでいる[7]。

　この点において，カイロでの1987年の万国国際法学会の決議は，夫婦財産
制，相続，婚姻の効力並びに離婚及び法的別居について当事者自治を採用し
た[8]。これは，本国法と住所地法という二元性から生じる難局から逃れるた
めの方法として，妥協的な方法に甘んじるのではなく個人の意思を介入させる
ことを提案するものであると評価されている[9]。

　また，本国法と常居所地法の間の連結困難は，統一法の作成においても異
なった形で現れている。というのも，統一法の作成においては異なる主義を有
する多数の国家がかかわるのであり，それぞれが国籍又は常居所を連結点とし

---

(6)　*Gunther Kühne*, IPR-Gesetz-Entwurf: Entwurf eines Gesetzes zur Reform des
internationalen Privat- und Verfahrensrechts (1980), S. 94f. 国際相続法についても同様
である（S. 158）。

(7)　Gesetzentwurf der Bundesregierung, Entwurf eines Gesetzes zur Neuregelung des
Internationalen Privatrechts, Begründung („RegBegr"), BR-Drucks 222/83, S. 51.

(8)　Arts. 3-5 de la résolution « La dualité des principes de nationalité et de domicile en
droit international privé », *Annuaire de l'Institut de Droit International – Session du
Caire*, vol. 62-II (1987), p. 292. この決議内容は2005年のクラクフ決議において繰り返さ
れており，そこでは，「一般原則」として，各国家が，ある外国人の国籍国と住所地国
が異なる場合に，その本国法と住所地法から選択することを当該外国人に対して可能に
することを要求する。Art. A-1 de la résolution « Différences culturelles et ordre public
en droit international privé de la famille », *Annuaire de l'Institut de Droit International –
Session de Cracovie*, vol. 71-II (2006), p. 292.

(9)　Voir Christian Kohler, « L'autonomie de la volonté en droit international privé : un
principe universel entre libéralisme et étatisme », *Recueil des cours*, vol. 359 (2012), para.
92.

133

第5章　比較法的考察

て主張するので，その調和のために当事者自治が採用されることがある[10]。

(iii) 個人の権利・自由

当事者自治の根拠を人権[11]，基本権[12]，あるいは基本的自由[13]に求める見解がある。このような根拠を第1次的に持ち出す場合には，当事者自治は原則と理解され，客観的連結がむしろ正当化の必要な例外とみられる[14]。

この観点については，Kroll-Ludwigs の研究が詳細である。すなわち，準拠法選択の自由は個人の自己決定により正当化されるのであり，「個人がそれを欲している」というだけで十分である一方[15]，多様な利益状況からすると，密接関連法への当事者自治の制限は正当化することができず，むしろ，当事者にとっては，「最善の法の探求」と「取引コストの節約」が重要であり，このような主観的な見地から準拠法を選択することが受け入れられるべきである[16]。Kroll-Ludwigs の見解では，弱者保護，第三者保護，公益保護のいず

---

(10)　Voir Alfred E. von Overbeck, « Rapport explicatif », *Actes et documents de la Treizième session de la Conférence de La Haye de droit international privé*, t. II, Régimes matrimoniaux (1978), para. 33; Jayme, *supra* note 4, p. 3.

(11)　*Jürgen Basedow*, Theorie der Rechtswahl oder Parteiautonomie als Grundlage des Internationalen Privatrechts, RabelsZ 75 (2011), S. 38ff., 54ff.は，生来的ないし前国家的な権利と考える。Voir aussi Erik Jayme, « Identité culturelle et intégration : le droit international privé postmoderne », *Recueil des cours*, vol. 251 (1995), pp. 147 ss.

(12)　ドイツ基本法第2条第2項による準拠法選択の自由の根拠づけについて，J. von Staudingers Kommentar zum Bürgerlichen Gesetzbuch, Einleitung zum Internationales Privatrecht (2012), Rn. 135f. [*Fritz Sturm/ Gudrun Sturm*]. Siehe *Stefan Leible*, Parteiautonomie im IPR – Allgemeines Anknüpfungsprinzip oder Verlegenheitslösung?, in: *Mansel/ Pfeiffer/ Kohler/ Kronke/ Hausmann* [Hrsg.], Festschrift für Erik Jayme, Bd. I (2004), S. 488, Fn. 22.

(13)　基本的自由からの根拠づけは，国際契約法において主張される。See *Peter von Wilmowsky*, EG-Vertrag und kollisionsrechtliche Rechtswahlfreiheit, RabelsZ 62 (1998), S. 3ff.; J. von Staudingers Kommentar zum Bürgerlichen Gesetzbuch, Internationales Vertragsrecht, Bd. 1 (2016), Art. 3 Rom I-VO, Rn. 3 [*Ulrich Magnus*].

(14)　*Leible*, a.a.O. (Fn. 12), S. 503; *Kathrin Kroll-Ludwigs*, Die Rolle der Parteiautonomie im europäischen Kollisionsrecht (2013), S. 415.

(15)　Siehe *Kroll-Ludwigs*, a.a.O. (Fn. 14), S. 148ff.

(16)　Siehe *Kroll-Ludwigs*, a.a.O. (Fn. 14), S. 414ff., 571ff.

第1節　総　論

れの観点からしても当事者自治は制限されるべきものではなく[17]，国際家族法においても原則として制限なくあらゆる国の法を選択することができるとする。

　しかし他方で，今のところ，このような根拠づけが定着しているとの評価に基づく立法例は現れていない[18]。また，学説においても，最密接関連原則の放棄を伴う国際私法の根本的な変更の時はまだ来ていないという指摘がある[19]。

(2) 実質的根拠

(i) 柔　軟　性

　本国法主義を採用する場合，本国以外の国に生活の中心を定め，その地へ統合される利益には対応することができない。この場合において，常居所地法の選択を認めることは，準拠法を当事者の生活関係や実際の生活の中心に適応させることを可能にするという，柔軟性を生み出すことができる[20]。

　他方で，常居所地法主義を採用した場合でも，全ての状況に適合するわけではない。この場合には，本国法の選択を認めることで，文化的アイデンティティーとの結びつきを維持したり[21]，将来の帰国意思に対応したりすることが可能になる[22]。

　ドイツにおいては，1986年の国際私法改正後も，属人法としての本国法と

---

(17)　Siehe *Kroll-Ludwigs*, a.a.O. (Fn. 14), S. 448ff., 586ff. ただし，未成年の子や制限行為能力者との関係については別である (S. 468ff.)。

(18)　Siehe *Mansel*, a.a.O. (Fn. 4), S. 264f.

(19)　Kohler, *supra* note 9, para. 138.

(20)　ローマⅢ規則前文(15)参照。Siehe auch *Kathrin Kroll*, Hinkende Namensrechts-verhältnisse im Fokus der gemeinschaftsrechtlichen Freizügigkeit, ZVglRWiss 107 (2008), S. 323.

(21)　Proposal for a Regulation of the European Parliament and of the Council on jurisdiction, applicable law, recognition and enforcement of decisions and authentic instruments in matters of succession and the creation of a European Certificate of Succession, Explanatory Memorandum, COM(2009) 154 final, para. 4.3.

(22)　Aude Fiorini, *The Codification of Private International Law: the Belgian Experience*, 54 Int'l & Comp. L. Q. 499 (2005).

135

第5章 比較法的考察

常居所地法の間の選択に関して広く議論されてきた。すなわち，本国以外の国に一定期間居住する場合において，本国法と常居所地法のいずれが属人法として適用されるかが当事者にゆだねられることが主張されてきた[23]。

(ii) 予見可能性及び法的安定性

第2に，準拠法選択をすることにより，当事者は準拠法を予見することができるようになり，より大きな法的安定性がもたらされることが挙げられる[24]。紛争が係属する前に準拠法を選択しさえすれば，いかなる法が適用されるかは当事者にとって明らかとなる[25]。このようにして予見可能性及び法的安定性

---

(23) Mansel は，文化的アイデンティティーの観点から，国籍が連結点として機能を発揮しない場合があるとして，内国に長期にわたり居所を有する外国人のために，属人法につき本国法及び居所地法の間の一般的な選択可能性を与えるべきであるとした (*Heinz-Peter Mansel*, Das Staatsangehörigkeitsprinzip im deutschen und gemeinschafts-rechtlichen Internationalen Privatrecht: Schutz der kulturellen Identität oder Diskrimi-nierung der Person?, in: *Erik Jayme* [Hrsg.], Kulturelle Identität und Internationales Privatrecht (2003), S. 137f.)。また，Basedow 及び Diehl-Leistner は，属人法が，人が5年を超えて常居所を有する（定住する）国の法に服し，さもなければ，国籍に基づき決定されるとしつつ，当事者に対し，5年の滞在期間の経過後に，法分野に応じて一方的又は双方的な準拠法選択により，これまで基準となっていた本国法を準拠法として維持する可能性を与えなければならないとする (*Jürgen Basedow/ Barbara Diehl-Leistner*, Das Staatsangehörigkeitsprinzip im Einwanderungsland – zu den soziologi-schen und ausländerpolitischen Grundlagen der Nationalitätsanknüpfung im interna-tionalen Privatrecht –, in: *Jayme/ Mansel* [Hrsg.], Nation und Staat im internationalen Privatrecht: zum kollisionsrechtlichen Staatsangehörigkeitsprinzip in verfassungsrecht-licher und internationalprivatrechtlicher Sicht (1990), S. 40f.)。Siehe auch *Mathias Rohe*, Staatsangehörigkeit oder Lebensmittelpunkt? : Anknüpfungsgerechtigkeit im Lichte neuerer Entwicklungen, in: *Engel/ Weber* [Hrsg.], Festschrift für Dietrich Rothoeft zum 65. Geburtstag (1994), S. 37.

(24) ローマⅢ規則においては，柔軟性の強化と並んで，予見可能性及び法的安定性の強化を当事者自治導入の主たる理由として掲げる (Proposal for a Council Regulation (EU) implementing enhanced cooperation in the area of the law applicable to divorce and legal separation, COM (2010) 105 final, para. 6)。ローマⅢ規則前文(15)も参照。Voir aussi Andrea Bonomi, *Rapport explicatif sur le Protocole de La Haye du 23 novembre 2007 sur la loi applicable aux obligations alimentaires* (2013), at https://assets.hcch.net/upload/ex pl39.pdf, para. 125.

が強化されることにより，夫婦間の財産関係においては財産計画が容易になるのであり[26]，相続においても同様のことがいわれる[27]。

客観的連結の場合に予見可能性ないし法的安定性の欠如が問題となる主な場面は，連結点として常居所や最密接関連地が用いられている場合であるとされる[28]。すなわち，それらが自動的に変更されることで準拠法も変更されるため，当事者の予見可能性が害されうる。この場合には，当事者自治により準拠法を固定することで，予見可能性及び法的安定性を強化することができる。法的安定性の欠如は，自由移動にブレーキをかける要素にもなるため，人の自由移動を原則とする欧州連合においては特に問題となる。

さらに，当事者の予見可能性は，以下の法性決定の問題や適応問題が重なることで，ますます害されることになる。

(iii) 法性決定・適応問題の回避

第3に，法性決定及び適応問題が回避できることが挙げられる。とりわけ夫婦間の財産関係については，各単位法律関係が相互に関連している一方で，その切り分けが各国において異なっている。そこから，法性決定の問題が生じる。さらに，実際に問題となる場面では困難な適応問題を生じさせる。まず，婚姻中においては，夫婦財産制と扶養が関係する。そして，夫婦関係が終了する場面は2つに分けられるが，第1に，離婚（又はそれに類似する婚姻関係の終了）の場面では，離婚に加えて，夫婦財産制及び扶養が関係し，第2に，夫婦の一方の死亡の場面では，相続，夫婦財産制及び扶養が関係する。たとえば，夫婦の一方が死亡した場合において，夫婦財産制の解消と相続財産の移転が異なる法によって規律される場合に，夫婦財産制の準拠法によれば，その問題は相続

---

(25) Siehe *Sinja Rüberg, Auf dem Weg zu einem europäischen Scheidungskollisionsrecht* (2006), S. 215.

(26) *Sabine Corneloup*, Grundlagen der Rechtswahl im Familien- und Erbrecht, in *Andreas Roth* [Hrsg.], Die Wahl ausländischen Rechts im Familien- und Erbrecht (2013), S. 18f.; Proposal for a Council Regulation on jurisdiction, applicable law and the recognition and enforcement of decisions in matters of matrimonial property regimes, Explanatory Memorandum, COM (2016) 106 final, para. 5.3.

(27) Voir Bonomi, *supra* note 24, para. 21; COM (2009) 154 final, para. 4.3.

(28) *Corneloup*, a.a.O. (Fn. 26), S. 19.

第 5 章　比較法的考察

法上で解決されることになっており，他方，相続の準拠法によれば，その問題
は夫婦財産法上で解決されることになっているということが起こりうる。複数
の制度の間で生じるこのような抵触は，裁判官に対し，これらを適応させると
いう負担を課すことになる[29]。そこで，当事者に準拠法選択を認めることに
よって，統一的な取扱いが可能になり[30]，当事者の予見可能性にも資するこ
とになる。

　ハーグ夫婦財産制条約及びハーグ相続条約においては，いずれも夫婦財産制
と相続の間のこのような問題が認識され，当事者による準拠法の選択がその解
決策として資するとされている[31]。さらに，ハーグ扶養議定書においても，
夫婦関係の解消の際における複数の問題への単一の法の適用を確保するために，
扶養義務の準拠法として夫婦財産制又は離婚の準拠法を選択することが認めら
れたという経緯がある[32]。

　(iv)　手続の充実・容易化

　法廷地法が選択されることにより，裁判所が熟知した自国法を正しく適用及
び解釈することが確実になる[33]。このことは，外国法を適用する場合に必要
な当該外国法の内容調査にかかる時間及び金銭的なコストを削減し，裁判官に
とって手続の運営の負担を減少させることができる一方，法が正確に適用され
ることは，当事者にとっても利益になる[34]。

---

(29)　Kohler, *supra* note 9, para. 116.

(30)　Siehe *Coester-Waltjen/ Coester*, a.a.O. (Fn. 4), S. 40; Andrea Bonomi, *The Hague
Protocol of 23 November 2007 on the Law Applicable to Maintenance Obligations*, 10 Yb.
Priv. Int. L. 333 (2008), p. 355; Europäisches Zivilprozess- und Kollisionsrecht EuZPR/
EuIPR, Bd. 5, 4. Aufl. (2016), Art. 8 HUntStProt, Rn. 2 [*Marianne Andrae*]; *Nina
Dethloff*, Denn sie wissen nicht, was sie tun – Parteiautonomie im Internationalen
Familienrecht, in: *Witzleb/ Ellger/ Mankowski/ Merkt/ Remien* [Hrsg.], Festschrift für
Dieter Martiny zum 70. Geburtstag (2014), S. 46.

(31)　von Overbeck, *supra* note 10, para. 32; Donovan W. M. Waters, « Rapport explicatif »,
*Actes et documents de la Seizième session de la Conférence de La Haye de droit
international privé*, t. II, Successions – loi applicable (1990), para. 61.

(32)　Bonomi, *supra* note 24, paras. 136, 138.

(33)　Rüberg, *supra* note 25, S. 211.

(34)　Rüberg, *supra* note 25, S. 211. 法廷地法に基づく相続財産の簡便な処理について，林

第1節　総　論

　ハーグ扶養議定書は，このような手続の容易化の観点から，親子間の扶養義務に関しても，当事者による準拠法の選択を認めるものである[35]。

　しかし実際には，法廷地法の選択は，外国法の情報収集のための制度が整っていないことや，裁判官が外国法に特化していないことを隠すためのものであるとの批判的な見方もある[36]。

第2款　国際家族法における当事者自治の事項的制限

　以上のように，国際家族法における当事者自治は，様々な根拠によって支持されうる。もっとも，最初に述べた通り，我が国で当事者自治が認められているのは，家族法の領域では夫婦財産制のみである。また，比較法的にみると，国際家族法への当事者自治の導入例は増加傾向にあるものの，親子関係の成立及び効力並びに婚姻の成立に関しては，ごくわずかな例外を除いて当事者には準拠法の選択が認められていない。このように，国際家族法上の当事者自治は，単位法律関係に応じて事項的に制限されなければならない場合があると考えられる。ここでは，それぞれの法律関係についていかなる点が問題とされるか，当事者自治が制限される必要があるのか，簡潔に示したい。

(1) 夫婦財産制

　従来の学説では，我が国において夫婦財産制について当事者自治を許す理由は，客観的連結による準拠法が事前に確知しにくい場合もあるため，当事者自治を認めて準拠法の予見を可能にする必要があること，夫婦財産制が身分法的側面とともに財産法的側面を持つこと，当事者自治を採用する国の増加に鑑み，国際的判決調和の観点から我が国でもこれを認めるのが望ましいことの3点とされてきた[37]。このうち，夫婦財産制という法律関係の性質に着目している

　　貴美「ドイツ国際相続法における準拠法選択に関する一考察——近時の裁判例を手がかりに」同志社法学49巻2号（1998年）450頁参照。

(35)　Bonomi *supra* note 24, para. 114.

(36)　Rüberg, *supra* note 25, S. 211. また，一般的に法廷地法の選択を認めることを考慮する場合には，「任意的抵触法の理論」（*Axel Flessner*, Fakultatives Kollisionsrecht, RabelsZ 34 (1970), S. 547）を採用するのと結果的には同じことになるため，国際私法の強行法規性を否定する論拠を挙げる必要があろう。

(37)　中野俊一郎「国際親族・相続法における当事者自治の原則」神戸法学雑誌65巻2

第5章　比較法的考察

のは，2点目である。

　夫婦財産制に当事者自治を認めるに際しては，第三者に対する影響について議論があった。これについては，準拠法選択の第三者に対する効果を制限することで対処されている[38]。

(2) 相　続

　相続は，我が国でも当事者自治の導入が検討されるなど，広く議論されてきた法律関係である。相続に特有の当事者自治の根拠としては，実質法上遺言自由が認められていることが挙げられる[39]。

　それに対して，相続について被相続人による準拠法の選択を検討するにあたり問題とされてきたのは，特に推定相続人や遺留分権利者の保護である。この点については，密接な関連を有する法の選択のみを許すことで遺留分権利者の保護に適うとして，当事者自治を認める法制がある[40]

(3) 扶 養 義 務

　ハーグ扶養議定書で重視されているのは予見可能性の保障であり，扶養義務の準拠法の選択を可能にすることで，常居所等の状況が変わっても，また，いずれの国で裁判しても，同一の準拠法が適用されることになり，扶養の合意の有効性も確実になるということである[41]。

　その一方で，扶養権利者の権利を奪うことになる可能性もあることから，当事者自治に否定的な見解も見られる[42]。これに対しては，子やその他の制限行為能力者との関係では当事者自治を制限して弱者保護を図り，他方，それら以外の者との関係では，当事者自治を認めることによる利点ゆえにそのような欠点が甘受されうる。

　号（2015年）2頁。溜池・前掲注(1)450頁，山田・前掲注(1)433頁等参照。

(38)　通則法第26条第3項，ハーグ夫婦財産制条約第9条第2項，夫婦財産制規則第28条参照。

(39)　Siehe Dölle, a.a.O. (Fn. 3), S. 205.

(40)　Waters, *supra* note 31, para. 26; COM(2009) 154 final, para. 4.3.

(41)　Bonomi, *supra* note 24, para. 125.

(42)　Andrea Bonomi, « La réforme des règles de conflit en matière d'obligations alimentaires », in Piotet/ Tappy (eds.), *L'arbre de la méthode et ses fruits civils* (2006), p. 212.

第 1 節　総　論

⑷　婚姻の身分的効力及び離婚

　これらについては，当事者の保護，第三者の保護，公益の保護等が，当事者自治の否定根拠として挙げられる[43]。これに対しドイツが当事者自治を採用した際には，主として強行規定から成る法分野の特色が当事者自治の承認を妨げるものではないと述べられた[44]。当事者自治により利益の多様性が適切に顧慮され，事理に即した柔軟な解決が導かれること，それに伴う予見可能性及び法的安定性の強化が，ここでは重視されている[45]。

　その一方で，本国法が適用されるか，法廷地法が適用されるかは異なるが，離婚が客観的に規律されるべきと考える国もあり，欧州連合においてもそのような国は，ローマⅢ規則に参加していない[46]。

⑸　氏

　当事者に氏の準拠法の選択を認めることは，環境への適応可能性，自己決定権，変更可能性のある連結点を採用した場合における継続性・安定性から根拠づけられる[47]。欧州連合では，欧州司法裁判所で判決が下されたことから，氏について当事者自治を認める方向で動いているが[48]，後述するように，我

---

(43)　Siehe *Gert Reinhart*, Zur Parteiautonomie im künftigen deutschen internationalen Privatrecht auf den Gebieten des Familien- und Erbrechts, ZVglRWiss 80 (1981), S. 165; *Karl Firsching*, Parteiautonomie und Ehewirkungsstatut im IPR-Gesetzentwurf, IPRax 1984, S. 127.

(44)　RegBegr BR-Drucks 222/83, S. 51.

(45)　RegBegr BR-Drucks 222/83, S. 51; ローマⅢ規則前文(15)。

(46)　See Katharina Boele-Woelki, *To be, or not to be: enhanced cooperation in international divorce law within the European Union*, 39 VUW L. Rev. 779 (2008), p. 785; Katharina Boele-Woelki, *For better or for worse: the Europanization of international divorce law*, 12 Yb. Priv. Int. L. 1 (2010), p. 12.

(47)　RegBegr BR-Drucks 222/83, S. 47; *Heinrich Honsell/ Nedim Peter Vogt/ Anton K. Schnyder/ Stephen V. Berti* [Hrsg.], Internationales Privatrecht (3. Aufl., 2013), Art. 37, Rn. 25 [*Thomas Geiser/ Monique Jametti*]; *Robert Freitag*, Subjektive Anknüpfung: Vorstellung des Vorschlags, in: *Dutta/ Helms/ Pintens* [Hrsg.], Ein Name in ganz Europa: Vorschläge für ein Internationales Namensrecht der Europäischen Union (2016), S. 50ff.

(48)　2014年に「国際氏名法に関する欧州連合規則のための試案」が公表された。*Anatol*

141

第 5 章　比較法的考察

が国では問題がある。

(6)　婚姻の成立

　まず，婚姻の実質的成立要件については，当事者自治を認める国はほとんどない。ここでは，どのような婚姻を有効とするかは国家の婚姻秩序に直結するため，強行法規による規律が求められてきたこと，公的利益に関係するものであること，第三者に対しても多様な効果を有するため不適当であることなどが，当事者自治を否定する根拠として挙げられる[49]。また，本国法への配分的連結によって，自国民に対するコントロールが確保でき，さもなければコントロールが失われてしまうことへの言及もみられる[50]。

　婚姻の形式的成立要件については，絶対的婚姻挙行地法主義を採用する国と選択的連結を採用する国があるが，いずれにせよ当事者による準拠法の選択は認められていない。絶対的婚姻挙行地法主義においては，婚姻の方式が挙行地の公益と密接な関係を持つことが根拠として挙げられる[51]。我が国のように選択的連結を採用するのは，1 つは，婚姻の成立を可能な限り容易にするためであると説明される[52]。

　婚姻の実質的成立要件及び形式的成立要件のいずれも，ほとんどの国において客観的連結が採用されているところ，これらについて当事者自治を導入する希少な例として，スウェーデンが挙げられる[53]。また，婚姻の挙行及びその

Dutta/ Rainer Frank/ Robert Freitag/ Tobias Helms/ Karl Krömer/ Walter Pintens, Ein Name in ganz Europa – Entwurf einer Europäischen Verordnung über das Internationale Namensrecht, StAZ 2014, S. 33.

(49)　中野・前掲注(37)48 頁; Kroll-Ludwigs, a.a.O. (Fn. 14), S. 527.

(50)　Béatrice Bourdelois, « Relations familiales internationales et professio juris », in d'Avout/ Bureau/ Muir-Watt (eds.), *Les relations privées internationales : mélanges en l'honneur du professeur Bernard Audit* (2014), p. 144; Kroll-Ludwigs, a.a.O. (Fn. 14), S. 527.

(51)　溜池・前掲注(1)432 頁。平成元年改正前法例の制定に際しては，婚姻の方式は各国の立法者が公益上，風俗上，又は徳義上必要なものとして定めたものであるという点が根拠の 1 つとして挙げられた（法務大臣官房司法法制調査部監修『法典調査會法例議事速記録』（商事法務研究会，1986 年）129 頁〔穂積陳重発言〕）。

(52)　木棚照一＝松岡博＝渡辺惺之『国際私法概論〔第 5 版〕』（有斐閣，2007 年）204 頁〔木棚〕，奥田安弘『国際家族法』（明石書店，2015 年）131 頁。

142

第1節　総　論

有効性の承認に関するハーグ条約の準備草案においても，次のような規定が置かれていた。すなわち，婚姻の実質的成立要件について，挙行地国際私法によることを原則とするが，当事者の一方が国籍を有し，又は常居所を有する国の法の適用を明示的に要求する場合には，婚姻の実質的成立要件は当該国の法によるものとするという規定である(54)。これは婚姻の成立を容易にする趣旨のものであるとされている(55)。ドイツにおいても，国際私法改正に際して，このハーグ条約準備草案の規定に着目し，当事者自治を支持する見解もあった(56)。また，最近でも，婚姻（締結）の自由が基本権であるとして，本国法によれば婚姻することができない場合であっても，内国法に従い婚姻することが可能であるべきとの考えのもと，これを実現するための方法の1つとして，当事者の本国法への原則的連結に加えて，婚姻挙行地法の選択を規定することも提案されている(57)。

　もっとも，婚姻の成立の場面では，当事者自治を認めることは選択的連結の採用と機能的にほとんど異ならない。当事者に準拠法の選択を認めたとしても，

---

(53)　スウェーデンでは，1973年の法改正の際に婚姻の成立について当事者自治が導入された。2009年改正により導入された現在の規定は，原則としてスウェーデン法の適用を定めるが，夫婦のいずれもスウェーデン国籍を持たず，スウェーデンに常居所を有しない場合には，夫婦の一方が国籍又は住所を有する国の法から選択してその適用を主張することができると規定する（*Reinhard Giesen*, Schweden (Stand: 1.3.2015), in *Dieter Henrich* [Hrsg.], Internationales Ehe- und Kindschaftsrecht (6. Aufl., 211. Lief., 2015), S. 39）。

(54)　« Avant-projet de Convention sur la célébration et la validité des mariages et sur la reconnaissance des décisions relatives au mariage », in le Bureau Permanent de la Conférence (ed.), *Actes et documents de la Treizième session, 4 au 23 octobre 1976*, tome III, Mariage (1978), p. 111, Art. 2, Variante B.

(55)　Christof Böhmer/ Adair Dayer, Jr, « Rapport de la Commission spéciale », in le Bureau Permanent de la Conférence (ed.), *Actes et documents de la Treizième session, 4 au 23 octobre 1976*, tome III, Mariage (1978), pp. 119-120.

(56)　*Hans Stoll*, Zur Reform des internationalen Eheschließungsrechts in Deutschland, in: *Strasser/ Schwimann/ Hoyer* [Hrsg.], Festschrift Fritz Schwind zum 65. Geburtstag: Rechtsgeschichte, Rechtsvergleichung, Rechtspolitik (1978), S. 296f.

(57)　*Dieter Henrich*, Privatautonomie, Parteiautonomie: (Familienrechtliche) Zukunftsperspektiven, RabelsZ 79 (2015), S. 765f.

第 5 章　比較法的考察

当事者が婚姻を成立させない法を選択することはあり得ず，いずれの連結方法が採用されても婚姻が成立する法が適用される。他方で，このような場面では，選択的連結が採用されていても，当事者は要件を満たすことが容易な法によることを強制されず，実質的に準拠法の選択を許されることになる。そのため，選択的連結ではなく当事者自治を認める利点は乏しく，むしろ，選択的連結を採用することで，いずれかの法により要件が満たされていることを審査する責務を当事者ではなく役所等に負わせることができる[58]。さらに，この場合には，当事者自治を採用した場合に生じうる準拠法選択行為の有効性についての争いを回避することもできる。前述のハーグ条約は最終的に，選択的連結を採用した。

(7) 親子関係の成立及び効力

親子関係の領域においては，子の利益保護が最大目標とされるため，そのような観点から，子の常居所地法など子を基準とする連結点を設定したり，あるいは，選択的連結やセーフガード条項など実質法的利益を考慮した連結を定めたりするなどの連結政策がとられている[59]。

さらに，親子関係の成立や効力について親子間で準拠法選択の合意をする場

---

(58)　Böhmer/ Dayer, Jr, *supra* note 55, p. 133.

(59)　中野・前掲注(37) 48 頁。通則法では，第 32 条が子の国籍や常居所を連結点とし，第 28 条第 1 項及び第 30 条第 1 項が選択的連結を定め，第 29 条第 1 項後段，同条第 2 項後段，第 31 条第 1 項後段がセーフガード条項を置く（南敏文『改正法例の解説』(法曹会，1992 年) 102 頁以下，114 頁以下，131 頁以下，156 頁以下)。ドイツ民法施行法第 19 条 1 項は，親子関係の成立を優遇するため選択的連結を定めていると解され（Münchener Kommentar zum Bürgerlichen Gesetzbuch, Band 11 (7. Aufl., 2018), Art. 19, Rn. 3 [*Tobias Helms*])，スイス国際私法典においては，第 68 条第 1 項が子に対する影響を重視して子の常居所を連結点としたり（Honsell/ Vogt/ Schnyder/ Berti [Hrsg.], a.a.O. (Fn. 47), Art. 68, Rn. 9, Art. 72, Rn. 10 [*Ivo Schwander*])，第 72 条第 1 項が認知保護のため選択的連結を定めたりしているとされる（Bundesgesetz über das internationale Privatrecht (IPR-Gesetz), Schlussbericht der Expertenkommission zum Gesetzesentwurf (1979), S. 154; Botschaft zum Bundesgesetz über das internationale Privatrecht (IPR-Gesetz) vom 10. November 1982, BBl 1983 I, S. 370)。フランス民法典第 311-17 条も（任意）認知を容易にするため選択的連結を規定しているとされる（Bernard Audit/ Louis d'Avout, *Droit international privé* (8ᵉ éd. 2018), no. 852)。

面を考えると，未成年の子については，親等の法定代理人が子を代理して準拠
法を選択することになり，そうすると子の利益が害されうるので，当事者自治
が否定される一因となる[60]。ハーグ扶養議定書において，特定の手続に限定
されない一般的な準拠法選択（第8条）が未成年の子に対する扶養義務に適用
されないことも，このことがリスクとして認識されているからである[61]。同
様の理由で，親，親権者及び監護権者が準拠法を選択することも認めるべきで
ないとされる[62]。

第3款　我が国法の検討

　以上の議論を踏まえて，我が国において，どのようにして国際家族法におけ
る当事者自治が根拠づけられうるか，そして，どのような法律関係について当
事者自治の限界が見出されうるかを検討したい。

(1) 国際家族法における当事者自治の根拠

　当事者自治の理論的根拠としてまず挙げられるのは，実質法上の自治である。
このような根拠は，実質法上の制度に依存するものであるので，個別の分野ご
との検討を必要とすることになる。もっとも，実質法上の契約自由の原則を国
際契約法における当事者自治の原則の直接的な根拠づけとすることには，当事
者自治が強行法規を含む法の選択を認めるものであることから，不十分さが指
摘されている[63]。

　第2の理論的根拠として，連結困難が挙げられた。我が国でも，社会全体の
グローバル化の中で，具体的に生起する事例をみれば，国籍や常居所等従来属

---

(60)　中野・前掲注(37)48-49頁。

(61)　Bonomi, *supra* note 24, para. 127.

(62)　See Marie-Claire Foblets/ Nadjma Yassari, "Cultural Diversity in the Legal
Framework: Modes of Operation", in Foblets/ Yassari（eds.）, *Legal Approaches to
Cultural Diversity*（2013）, p. 49; Yuko Nishitani, *Global Citizens and Family Relations*, 7
(3) Erasmus Law Review 134（2014）, p. 142.

(63)　中野俊一郎「当事者自治原則の正当化根拠」立命館法学 339=340 号（2011 年）320
頁; *Axel Flessner*, Interessenjurisprudenz im internationalen Privatrecht（1990）, S. 99f.
櫻田嘉章=道垣内正人編『注釈国際私法　第1巻』（有斐閣，2011 年）180 頁〔中西康〕も
参照。

第 5 章　比較法的考察

人法の連結点と考えられてきたもののいずれが最も密接な関係を示す連結点であるかを客観的，一義的に決定するのが困難な事例が増えてきているのではないかとの指摘がある[64]。従来問題とされてきたのは，在日韓国・朝鮮人である。特に 3 世以降の在日韓国・朝鮮人は，日本で生まれ育ち，教育を受け，就職して生活しており，近い将来に帰国して永住する可能性は少なく，彼らの居所地国における生活環境・周辺世界・法律関係との調和のある生活を実現するためには，本国法に代えて居所地国である日本法を選択し，適用を受けられるようにすべきとも主張された[65]。統計でみると，在留外国人数及び海外在留邦人数ともに，最近の増加は緩やかではあるものの，この 20 年間にも著しく増加しており[66]，本国と異なる国に居住する状況が増大している。そうすると，たとえば，相続については，本国法によるとされ（通則法第 36 条），また，婚姻の身分的効力については，夫婦が同一本国と同一常居所をいずれも有する場合には，同一本国法が適用される（同法第 25 条）ところ，本国法が最も密接な関連を有する法であるとはいえない事例がますます増加しているといえるのではないだろうか。したがって，硬直的な客観的連結に一定の柔軟性を確保す

---

(64)　木棚照一「国際家族法における本国法主義の変遷と当事者自治の原則の導入」棚村政行＝小川富之編集代表『家族法の理論と実務（中川淳先生傘寿記念論集）』（日本加除出版，2011 年）23 頁。Kühne は国際相続法における連結困難について，最も密接な関連を有する法を適用されるという当事者利益と，法的安定性という秩序利益の 2 点から分析するが（*Kühne*, a.a.O.（Fn. 5），S. 64f.），同様の分析について，木棚照一『国際相続法の研究』（有斐閣，1995 年）204 頁以下。

(65)　李好珽「在日韓国人の属人法──婚姻・離婚準拠法を中心にして」ジュリスト 1025号（1993 年）100 頁以下。国友明彦「日本の国際私法における本国法主義」石部雅亮＝松本博之＝児玉寛編『法の国際化への道』（信山社，1994 年）も参照。

(66)　在留外国人（2011 年までは外国人登録者数）については，1995 年で 1,362,371 人，2005 年で 2,011,555 人，2010 年前後に若干の減少がみられるが，再び増加傾向となり，2018 年で 2,731,093 人（過去最高人数・1995 年と比較して約 2 倍）となっている。在留外国人統計（旧登録外国人統計）統計表 http://www.moj.go.jp/housei/toukei/toukei_ichiran_touroku.html 参照。また，海外在留邦人数については，1995 年で728,268 人，2005 年で 1,012,547 人，2017 年で 1,351,970 人と，2017 年には 1995 年と比較して約 1.86 倍である。海外在留邦人数調査統計平成 30 年度版（平成 29 年（2017年）10 月 1 日現在）http://www.mofa.go.jp/mofaj/files/000368753.pdf 参照。

る必要性があると思われる。

　Kühne によれば，このような客観的連結を克服する方法には，「プロパー・ロー」によらしめることと，当事者自治を認めることがある[67]。まず，「プロパー・ロー」によらしめる場合には，裁判官が具体的な事例ごとに最も密接な関連を有する法を選択し，適用することになる。これによると，個別事例ごとの最密接関連地法の適用は保障されるが，法的安定性が消滅してしまうことが重大な問題である[68]。当事者にとっては，裁判官によって決定されるまで，準拠法を予測できないことになる。また，裁判官にとっても，過重な任務を課せられることになる[69]。

　「プロパー・ロー」に具体性を付加し，客観的連結ではあるが柔軟に準拠法を決定する方法も考えられる。具体的には，ハーグ相続条約第3条のような規定を採用することである。同条は，(1)被相続人の国籍と常居所が死亡時に同一国にある場合には，当該国の法が適用され，(2)(a)被相続人が死亡時に常居所を有していた国に死亡の直前に5年以上居住していた場合には，常居所地法が，(b)被相続人が死亡時において，その当時国籍を有する国と明らかにより密接な関係を有していた場合には，本国法が適用され，(3)(a)その他の場合には被相続人が死亡時に国籍を有していた国の法が，(b)被相続人が死亡時に他の国とより密接な関係を有していた場合には，当該他の国の法が適用されるというものである。これによると，本国法と常居所地法が同一である場合にはそれが適用され，そうでない場合には，一定の基準を設けていずれか一方の連結点を優先するが，明らかにより密接な関係を有している場合には他方の連結点

---

(67)　*Kühne*, a.a.O. (Fn. 5), S. 67f. 木棚・前掲注(64)『国際相続法の研究』においては，大きく「プロパー・ロー」によらしめる方法と当事者に発言の機会を保障する方法とに分けられ，後者の方法として，当事者自治に基づく準拠法選択，選択的連結を採用して訴訟においてそのいずれかの法を選択して当事者に主張させること，任意的抵触法の理論により外国法の適用と法廷地法の適用を当事者に選択させることが挙げられる（212頁以下）。もっとも，選択的連結の場合には，裁判官は当事者の主張した法に拘束されないこと（229頁注(74)），任意的抵触法の理論については，抵触法の強行性・任意性の平面で検討すべきであることから，本書では検討の対象外とする。

(68)　*Kühne*, a.a.O. (Fn. 5), S. 68.

(69)　木棚・前掲注(64)『国際相続法の研究』213頁。

第 5 章　比較法的考察

が採用される。同条は，本国法主義と常居所地法主義のいずれもが考慮され，本国法と常居所地法が巧みに組み合わせられており，従来からの本国法主義と住所地法主義の二者択一的な対立を解消するのに役立つものであると評価されている[70]。しかし一方で，このような規定には複雑で分かりにくい面が残ることは否定できず，また，「より密接な関係を有していた国」について解釈の余地もあるとされる[71]。このような規定によると，最密接関連地法の適用は保障されるが，紛争が裁判所に係属するまで準拠法が定まらないままとなり，当事者の予見可能性や法的安定性に欠ける部分があると思われる。

　当事者自治は，当事者に準拠法の選択をゆだねる方法である。この方法によった場合には，当事者が，自身が最も密接に結びつけられている法を選択するとは限らず，むしろ実質法の内容を考慮して準拠法を選択する可能性があるため，最密接関連地法が適用されるか否かは，当事者次第となる。他方で，当事者が最も密接であると考える法の適用を実現するためには，この方法によるほかないと考えられる。なぜなら，他の方法による場合には，当事者はその意見を主張することはできても，最終的な判断は裁判所にゆだねられるからである。

　前述した 2 つの方法では，予見可能性及び法的安定性が害されることが問題であったが，当事者自治の最重要機能は，それらの確保であるとされる[72]。もっとも，当事者自治が常に予見可能性や法的安定性を保障するものではないことも指摘されている[73]。すなわち，関係諸国家全てにおいて当事者自治が認められる場合には，準拠法の選択がきわめて有用であるが，そうでない場合には，関係諸国家間での準拠法の一致を達成することができず，不安定性を生み出すことになる。たとえば，関係諸国家全てにおいて同一の連結点が採用さ

---

(70)　青木清「相続」国際法学会編『日本と国際法の 100 年（5）個人と家族』（三省堂，2001 年）236 頁。松岡博「渉外相続の準拠法について」法曹時報 49 巻 12 号（1997 年）32 頁も，同条を積極的に評価する。

(71)　木棚・前掲注(64) 125-126 頁。

(72)　中野・前掲注(63) 321 頁。

(73)　中野・前掲注(37) 49-50 頁; Andrea Bonomi, « Successions internationals : conflits de lois et de jurisdictions », *Recueil des cours*, vol. 350 (2011), para. 107.

148

第1節　総　論

れており，そのうちの1か国のみが準拠法の選択を認めている場合がそうである。しかしながら，関係諸国家のうちの1か国のみが当事者自治を許容する場合であっても，一定の状況下では法的安定性がもたらされることもある[74]。関係諸国家において異なる連結点が採用されているが，そのうちの1か国において当事者自治が許されている場合には，当事者自治によって準拠法の一致を達成することができる。また，当事者による準拠法の選択と反致によって，2国の間で準拠法が一致する場合もある[75]。このように，当事者自治が関係諸国家全てにおいては認められていないとしても，必ずしも予見不可能性や法的不安定をもたらすわけではない。今後当事者自治が普及していくことで，さらに予見可能性及び法的安定性は高められていくと考えられる。前述のように，これまでハーグ国際私法会議及び欧州連合において，国際的・地域的に当事者自治が導入されてきたのであり，アジアにもその拡大は及んでいる。

　さらに，法性決定・適応問題を回避することができるという実質的根拠もまた，当事者自治の支持を強化する材料を与えるだろう。

　このように，密接関連性，柔軟性，当事者の予見可能性及び法的安定性その他の実質的根拠を考慮すれば，当事者自治の導入は有意義であると思われる。しかしながら，我が国において，平成元年の法例改正以後も本国法の適用が基本とされ，常居所への連結が部分的な採用にとどまるのは，これら以外の要素も考慮されてのことである。まず，国籍は，住所や常居所よりも連結点として安定しており，関係当事者による操作がより少ないため，継続的な身分関係の創設又は変更が問題となる家族法分野において連結点として適しているとされる[76]。また，戸籍実務上，認定が困難な常居所とは異なり，国籍は連結点として明確であるので，準拠法を正確に決定できることも考慮された[77]。1点目については，契約とは異なり準拠法の選択に一定の方式を要求し，かつ，状況の変更がない限り準拠法の変更を合意することを許さないことで，対応する

---

(74)　Bonomi, *supra* note 73, para. 107.

(75)　相続準拠法における韓国法から日本法への反致について，林貴美「韓国国際私法改正の影響——被相続人による準拠法選択を中心に」判例タイムズ1134号79頁参照。

(76)　南・前掲注(59) 46頁。

(77)　南・前掲注(59) 46頁。

第5章　比較法的考察

ことが考えられる。準拠法選択の方式については，書面や公正証書によるほか，常居所の認定も伴うので裁判所が関与することも検討しうるが，実効性も考慮した上で要件を設定する必要がある。このような形で事前に常居所の認定と準拠法選択の確認ができれば，2点目の問題についても解決することができよう。

(2) 国際家族法上の当事者自治の事項的制限

通則法上，親子関係に関しては，子の利益保護に主眼を置いて種々の客観的連結が規定されている。もっとも，前述のように，客観的連結において連結点として定められた国籍あるいは常居所よりも，連結点として採用されなかったもう一方の方が当該子にとって密接であるという場合はありうる。しかしながら，子が未成年であれば，法選択合意の主体としての能力が認められないため[78]，子が自らその意思で準拠法を選択することはできない。その場合には，親等の法定代理人が子を代理して法選択合意を締結することになるが，これによって子の利益が害される可能性があるため，親子関係について準拠法の選択を認めることは妥当でないと考えられる。

親子関係とは異なり，夫婦関係においては，典型的な依存関係や力関係が存在しないことが指摘されている[79]。もっとも，典型的な力関係が想定される契約関係においても，原則的には準拠法の選択は認められる（通則法第11条及び第12条参照）。したがって，当事者間の関係性という観点からは，夫婦間での当事者自治は否定されないと考えられる。

婚姻の実質的成立要件については，前述のように，当事者自治を認めることは選択的連結を採用することと同じ結果となるといえる。ところで，平成元年の法例（明治31年法律第10号）改正にあたり，婚姻の実質的成立要件について提案された「婚姻及び親子に関する法例の改正要綱試案」一の別案は，各当事者の本国法（配分的適用）と，「当事者の一方が，婚姻挙行地国の国籍を有し，又は婚姻挙行地に常居所を有するとき」における婚姻挙行地法の選択的連結を定めるものであった。同案では，他方の当事者にとっては婚姻挙行地であるほかは何ら関係のない国の法律が適用される結果となって妥当とは思われないこ

---

(78)　中野・前掲注(37) 48 頁。

(79)　*Kroll-Ludwigs*, a.a.O. (Fn. 14), S. 470ff.

150

と，重婚が認められている国で日本人が婚姻を挙行する場合を考えてみると，準拠法上重婚が有効に成立し，無効又は取消原因が存在しないこととなり，問題があることなどが指摘され，実務上も困難な問題が生じることからも，同案は採用されなかった[80]。各当事者につきそれぞれの本国法と常居所地法からの選択を認める場合には，各当事者に適用される法をそれらの中から決定することになるので，婚姻挙行地であること以外の関連を持たない法が適用されることにはならない。しかしながら，日本人には重婚を容認しないとの考えがあることから，準拠法上有効な重婚が生じうる常居所地法の選択を許すことも同様に問題があると考えられる。また，常居所地法によることを認めれば，形式的審査を前提とする戸籍実務上，常居所地の確定にも困難が伴う。

　婚姻の形式的成立要件については，婚姻の成立をなるべく広く認めるように選択的連結がすでに採用されている。その連結点には婚姻挙行地が含まれており，本国法と常居所地法からの選択を認めることにどれほどの意義があるかは定かではない。

　婚姻の身分的効力及び離婚，相続，扶養義務並びに氏については，以下の節で個別に検討することとする。

第4款　小　括

　グローバル化に伴い，硬直的な客観的連結では，具体的な渉外家族関係事件において適切な法が適用されない事例がますます増加している。この場合においては，当事者自治の導入が最も妥当な解決策であると考えられる。国際契約法においては，量的に無制限な準拠法の選択が認められるところ，国際家族法においては，そうではない法制が圧倒的である。国際契約法上は，当事者が，法律行為を国家による監督や操作なしに自身で自己責任により最もよく規律し，失敗に終わった行動の結果を自身で負担するという利益状況にあることから[81]，無制限な準拠法の選択が認められる。他方で，国際家族法においては一般に，当事者にこのような負担を課すことは妥当ではなく，当事者利益のた

---

(80)　南・前掲注(59) 54-56 頁。

(81)　Siehe *Karl Firsching*, Parteiautonomie und Ehewirkungsstatut im IPR-Gesetzentwurf, IPRax 1984, S. 127.

第5章 比較法的考察

めに，当事者に一定の密接関連性のある法から準拠法を選択するよう量的制限を課すことを一般に正当化することができると考えられる[82]。とはいえ，たとえば夫婦財産制については，フランスやオーストリア等無制限な当事者自治が認められてきた国もある。このように国際家族法の中でも，財産的要素が強い領域においては，第三者に対する影響への配慮のもと，当事者自身で密接ではない法が適用されることのリスクを負うことで，無制限な準拠法の選択が認められる余地もありうるのではないだろうか。どのような準拠法の選択が認められるか，準拠法の選択がどのような方式によるべきか，そのほかにどのような制限が課されることになるかについては，個別領域ごとに検討される必要があろう。

◆ **第2節　婚姻の身分的効力及び離婚**

第1款　比 較 法

(1) 婚姻の身分的効力

前章までに概観した立法例において，婚姻の身分的効力について当事者自治を認めているのはドイツ法のみであった。ドイツ法以外に婚姻の身分的効力の準拠法選択を可能とする国としては，オランダとスペインが挙げられる。オランダには，婚姻の身分的効力の準拠法として共通本国法又は共通常居所地法を選択することができるとする規定がある（第35条第1項，第2項）。このような準拠法選択は2011年の国際私法典制定の際に初めて立法化されたが，その理由は公式の文書の中では明らかにされていない。スペインでは，共通属人法を原則としながら，共通属人法がない場合には，夫婦の一方の属人法又は常居所地法を選択することができることとされている。

ドイツにおいては，原則として段階的連結を定めるが，①夫婦の一方が重国籍者であり，その国籍の1つが他方の配偶者と同じである場合には当該国の法を選択することができ，②段階的連結の第1順位である同一本国法がない場合に一定の条件のもと，夫婦の一方の本国法を選択することができる（第14条）。

---

(82)　中野・前掲注(63) 321頁以下も参照。

152

第2節　婚姻の身分的効力及び離婚

政府草案の理由書によれば，まず親族法一般の当事者自治につき，一般的な規定として立法する際に顧慮すべき利益が多様であることが指摘され，そして，当事者自治が個々の事案に即した解決策や法適用の予見可能性を促進する適当な手段であると説明されている[83]。そして，婚姻の身分的効力について，まず，重国籍者の場合の準拠法選択（第14条第2項）につき，個別事案における連結の不十分さを補うこと，同一常居所地法の適用によって生じうる耐え難い結果を避けること，連結の段階を弱めることが当事者自治を認める理由として挙げられている[84]。国籍を異にする夫婦の場合（第14条第3項）について，夫婦が望めば連結点としての国籍の優位が顧慮されうるとされている[85]。

(2)　離　婚

前章までで概観した立法例をみると，離婚について直接的な準拠法選択を認めているのはローマⅢ規則のみであり，ドイツ旧法においては間接的な選択が認められているにすぎなかった。ハーグ条約では，そもそも離婚準拠法に関する条約が作成されていない。そこで，上記の例以外に離婚について当事者自治を認めている（認めていた）オランダ法及びベルギー旧法についてみてみたい。

オランダは，ローマⅢ規則に参加しておらず，なお自国法を適用して離婚準拠法を決定することとなる。オランダにおいては，2012年1月1日に発効した民法典第10編が抵触規則を定める。第56条によれば，原則として，離婚はオランダ法により規律される（第1項）が，次の場合には，夫婦の共通本国法が適用される（第2項）。すなわち，(a)夫婦がともにその法を選択するか，又は夫婦の一方によるそのような選択が争われなかった場合又は(b)夫婦の一方がその法を選択し，かつ，夫婦双方が実際にその共通本国との社会的紐帯を有する場合である。民法典第10編の発効まで，離婚の準拠法については，1981年の「婚姻の解消及び別居についての法律抵触規則に関する法律」（以下，「離

---

(83)　RegBegr BR-Drucks 222/83, S. 51. Jayme は，この規定について，抵触法上の当事者利益を所在決定することの困難に対する「窮余の策」にすぎないと指摘する（*Erik Jayme*, Die außerschuldvertragliche Parteiautonomie im neuen Internationalen Privatrecht, IPRax 1987, S. 70）。

(84)　RegBegr BR-Drucks 222/83, S. 51.

(85)　RegBegr BR-Drucks 222/83, S. 51.

153

第5章　比較法的考察

婚抵触法」という。）に規定が置かれていた。それによれば，離婚は，(a)夫婦が共通本国法を有するときは，その法，(b)共通本国法がないときは，夫婦の共通常居所地法，(c)共通本国法及び同一国における常居所地法がないときは，オランダ法により解決される（第1条第1項）。夫婦の一方にとって，共通本国との実効的な社会的紐帯が明らかに欠ける場合は，共通本国法は存在しないものとみなされるが，この場合においても，夫婦がともに共通本国法を選択するか，又は夫婦の一方によるそのような選択が争われなかったときは，その法が適用される（同条第2項）。これらの規定にかかわらず，夫婦がともにオランダ法を選択するか，又は夫婦の一方によるそのような選択が争われなかったときは，その法が適用される（同条第4項）とされていた。

このように，オランダにおいては，1981年以降，制定法により制限的な当事者自治が認められてきた。その経緯は次の通りである[86]。離婚抵触法の制定以前は，「人の権利，身分及び能力に関する法律は，オランダ人が外国に居住するときであっても，その者を規律する」と定める1829年5月15日の「王国の立法のための総則に関する法律」第6条が離婚準拠法を決定していた。当初はこの規定の解釈により同一本国法を適用してきたが[87]，次第に解釈が拡張されるようになり，夫婦がオランダの社会に統合されていることを理由として[88]，（最後の）共通住所地法として[89]，離婚と公の秩序及び善良の風俗の関係性ゆえに[90]さらには法廷地法として[91]，時には，明示的に根拠を述べることなくオランダ法を適用する判例が確立されていった[92]。しかしその後，最

---

(86)　J. P. Verheul, *Divorce in Netherlands private international law*, 1972 NTIR 311, pp. 313-314.

(87)　District Court of Utrecht, 27 November 1968, Asser 83; District Court of Amsterdam, 29 January 1970, NJ 1970, 187; Court of Appeal of Bois-le-Duc, 3 November 1970, NJ 1971, 159.

(88)　District Court of Amsterdam, 29 January 1970, NJ 1970, 188; District Court of Utrecht, 14 May 1969, NTIR 1971, 89.

(89)　District Court of Leeuwarden, 23 April 1964, NTIR 1965, 408.

(90)　Hoge Raad, 13.12.1907, Weekblad van het recht, 8636.

(91)　Court of Appeal of Amsterdam, 27 June 1969, NTIR 1971, 90; District Court of Amsterdam, 15 July 1971, NJ 1972, 109.

154

第2節　婚姻の身分的効力及び離婚

高裁判決において外国法適用の可能性が示され[93]，離婚抵触法につながる国際私法ルールが確立されていった[94]。こうして，確立された法理を明文化することを第1の目的として[95]，1981年に離婚抵触法が制定された。第1条第1項が，判例に従い段階的連結を定めている一方，同条第4項は，夫婦によるオランダ法の選択を規定している。これは，「離婚保護 (favor divortii)」の考えに基づくものであるとされる[96]。オランダ法は，夫婦の意思により離婚することを認めており（民法典第1編第154条），夫婦の本国法が離婚を拒否する場合には，夫婦は，オランダ法を選択することにより離婚することができるようになった。ところが，実際には，きわめて多くの場合にオランダ法の適用が導かれていたとされており[97]，司法権の強い主張と国際私法委員会の助言により，民法典第10編においては規定が修正されることとなった[98]。夫婦の共通本国法の選択が認められるのは，主として，本国法を承認の基準として用いる国における承認の問題の回避を意図しているとされる[99]。

---

(92)　Verheul, *supra* note 86, p. 314.

(93)　Hoge Raad, 23.2.1973, NJ 1973, 366.

(94)　Hoge Raad, 27.5.1977, NJ 1977, 600; Hoge Raad, 9.2.1979, NJ 1979, 546; Hoge Raad, 4.5.1979, NJ 1979, 547.

(95)　J. P. Verheul, *Dutch international divorce act*, 1981 NILR 390, p. 391. なお，第2の目的は，1967年9月8日の「婚姻関係についての裁判の承認に関する国際戸籍委員会協定」（いわゆるルクセンブルク条約）及び1970年6月1日の「離婚及び別居の承認に関するハーグ条約」の批准を可能にすることである。

(96)　Katharina Boele-Woelki/ Carla Joustra/ Gert Steenhoff, "Dutch private international law at the end of the 20th century: pluralism of methods", in Symeon C. Symeonides (ed.), *Private international law at the end of the 20th century: progress or regress?* (2000), p. 222. なお，民法典第10編の規定に関する文献においても，同様のことが述べられている (Katharina Boele-Woelki/ Dorothea van Iterson, *The Dutch private international law codification: principles, objectives and opportunities*, 14.3 EJCL 1 (2010), p. 20)。

(97)　Boele-Woelki/ van Iterson, *supra* note 96, p. 20; Mathijs H. ten Wolde, *Codification and consolidation of Dutch private international law: the Book 10 Civil Code of the Netherlands*, 13 Yb. Priv. Int. L. 389 (2011), p. 410. なお，説明覚書においても，離婚抵触法第1条のもとでの法実務に合致する実際的な解決策であると述べられている (Kamerstukken II 2009/2010, 32 137, No. 3, p. 42)。

(98)　ten Wolde, *supra* note 97, p. 410.

第5章　比較法的考察

　ベルギーは，ローマⅢ規則の参加構成国であるが，同国では，2004年7月16日の国際私法典(100)においても当事者自治を認めていた。すなわち，第55条は，第1項において段階的連結を定め，第2項において当事者自治を定める。第1項によれば，離婚及び別居は，訴訟の開始時において夫婦双方がその常居所を有する国の法（第1号），同一国に常居所がない場合には，夫婦の最後の共通常居所が所在した国において，夫婦の一方が訴訟の開始時に常居所を有するときは，その国の法（第2号），最後の共通常居所が所在した国に夫婦の一方の常居所がない場合には，訴訟の開始時において夫婦双方が国籍を保有する国の法（第3号），その他の場合には，ベルギー法により規律される(101)。第2項は，夫婦が，訴訟の開始時において夫婦双方が国籍を保有する国家の法（第1号）又はベルギー法（第2号）から準拠法を選択することができるとする。ベルギーでは，同法制定以前は，国際私法固有の成文法が存在しておらず，この制定によって初めて当事者自治が認められることとなった。

　国際私法典制定以前は，離婚準拠法の決定にあたっては，「人の身分及び能力に関する法律は，ベルギー人が外国に在るときも，その者を支配する。」と規定する1804年の民法典第3条第3文が適用されていたところ，この準則を厳格に解釈する破毀院によって，現代の離婚保護の傾向に反する結果をもたらしていた(102)。そこで，立法者は，早急にベルギー法の適用を規定することによって，ベルギー人に離婚の可能性を保証することとし(103)，さらに，1960年6月27日の「夫婦の少なくとも一方が外国人である場合における離婚の許容性に関する法律」によって，法廷地法の適用を外国人間の一定の離婚の許容性

---

(99)　Boele-Woelki/ van Iterson, *supra* note 96, p. 20.

(100)　邦訳については，長田真里「ベルギー国際私法立法案の紹介(1)」阪大法学54巻1号（2004年）357頁以下及び笠原俊宏「ベルギー国際私法（2004年）の邦訳と解説（上）」戸籍時報593号（2006年）20頁以下を参照。なお，本稿での文言の統一性のため，若干の修正を加えた。

(101)　類似の規定が，婚姻の効力（第48条）及び夫婦財産制（第51条）に存在する。

(102)　Marc Fallon/ Johan Meeusen, "Belgian private international law at the end of the 20th century: progress or regress?", in Symeon C. Symeonides (ed.), *Private international law at the end of the 20th century: progress or regress?* (2000), p. 110.

(103)　Fallon/ Meeusen, *supra* note 102, p. 110.

及び事由に拡張した[104]。しかし，そこから除外される外国人間の離婚については，なお従前の準拠法決定ルールがとられており[105]，離婚保護の影響を受けた学者及び下級審裁判所によって，ベルギーに居住する夫婦へのベルギー法の適用を認める属地的な連結が支持され，第3条の放棄が主張されるようになった[106]。同条を改め，当事者自治を導入する国際私法典は，最終的に，2004年7月16日に公布され，2004年10月1日に発効した。同法によれば共通本国法とベルギー法から準拠法を選択することができるのであるが[107]，本国法は，当事者が本国に戻ることを望む場合や，離婚につき本国法主義をとる国において承認が保障されることを望む場合に，重要となるとされる[108]。また，当事者自治は，連結点として常居所を利用することによる不測の事態を避けるために用いられるものでもあるといわれている[109]。ベルギーにおいて，国際私法典制定以前は，家族法分野に関しては，夫婦財産制についてのみ当事者自治が受け入れられていたため[110]，離婚について準拠法選択を認める同法は，新風を吹き込むものであると評価されている[111]。

　以上の立法例の内容を比較してみると，次のような相違を指摘することができる。

　第1に，大きな相違として，離婚の準拠法自体の選択を認めているか否かと

---

(104)　Fallon/ Meeusen, *supra* note 102, p. 110.

(105)　François Rigaux, « Les tendances actuelles du droit international privé belge », *Rev. b. dr. intern.* 1975, p. 9; Fallon/ Meeusen, *supra* note 102, p. 110.

(106)　Fallon/ Meeusen, *supra* note 102, p. 110.

(107)　同法の離婚準拠法に関する規定は，オランダの離婚抵触法の規定に倣って起草されたものであるとされる（Doc Sénat 2-1225/1, p. 86）。

(108)　Fiorini, *supra* note 22, p. 518. Voir Doc Sénat 2-1225/1, p. 86.

(109)　Fiorini, *supra* note 22, p. 509. 新法では，連結点が国籍から常居所へと変更された。国籍を基準とすることは，以前よりも適切でないと思われ始めており（Doc Sénat 2-1225/1, p. 4），不変性及び統一性の面ですでに利点を失いつつある。もっとも，常居所地への連結は，移民の融合及び統合を促進するという願望により正当化されるが，同時に，外国人がそのアイデンティティーの重要な側面を奪われると感じる場合には，それは，否定されうる。

(110)　Fiorini, *supra* note 22, p. 518.

(111)　Doc Sénat 2-1225/1, p. 86.

第5章　比較法的考察

いう点がある。ドイツにおいては，離婚準拠法自体は，婚姻の身分的効力の準拠法に従うのであり，婚姻の身分的効力の準拠法につき，制限的な当事者自治が認められているにすぎない。もっとも，政府草案の理由書は，親族法分野に関して，当事者自治の一定の必要性があることを示唆しており[112]，このことは，婚姻の身分的効力の準拠法だけでなく，離婚準拠法についてもあてはまると考えられる。他方，オランダ及びベルギーにおいては，離婚準拠法自体を選択することができる。これは，ドイツの場合とは異なり，離婚に関する判例の積み重ねから，必然的なものであると思われる。ローマⅢ規則は離婚だけを対象とするので，当然に離婚準拠法そのものを選択することを認めている。

　第2に，何を原則的連結とするかが異なる。ローマⅢ規則は当事者自治を，ドイツ及びベルギーは段階的連結を原則とし，オランダは法廷地法への連結を原則とする。旧法においてはオランダも段階的連結を原則としていたが，きわめて多くの場合にオランダ法が適用されることから，民法典第10編の制定に際し，法廷地法であるオランダ法への連結が原則とされた。

　第3に，法廷地法に連結されうるか否かが異なる。ドイツにおいては，法廷地法に連結される可能性はない。指定された準拠法によれば離婚することができない場合であっても，それは，原則としてドイツの公序に反するものではなく，また，ドイツ法と比較して婚姻の解消を本質的に困難にし，又は婚姻が全く可能でないとする外国法を許容しないことも適切でないとされる[113]。それに対して，オランダ及びベルギーは，法廷地法に連結される可能性がある。それは，これらの国が離婚保護の考えを重視しているからであると思われる。ローマⅢ規則も同様に法廷地法の選択を認めている。

　このような規定内容の相違は，当事者自治を正当化する根拠が各国において異なることに由来すると考えられる。したがって，我が国でもいかなる根拠づけにより当事者自治を認めるかによって，選択可能な法が変わりうるであろう。また，我が国において当事者自治を導入するとすれば，立法過程において各国

---

(112)　RegBegr BR-Drucks 222/83, S. 51.

(113)　J. von Staudingers Kommentar zum Bürgerlichen Gesetzbuch mit Einführungs-
　　　gesetz und Nebengesetzen, Art 13-18 EGBGB, 13. Aufl. (1996), Art. 17 EGBGB, Rn. 106
　　　[*Christian von Bar/ Peter Mankowski*].

で出された反対意見も克服する必要があると思われる。

(3) 小 括

以上のように，現状としては，婚姻の身分的効力について当事者自治を認める法制は限定的である。ここでは，万国国際法学会において，1987年のカイロでの決議及び2005年のクラクフでの決議において，夫婦財産制及び相続とともに，身分的効力及び離婚の領域についても，共通本国法と共通常居所地法からの選択を認めることが盛り込まれた点が注目に値する。

また，離婚実質法に関しては，離婚の容易化の需要と夫婦の共通の離婚意思の尊重が徐々に考慮されつつあり，いまや同意による離婚にも抵抗はないとの評価がある[114]。実際，ヨーロッパにおいても，夫婦の同意がある場合に離婚を認めたり，夫婦の同意が婚姻の破綻を推定して離婚を認めたりする法制が増えている。このような実質法における私人の自由の拡大が，国際私法上の当事者自治の拡大にも影響を及ぼすことを指摘する者もいる[115]。

第2款　我が国法への示唆

以上の比較法から，我が国法への示唆を探りたい。

第1章第2節で述べたように，契約における当事者自治の根拠としてはまず，最密接関連地を特定できないという消極的根拠が挙げられる。最密接関連地を特定しにくいということは，婚姻の身分的効力及び離婚についてもいえることであると考えられる[116]。ドイツ政府草案の理由書は，親族法の領域においても，契約と同様に顧慮されるべき利益の多様性が認められるがゆえに，当事者自治が認められるとしており[117]，同様に消極的根拠がありうると考えられる。この点は，本章第1節で検討した。

---

(114) *Henrich*, a.a.O. (Fn. 57), S. 754.

(115) Jayme, *supra* note 4, p. 2; *Mansel*, a.a.O. (Fn. 4), S. 263; Corneloup, a.a.O. (Fn. 26), S. 20ff.

(116) なお，契約に関しては，ほとんどの場合において選択可能な法が限定されておらず，当事者自治の目的は，最も密接に関連する法を特定することではない。これを前提として，契約と離婚には，最密接関連地法を一般的に決定することができないという点では共通している部分があると考える。

(117) RegBegr BT-Drucks 222/83, S. 51.

第5章　比較法的考察

　また，契約における当事者自治の原則の根拠としては実質法上契約自由の原則が妥当することが挙げられるが，これを離婚についても考えてみたい。当事者自治の原則を私的自治の観点から根拠づけるとすれば，協議離婚も私的自治を基礎とするものであり，離婚においても当事者自治が認められるとの主張は可能であろう。しかしながら，離婚の観念は各国により異なっている。我が国のほか，中国，台湾，韓国及びタイ等は協議離婚を認めているが(118)，ヨーロッパにおいては，裁判を経なければ離婚することができない国が多い。さらに，離婚事由や別居の要否も様々である。それゆえ，契約自由の原則が世界的に妥当しているからこそ，契約における当事者自治の原則の積極的根拠として私的自治が持ち出されうるのであるとすれば，離婚に関しても同様に根拠づけることは困難であろう。

　第3に，最近では，契約における当事者自治の原則の根拠として，様々な実際的な利益が強調されている。この視点からすると，契約に限らず，より広い範囲で当事者自治の原則が正当化されうるとされている(119)。実際に，前章までで検討した各立法例も，主としてこの視点から根拠づけられていると思われる。具体的には，法的枠組を柔軟にすること，法的安定性及び予見可能性を強化すること，夫婦により密接に関連する法が選択されること，夫婦の正当な期待を保護すること等が挙げられている。なお，この夫婦の予見や期待の対象は，（容易に）離婚をすることができる国の法によって自らが離婚をすることができることに対するものではなく，自らが最も密接に関連する国の法によって離婚が規律されることに対するものであると考えるのが妥当であると思われる。さらに，オランダ及びベルギーでは，外国判決の承認の促進も根拠の1つとされていた。また，裁判所による準拠法決定を容易にし，その手間を省くことも，契約と同様離婚にも当てはまると考えられる。

　離婚特有の利益としては，離婚保護が挙げられる。前述の通り，オランダ及

---

(118)　韓国につき，木村三男監修『全訂新版渉外戸籍のための各国法律と要件Ⅲ』（日本加除出版，2016年）49頁以下，中国につき，木村三男監修『全訂新版渉外戸籍のための各国法律と要件Ⅳ』（日本加除出版，2016年）395頁以下，台湾につき，同書535頁以下，タイにつき，同書257頁以下。

(119)　中野・前掲注(63) 321頁。

第2節　婚姻の身分的効力及び離婚

びベルギーは，離婚保護の考えを支持している。また，ローマⅢ規則も，離婚をできる限り容易にすることを志向しているといわれているだけでなく[120]，離婚保護がローマⅢ規則の指導的役割を果たす原則であるとされている[121]。さらには，国際私法上も実質的な利益が考慮されることが現在すでに一般的になってきており，離婚保護のような当事者の一定の実質的利益の保護という観点がすでに確立しているとする見解がある[122]。しかし，他方で，ローマⅢ規則を制定した欧州連合域内においても，離婚の成立を容易にすべきであるという方向性が共通するとはいえないとする見解もある[123]。我が国についていえば，法例第16条但書（通則法第27条但書）の設置により，離婚を認めず，又は厳格な要件を定める法によって離婚することができないことが裁判において争われることは，ほとんどなくなった。しかし，同条但書は，本来的には戸籍実務上の便宜のためのものであり，離婚保護を目的とするものではないとされている[124]。我が国の国際私法上，離婚が保護されなければならないほど重要なものであるかは明白でなく，離婚保護を根拠として当事者自治を認めることには疑問が残る。

　ところで，我が国では未だ離婚保護は確立していないという立場をとるとすれば，当事者自治を認めること自体が離婚保護につながるのだろうか。準拠法選択の対象としては，本国法，常居所地法及び法廷地法が考えられる。まず，本国法及び常居所地法については，それがいずれの国の法になるかは，当事者の国籍や常居所の所在によるのであり，その連結点の設定には，準拠実質法の内容は考慮されていない。これまで見てきた立法例も，離婚しようとする時だ

---

(120)　*Christian Kohler*, Zur Gestaltung des europäischen Kollisionsrechts für Ehesachen: Der steinige Weg zu einheitlichen Vorschriften über das anwendbare Recht für Scheidung und Trennung, FamRZ 2008, S. 1680.

(121)　Pietro Franzina, *The law applicable to divorce and legal separation under Regulation (EU) No. 1259/2010 of 20 December 2010*, 3(2) Cuadernos de Derecho Transnacional 85 (2011), para. 21.

(122)　笠原俊宏「渉外離婚の連結規則について」東洋法学49巻1号（2005年）77-78頁。

(123)　林貴美「EU 国際家族法の動向——離婚，カップルの財産関係及び相続に関する EU 規則を中心に」国際私法年報13号（2011年）58頁。

(124)　笠原・前掲注[122]78頁。

第5章　比較法的考察

けでなく，婚姻前や婚姻中の準拠法選択も認めており，離婚を不可能又は困難
にする法を夫婦が選択することも可能で，ありうることである。したがって，
これらの選択を認めることは，直ちに離婚保護の支持となるわけではないと考
えられる。法廷地法については，我が国では協議離婚が認められていることか
ら，夫婦双方が離婚を望む場合を想定すると，法廷地法を選択肢とすることは
離婚保護につながるといえそうである。もっとも，我が国で離婚訴訟が提起さ
れうるのは，原則として被告の住所地又は例外的に原告の住所地が我が国にあ
る場合であり[125]，法廷地法は，基本的には同一本国法又は同一常居所地法と
重複することになると思われる。

　また，我が国とのかかわりの大きな中国では，協議離婚について，当事者の
一方の常居所地法と本国法からの選択を認めており（渉外民事関係法律適用法第
26条）[126]，このような準則も考える余地がある。

◆ 第3節　夫婦財産制

第1款　我が国の状況

　まず，我が国における夫婦財産制の準拠法の規律方法について確認しておき
たい。夫婦財産制の準拠法を定める通則法第26条第1項は，婚姻の効力の規
定を準用する。それによって，夫婦の同一本国法，夫婦の同一常居所地法，最
密接関連地法の段階的連結を原則とする。ここでは，平成元年の法例改正に
よって変更主義が採用された[127]。そして，同条第2項において，当事者自治
が認められている。すなわち，夫婦は，夫婦の一方の本国法（第1号），夫婦
の一方の常居所地法（第2号），不動産に関してはその所在地法（第3号）を選

---

(125)　最大判昭和39年3月25日民集18巻3号486頁，最判平成8年6月24日民集50
　　　巻7号1451頁。

(126)　同条については，黃軔霆『中国国際私法の比較法的研究』（帝塚山大学出版会，
　　　2015年）102頁以下参照。これは，学説の通説的立場に従うものであるとされ，協議離
　　　婚を比較的容易に認める実質法の影響を受けて，準拠法決定の場面においても離婚する
　　　当事者の意思を尊重しようとする趣旨であると考えられている（103頁）。

(127)　南・前掲注(59)73頁。

162

第 3 節　夫婦財産制

択することができる。同条には，準拠法選択をなしうる時期，（合意による）準
拠法の変更の可否，分割指定の可否等については定められていない。この点に
ついては，平成元年法例改正で不変更主義が変更主義に改められ，準拠法の変
更がありうる構造になったことから，準拠法選択をなしうる時期を限定的に考
える必要もなく，また，夫婦の合意による準拠法の変更も認められるべきであ
るとされる[128]。また，分割指定についても，当事者自治を認める以上は分割
指定も認める方がその本旨に沿い，夫婦の期待に適うものといえるとされ
る[129]。

　我が国でこのように当事者自治が認められるのは，家族関係の単位法律関係
の中では，夫婦財産制が唯一のものである。平成元年法例改正によって当事者
自治が認められたのは，次のような理由からである。すなわち，ハーグ夫婦財
産制条約や EGBGB 第 15 条第 2 項のように，準拠法の選択制を採用している
立法例もあるので，国際私法の統一という観点からこれを導入することに意義
があること，財産関係であるから当事者自治を認めるのに適していること，段
階的連結では，婚姻当事者にとってすら自己の財産関係を規律する法律が明確
でなく，また，改正前の法例とは異なり，変更主義を採用しているので，明確
性又は固定性を望む当事者の意思を尊重してもよいこと，我が国の民法が夫婦
財産契約を認めているので実質法との均衡上，抵触法上も当事者による法選択
の余地を認めるのが適当であること，夫婦財産契約の可否，要件は国によって
異なり，常にその効力が認められているわけではないこと，選択制について難
点とされていた内国取引の保護問題について解決しうること等である[130]。な
お，準拠法選択に量的制限を設けることについては，夫婦財産制が通常の財産
関係とは異なり，夫婦共同体の関連が強いことが理由とされる[131]。

---

(128)　櫻田嘉章=道垣内正人編『注釈国際私法 第 2 巻』（有斐閣，2011 年）41 頁〔青木清〕。

(129)　櫻田=道垣内編・前掲注(128)41-42 頁〔青木〕。同様に分割指定を肯定するものとして，
　山田・前掲注(1) 433 頁，溜池・前掲注(1) 452 頁，木棚=松岡=渡辺・前掲注(52) 211 頁〔木
　棚〕，木棚照一=松岡博編『基本法コンメンタール国際私法』（日本評論社，1994 年）98
　頁〔佐野寛〕等。

(130)　南・前掲注(59) 74-75 頁。

(131)　南・前掲注(59) 71 頁。

163

第5章　比較法的考察

　以上の立法理由については，「この制度そのものは当事者の意思を尊重する
ものであり，当事者利益に適うものであるが，個々ではそれに加えてあるいは
それ以上に，前述した平成元年法例改正の改正目的の1つ『準拠法の指定の国
際的統一を図ること』が意識されている」[132]と評価されている。法務委員会
においてもこの点が強調されており，他方で，その他の点にはほとんど言及さ
れていない。法務委員会では，平成元年改正法例の法律案の趣旨の1つとして，
夫婦財産制につき当事者自治を認めることによって，諸外国の国際私法の立法
等の動向との調和を図ることとすると説明されている[133]。そして，ハーグ国
際私法会議で作成された条約に対する対処方法として，条約を批准しないとし
ても，「その精神をできるだけ取り入れる，その中身を先取りをして国際私法
の中に取り込む」ことが考えられ，平成元年改正法例の法律案については，夫
婦財産制の準拠法について当事者自治の導入がこのためにおこなわれたとされ
る[134]。

第2款　比較法と我が国法への示唆

　夫婦財産制における当事者自治は，夫婦財産制の準拠法決定についての3つ
の立法主義の1つ（意思主義）として国際的に認められてきたものであり[135]，
その事項が家族関係の単位法律関係であるにもかかわらず，広く普及している。
当事者自治を認める国には，たとえば，オーストリア，ルーマニア，中央アフ
リカ共和国，ブルンジ，スイス，スペイン，ポルトガル，トルコ，スウェーデ
ン，フィンランド，イタリア，ベルギー，ガボン，ブルキナファソ，ブラジル
等がある。このうち，オーストリアでは，量的に制限されていない準拠法選択
が認められている[136]。フランスもまた，原則としてあらゆる国の法から準拠

---

(132)　櫻田＝道垣内編・前掲注(12)41頁〔青木〕。
(133)　第114回国会法務委員会第3号（平成元年6月16日）谷川和穂発言，第114回国
　　　会法務委員会第5号（平成元年6月20日）谷川和穂発言。
(134)　第114回国会法務委員会第5号（平成元年6月20日）藤井正雄発言。
(135)　澤木敬郎＝南敏文編『新しい国際私法』（日本加除出版，1990年）11頁〔澤木敬郎〕。
(136)　オーストリア国際私法第19条。オーストリアにおいて当事者自治が制限されてい
　　　ない点については，その実質法が夫婦財産制に関する規定を例外なく任意規定としてい
　　　ることと無関係ではないとみる見解がある（横山潤『国際家族法の研究』（有斐閣，

164

第 3 節　夫婦財産制

法を選択することを認めている。同国は，ハーグ夫婦財産制条約と夫婦財産制
規則の当事国となっているが[137]，同条約の批准以前から，フランス夫婦財産
法における当事者自治には長い伝統があるといわれている[138]。

　ここでは，本書において取り上げた各立法例及び制限のない当事者自治を認
めるフランス法と，我が国の通則法につき，準拠法の規律方法の重要な点にお
ける相違をまとめ，検討を加えたい。

(1) 当事者自治の根拠

　まず，本書で取り上げた立法例をみていく。これらは全て当事者自治を認め
ているが，その根拠には相違がある。

　ハーグ夫婦財産制条約については，公式報告書において，国内実質法におい
ても国際私法においても金銭的な利益のみが関係する場合には当事者の意思を
可能な限り大きな範囲で考慮することが述べられている。また，夫婦財産制規
則においては，それが夫婦による財産の管理を容易にすることが規則提案前文
において掲げられている（なお，夫婦財産制規則が支持する後述の準拠法の統一性
もこれと関係するものであると思われる。）。我が国でも，財産関係であることが
考慮されており，また，客観的連結による準拠法が明確でないことから，当事
者の意思を尊重することとしている。このことは，家族法の領域では，夫婦財

　　1997 年）109 頁）。

(137)　なお，夫婦財産制規則は，2019 年 1 月 29 日より後に婚姻した夫婦又は準拠法を選
　　択した夫婦に，ハーグ夫婦財産制条約は，同条約の発効（1992 年 9 月 1 日）後から夫婦
　　財産制規則の適用開始前に婚姻した夫婦又は準拠法を選択した夫婦に適用される（夫婦
　　財産制規則第 69 条第 3 項，ハーグ夫婦財産制条約第 21 条前段）。ハーグ夫婦財産制条
　　約の発効前に婚姻した夫婦又は準拠法を選択した夫婦には，なお従来のフランス法が適
　　用される。

(138)　J. von Staudingers Kommentar zum Bürgerlichen Gesetzbuch mit Einführungs-
　　gesetz und Nebengesetzen, Art 13-17b EGBGB: Anhang zu Art 15 EGBGB（Internatio-
　　nales Eherecht）von Peter Mankowski（2011），Art. 15 EGBGB, Rn. 92; *Dieter Henrich*,
　　Die Rechtswahl im deutschen internationalen Familienrecht, in: *The Institute of*
　　Comparative Law in Japan〔Hrsg.〕, Conflict and Integration Conflict and integration:
　　comparative law in the world today（1989），S. 567. ハーグ夫婦財産制条約以前のフラン
　　ス法における判例及び学説の対立については，丸岡松雄「フランス國際私法における夫
　　婦財産制の準據法決定」法学 20 巻 2 号（1956 年）56 頁において詳細に検討されている。

第5章　比較法的考察

産制と相続のみに関連することであり，その他の領域については妥当し得ないと思われる。

　また，ハーグ夫婦財産制条約及びドイツ法において，夫婦の生活状況に変更があった場合に，夫婦財産制の準拠法を生活状況に順応させる可能性を夫婦に与えることが根拠の1つとされている。しかしながら，通則法においては変更主義がとられており，「夫婦の生活状況に変更があった場合」には，準拠法も変更されることになる。それゆえ，そのような場合における順応という観点からは，我が国においては当事者自治を基礎づけることはできないと考えられる。むしろ，通則法上の客観的連結で問題となるのは，本国法も常居所地法も同一である夫婦について，常に同一本国法が優先されることである。したがって，ドイツで主張されるように，当事者自治を認めることによって，夫婦の意思に合致する本国法と常居所地法の間の選択をなしうるとの根拠づけは可能であるように思われる。

　さらに，夫婦財産制準拠法を相続準拠法に一致させることによって，夫婦財産制と相続という2つの事項に異なる法を適用することから生じる問題，すなわち，適応問題を回避することができるとされる。これはハーグ夫婦財産制条約とドイツ法に関して述べられている。適応問題を回避することができるという点は，きわめて有用であると思われる。この点は，平成元年法例改正の際には言及されていない。なお，適応問題は，離婚の際の財産的給付についても現れうる問題である。また，ドイツにおいては，そうすることによって，いずれに法性決定をしても準拠法として指定される外国法は同じであるので，法性決定を回避することができるとされている。

　そのほかには，当事者自治により予見可能性及び法的安定性がもたらされるという利点がある。平成元年法例改正においても，客観的連結による準拠法が明確でないことから，明確性又は固定性を望む当事者の意思を尊重して当事者自治を認めるとされた。というのも，平成元年法例改正によって，段階的連結と変更主義が導入されたからである。変更主義は，夫婦がその都度密接に関連する法を適用することを可能にするが，ある法のもとで夫婦が特定の財産関係を合意している場合にも変更主義を貫くならば，当事者の期待に反する結果，すなわち変更後の準拠法のもとでは当該財産関係が有効でなくなることを招来

第 3 節　夫婦財産制

しうる[139]。そこで，当事者の意思に配慮して，準拠法の選択を認めるというのである。

これらに加えて，ドイツにおいては，準拠法選択により婚姻締結時の夫婦の常居所を後で確定する苦労から解放することも考慮されているが，この点は，平成元年法例改正によって不変更主義から変更主義へと移行した我が国においては妥当しないであろう。

(2) 当事者自治と客観的連結の関係

次に，当事者自治と客観的連結のいずれを原則とするかという点がある。

通則法は，原則を客観的連結，例外を主観的連結とし，ドイツ法も同様であるが，ハーグ夫婦財産制条約，夫婦財産制規則は，夫婦による準拠法選択を原則とする。また，通則法及びドイツ法は，客観的連結の方法として，婚姻の身分的効力の準拠法に服させるという点で共通している。ハーグ夫婦財産制条約及び夫婦財産制規則については，夫婦財産制のみが事項的適用範囲に含まれるので，それについてのみ独自に段階的連結を定める。ドイツ法が夫婦財産制の準拠法を婚姻の身分的効力の準拠法に従わせるのは，それらの並行を準拠法決定の主義の1つとしているからである。通則法もまた，夫婦財産制が，婚姻の効力の一環としてその準拠法と同一の準拠法によるのが適当であるとされたものである[140]。ハーグ夫婦財産制条約及び夫婦財産制規則によると，夫婦財産制の準拠法と婚姻の身分的効力の準拠法との並行は必ずしも達成されないが，これらが夫婦による準拠法選択を原則としていることからも，これらの準拠法が並行すべきであるとは考えていないのではないだろうか。もっとも，夫婦がそのような並行を望むときは，多くの場合，婚姻の身分的効力の準拠法と同じ法を夫婦財産制の準拠法として選択することができ，それによって解決されると思われる。

(3) 量 的 制 限

第3に，類似点として，前章までで概観したいずれの法も選択可能な法を制限しているという点で一致していることが挙げられる。

---

(139)　横山・前掲注(136)105 頁。

(140)　南・前掲注(59) 72 頁。

167

第5章　比較法的考察

　選択可能な法としては，不動産に関する所在地法を除き，夫婦にとって密接な関連を有すると評価されるもの，すなわち，本国法及び常居所地法が挙げられている。本国法は，いずれの抵触規則においても夫婦の一方のものでよいとされる。常居所地法については，それが夫婦双方のもの又は夫婦の一方のものであること，また，選択時におけるもの又は婚姻後最初のものであることという条件の組み合わせによって相違がある。このように選択可能な法を夫婦に関連のあるものに限定しながらも，ほとんどの連結点は夫婦の一方のものとされており，ここではそれだけで十分な関連であると考えられている[141]。当事者自治が量的制限を課される理由については，密接な関連を有しない法が適用されることを妨げることのほかは明らかでない。また，当事者によって選択可能な法が，なぜ密接な関連を有する法でなければならないのかについては，説得的な説明がなされていないように思われる。夫婦財産制は，婚姻の効力ではあるが，夫婦間の財産の処遇を決定するものであり，当事者自治を認める根拠としても財産関係であることが強調されており，そのような観点からすると，量的制限を課すことには疑問が残る。むしろそのように考える場合には，問題となるのは対外的効力であり，準拠法の選択に対する第三者の保護が保障されるのであれば，夫婦間の財産関係につき全て合意にゆだねてもよいものと思われる。我が国の平成元年法例改正に際しては，準拠法選択に量的制限を設けることについては，夫婦財産制が通常の財産関係とは異なり，夫婦共同体の関連が強いことが理由とされており[142]，家族法の領域であることが根底にはあるものと思われるが，夫婦財産制の規律につきそれがどれほどの影響を有しうるのかはなお明らかでない。

---

(141)　なお，ハーグ夫婦財産制条約の公式報告書においては，「選択された法の適用の根拠は夫婦の共通の意思にあり，この解決策は，夫婦の一方のみに関連して存在する要素に依拠する客観的連結点に対する異議を回避することができる」（von Overbeck, *supra* note 10, para. 34）とされている。ここからは，夫婦の一方にしか関連を有しない連結点はそれ自体では不十分であるが，夫婦の意思が付加されることによって準拠法決定のための連結として正当化されると考えることもできるのではないだろうか。

(142)　南・前掲注(59) 71 頁。

⑷ 所在地法の選択

最後に，所在地法の選択についての相違が挙げられる。

不動産に関する所在地法の選択については，通則法，ハーグ夫婦財産制条約及びドイツ法が認める一方で，夫婦財産制規則は認めない。それとともに夫婦財産制規則は分割指定を全く許さず，ハーグ夫婦財産制条約及びドイツ法も，不動産に関して例外的に認めるのみで，原則として夫婦財産制の準拠法の統一性を支持する（なお，フランス法も同様の立場である。）。それに対して，前述のとおり，通則法では分割指定が可能であると解釈されうるし，このような解釈を肯定する見解が多い。夫婦財産制規則においては，分割指定を認めると，夫婦財産制の統一性が崩壊し，夫婦財産制に属する各財産に異なる法が適用されることが問題として挙げられている。しかし，不動産への所在地法の適用を認めないとすると，所在地法との対立を引き起こし，しばしば不動産交通を妨げる結果となる。不動産に関しては，所在地法によるとする考え方が一般的であり(143)，夫婦財産制の準拠法決定にも影響を与えていると考えられるが，このことは不動産に特有のことであり，他の家族法の領域ではほとんど関係し得ないものと思われる。

⑸ 制限のない当事者自治の存在と根拠

以上で述べた立法例はいずれも，量的制限の課された当事者自治を採用しているが，その根底には，夫婦財産制が家族法の領域に含まれるということがあると考えられる。

それに対して，フランスでは，夫婦財産制が当事者自治に従い選択された法に服するということが，基本原則であるとされている(144)。このことは，まず夫婦財産契約がある場合には確実なものとされてきた(145)。夫婦財産契約は，通常の契約として生じ，契約の一般原則が適用される(146)。なお，法定財産制を変更することを認めないような強行的な財産制を有する国もあるが，そのような制度はその領域においてのみ効力を有するものであり，夫婦がその国に居

(143)　櫻田=道垣内編・前掲注(63) 367 頁〔竹下啓介〕。

(144)　Pierre Mayer/ Vincent Heuzé, *Droit international privé* (11e éd., 2014), no 812.

(145)　Mayer/ Heuzé, *supra* note 144, no 812.

(146)　Mayer, *Droit international privé* (4e éd., 1991), no 773.

第5章　比較法的考察

住する場合に限り，lois de police としてその制度が尊重されることがあるとされる[147]。

　当事者自治は，法定財産制にも4世紀以上前から拡大されている[148]。当事者自治が認められる以前は，物権準拠法の優先によって，各財産の所在地法（動産については夫婦の住所地に架空の所在決定をおこなう。）を適用していた[149]。この手法によると，各財産を異なる慣習法に服させることになり，財産制の統一性を破壊するという不便が生じる[150]。すなわち，夫婦の一方の財産が別産制に服し，他方の財産が共有財産制に服する場合に，不当な結果をもたらすこととなる[151]。このような状況の中，Dumoulin は，1525 年に de Ganey 事件に関する意見において当事者自治を編み出したといわれている[152]。この事件の概要は次の通りである[153]。すなわち，パリに住所を有していた de Ganey 夫婦が，婚姻中に，成文法地域であるリヨンの領域上に不動産を取得した。夫の死後，妻は，相互的贈与により夫の全財産を受領した。妻の死後，夫の相続人はパリに所在する財産の一部を相続したが，それだけでなく，リヨンに所在する不動産についても，相互的贈与がなされなかったために妻が一度もその所有者にはなっていないと主張して，妻の相続人に対して訴えを提起した。そこで，妻の相続人が Dumoulin に鑑定を求めたのである。従来の準拠法決定方法によると，パリに所在する不動産についてはパリの慣習法が，リヨンに所在する不動産についてはリヨンの慣習法が適用されるのであるが，パリでは財産共

---

(147)　Mayer, *supra* note 146, no 770.

(148)　Mayer/ Heuzé, *supra* note 144, no 812.

(149)　Mayer/ Heuzé, *supra* note 144, no 812.

(150)　Mayer/ Heuzé, *supra* note 144, no 812.

(151)　Mayer/ Heuzé, *supra* note 144, no 812.

(152)　e.g. André Aloys Wicki, Zur Dogmengeschichte der Parteiautonomie im Internatio-nalen Privatrecht (1965), S. 14ff. なお，Dumoulin のこの意見に当事者自治の創始を見出さない見解もある（*Franz Gamillscheg*, Der Einfluss Dumoulins auf die Entwicklung des Kollisionsrechts (1955), S. 110ff.）。

(153)　Voir Bertrand Ancel/ Horatia Muir Watt, « Annotations sur la consultation 53 de Du Moulin traduite en français », in *Le monde du droit : écrits rédigés en l'honneur de Jacques Foyer* (2008), pp. 5-6.

第3節　夫婦財産制

同制が妥当しているのに対し，リヨンではそのような制度はない。このような
場合について，Dumoulin は，夫婦が，契約を締結しないことで，その財産の
総体につき，彼らが住所を固定する地の慣習法によって採用されている法定財
産制に服させることを欲するとの考えを展開した[154]。その論理は，今日もな
お裁判所に受け継がれているとされる[155]。

　この論理に対しては，このような仮定的な黙示の合意が現実の内心に合致し
ないこと，そして，一般に，夫婦が契約を締結しないのは単純に彼らの財産の
運命に無関心であることが反論として挙げられる[156]。しかし，この反論の射
程範囲は，次の2点から制限される。第1に，夫婦が夫婦財産契約を締結する
ことなく，明示的に法を選択する場合がある[157]。この場合には，この準拠法
選択の目的は，夫婦財産契約を締結する場合と同様に，選択された実質法を適
用することであるから，夫婦財産契約を締結する場合と同様の効果を夫婦の意
思に与えることが論理的であると考えられる[158]。第2に，夫婦の意思が表明
されず，又は存在しない場合であっても，ある法定財産制が採用されることに
対して夫婦の信頼があることがある[159]。当事者の期待の尊重は，抵触規則の
最も重要な目的の1つであるため，そのような信頼によって意思が補われるこ
とになる[160]。もっとも，そのような信頼は，一般に，婚姻後に存在するのみ
である[161]。そこで，あらゆる場合に適した解決策として，夫婦の信頼の徴候
を考慮して，合理的な客観的連結をおこなうこととされる[162]。

　夫婦財産契約の準拠法の選択については，ある法を指定するか，ある法の夫
婦財産制の準則を再現することで十分であるとされる[163]。また，夫婦財産契

---

(154)　Mayer/ Heuzé, *supra* note 144, no 812.

(155)　Mayer/ Heuzé, *supra* note 144, no 812.

(156)　Mayer, *supra* note 146, no 771.

(157)　Mayer, *supra* note 146, no 771.

(158)　Mayer, *supra* note 146, no 771.

(159)　Mayer, *supra* note 146, no 771.

(160)　Mayer, *supra* note 146, no 771.

(161)　Mayer, *supra* note 146, no 771.

(162)　Mayer, *supra* note 146, no 771.

(163)　Mayer, *supra* note 146, no 773.

第5章　比較法的考察

約のある条項が1つの法によってのみ有効である場合には，特定の条文を引用
する場合と同様に，それはきわめて信頼できる徴候となる[164]。たとえば，フ
ランス人とベルギー人の夫婦が夫婦財産契約を締結する場合，フランス法とベ
ルギー法の内容が近いために，当該契約の内容からはいずれの法に従うもので
あるかが明らかにならないなど，曖昧な状況は存在しうるが，この場合にもフ
ランスの判例は，夫婦の黙示の意思を探求する[165]。さもなければ，客観的な
徴候（たとえば，履行地（この場合には夫婦の住所）又は共通国籍）が機能するこ
とになる[166]。

　夫婦財産契約がない場合においても，まずは明示的な意思（明示的に準拠法
を選択する場合）又は確実な意思（たとえば，イスラム教のポリガミーについては，
各配偶者の個人の利益を唯一保護しうる別産制を選択するものとされる。）が考慮さ
れる[167]。それらがない場合には，推定的な意思が考慮される[168]。破毀院に
よれば，推定的な意思の徴候は，最初の婚姻住所である[169]。しかし，これは
安定的なものでなければならず，一時的な最初の住所は，婚姻時の夫婦の意思
又は信頼も，婚姻後の信頼も示唆し得ない[170]。このような安定性は，その継
続期間によって判断される[171]。もっとも，実効的で継続的な最初の住所で
あっても，夫婦がそれを一時的なものと考え，本国に帰国することや，第三国
に移住することをあらかじめ決心していることを様々な徴候が証明する場合に
は，それは決定的なものと判断されないことがある[172]。

　このように，フランスでは意思主義が根付いており，当初は夫婦財産契約が

---

(164)　Mayer, *supra* note 146, no 773.

(165)　Mayer/ Heuzé, *supra* note 144, no 813. 前述のように，ハーグ夫婦財産制条約はこ
　　　れに対して，「準拠法の指定は，明示のものであるか，又は夫婦財産契約の規定から当
　　　然に生じるものでなければならない」（第11条後段）とする。

(166)　Mayer, *supra* note 146, no 773.

(167)　Mayer, *supra* note 146, no 774.

(168)　Mayer, *supra* note 146, no 775.

(169)　Mayer, *supra* note 146, no 775.

(170)　Mayer, *supra* note 146, no 777.

(171)　Mayer, *supra* note 146, no 777.

(172)　Mayer, *supra* note 146, no 777.

契約であるとして当事者自治が妥当するとされ，それが法定財産制にも拡大されることとなった。したがって，同国では選択可能な法は制限されない。このようにフランス法は，他の立法例とは異なり，契約を出発点としていることが特徴的であるが，このような根拠づけは，国際家族法全体について妥当するものではない。

◆ 第4節　相　続

第1款　比較法
⑴ 制度の比較

　まず，前章までで概観した立法例につき，客観的連結及び主観的連結と，遺留分権利者の保護規定の2点から比較する。

　まず，ドイツでは，相続は，被相続人の死亡時の本国法を原則的客観的連結とし，内国に所在する不動産についてドイツ法の選択を認める。Kühne の草案他においては比較的広範な当事者自治の導入が提案されていたものの，採用されたのはきわめて限定的なものである。これは，国際相続法において当事者の影響力を認めるように一定の可能性を開くことは事理に即していると認識しつつも，とりわけ遺留分権利者の保護を重視した結果であるとされる[173]。ハーグ相続条約は，複雑な段階的連結を原則とすることで客観的連結において柔軟性を取り入れながら，準拠法選択時又は死亡時の本国法又は常居所地法の選択を認め，広範な当事者自治を導入している。これは，被相続人がいずれの法により，どのようにして自身の財産が処分されるかを知ることができるように配慮するためである[174]。また，被相続人が婚姻している場合には，夫婦財産制と相続を同じ法のもとで自由に計画することができるようになることも認識されていたとされる[175]。最後に，欧州連合の相続規則では，被相続人の死

---

(173)　Beschlußempfehlung und Bericht des Rechtsausschusses (6. Ausschuß), Zusammenstellung des Entwurfs eines Gesetzes zur Neuregelung des Internationalen Privatrechts – Drucksache 10/504 – mit den Beschlüssen des Rechtsausschusses (6. Ausschuß), Bericht der Abgeordneten Eylmann und Stlegler, BT-Drucks 10/5632, S. 44.

(174)　Waters, *supra* note 31, paras. 26, 61.

第 5 章　比較法的考察

亡時の常居所地法を原則とし，準拠法選択時又は死亡時の本国法の選択が認められる。被相続人による準拠法の選択は，被相続人の親族の正当な利益の保護と，法的安定性及び相続の計画可能性との妥協を図り，本国法に限定された[176]。この規定により，欧州連合域内の移動の自由を確保しつつ，本国との密接な関連を維持することを望む被相続人にとって，その維持を可能にするものである[177]。

　次に，遺留分権利者の保護のための規定であるが，これには，いくつかのパターンがみられる。第1に，ハーグ相続条約は，第24条第1項(d)において，「(ii)第5条の規定によって指定された法律を適用したならば，この規定による留保を付した国の強行規定のもとでは被相続人の配偶者又は子が権利を有したであろう相続法又は親族法に基づく取得分の全部または大部分が奪われる」場合に準拠法選択の効力を承認しないために留保を付すことを認める[178]。このような準則は，法廷地の公序の具体化と理解されることがある[179]。第2に，準拠法選択がない場合に適用される法が遺留分権利者に保障する権利につき，準拠法選択によってそれを奪うことができないとする規定もある[180]。

　相続規則は，被相続人による準拠法選択が遺留分権利者の保護のためのいかなる制限にも服しない点で注目される[181]。このような自由主義的な解決策がとられたことは，複数の理由から説明されるとされている[182]。すなわち，意

---

(175)　Waters, *supra* note 31, para. 61.

(176)　Explanatory Memorandum, COM (2009) 154 final, para. 4.3.

(177)　Explanatory Memorandum, COM (2009) 154 final, para. 4.3.

(178)　現在の署名国の中で留保を付している国はない。

(179)　Bonomi, *supra* note 73, para. 119. イタリア国際私法第 46 条第 2 項も同様の規定であり，それによれば，もっぱらイタリア人被相続人の親族につき，当該親族が相続開始時にイタリアに常居所を有することを条件として保護を与える。

(180)　2004 年のベルギー国際私法典第 79 条，2005 年のブルガリア国際私法典第 89 条第5 項，1994 年のケベック州民法典第 3098 条第 2 項等。合衆国統一検認法典第 2-703 条も同様の解決策を採用するが，そもそも準拠法選択が死因処分の有効性及び効力のみに関するものである。

(181)　Bonomi, *supra* note 73, para. 105.

(182)　Bonomi, *supra* note 73, para. 105.

第 4 節　相　続

思自治が欧州国際私法の支柱の１つをなしており，欧州連合規則の大部分において準拠法選択が採用されていること，裁判管轄の平面でも自治が認められていること，欧州司法裁判所が国際私法問題に関して一定の自由主義を示してきたこと，そして，相続に関しては自由主義的なアプローチだけが相続準拠法の安定性及び予見可能性を十分に利用することを可能とすることである。

　遺留分権利者の保護のための規定を置かない法体系においては，被相続人による遺留分制度を持たない国の法の選択が，法律詐欺又は濫用にあたるか，そのような法の適用結果が公序に反するかが問題となろう。相続規則提案においては，第27条第１項において，「本規則により指定された法の規定の適用は，……当該適用が法廷地の公序に反する場合には排除されうる」としたうえで，同条第２項において，「本規則により指定された法の規定の適用は，遺留分についてのその形態が法廷地において現に有効なものと異なるというだけの理由で，法廷地の公序に反するとみなされることはできない」と規定していた。ところが，相続規則においては，提案第27条第２項にあたる規定が削除され，同条第１項のみが残されることとなった。学説は，遺留分制度を持たない本国法の選択が公序違反になりうることを示しているが[183]，相続規則第22条に基づく被相続人の準拠法選択の本国法への制限によってすでに遺留分の権利が保護されていることから[184]，被相続人の本国法上の遺留分の権利の制限が，欧州連合の立法者の見地からは通常は過大でないものであるとの結論が導かれるという見解もある[185]。

（183）　*Heinz-Peter Mansel/ Karsten Thorn/ Rolf Wagner*, Europäisches Kollisionsrecht 2012: Voranschreiten des Kodifikationsprozesses – Flickenteppich des Einheitsrechts, IPRax 2013, S. 7; *Harm Peter Westermann/ Barbara Grunewald/ Georg Maier-Reimer* [Hrsg.], Erman Bürgerliches Gesetzbuch: Handkommentar mit AGG, EGBGB (Auszug), ErbbauRG, LPartG, ProdHaftG, VBVG, VersAusglG und WEG, II (15. Aufl., 2017), Art. 35 EuErbVO, Rn. 2 [*Gerhard Hohloch*]; *Rainer Hüßtege/ Heinz-Peter Mansel* [Hrsg.], NomosKommentar BGB, Bd. 6 (2. Aufl., 2015), Art. 35 EuErbVO, Rn. 23 [*Dirk Looschelders*]; Beck'sche Kurz-Kommentare, Bd. 7 (78. Aufl., 2019), Art. 35 EuErbVO, Rn. 2 [*Karsten Thorn*].

（184）　相続規則前文(38)参照。

（185）　*Hüßtege/ Mansel* [Hrsg.], a.a.O. (Fn. 183), Art. 35 EuErbVO, Rn. 23.

第 5 章　比較法的考察

(2)　学　説
(i)　準拠法選択を肯定する論拠

　国際相続法における当事者自治の理論的根拠を遺言自由の原則に求める理解
は，Dölle に代表される。Dölle は，国際契約法における当事者自治が実質法
上の契約自由に基礎を置いていることを前提に，遺言自由の内容から契約自由
との類似性を見出し，国際相続法における当事者自治を遺言自由から根拠づけ
る[186]。

　この見解に対して，Kühne はそもそも，契約自由を構成する契約締結の自
由も契約内容の決定の自由も，抵触法上の当事者自治を根拠づけることができ
ないとして，国際相続法上の当事者自治の根拠を遺言自由に求めることを否定
する[187]。

　Kühne[188]や von Overbeck[189]によって支持されるのは，相続準拠法のため
の十分な客観的な連結点を見出すことができないこと，すなわち連結困難に基
礎を置くことである[190]。財産所在地法は別として，相続準拠法を決定するた
めの客観的な連結点としてありうるものは，国籍と住所（常居所）であるが，
ある者が本国以外の国の常居所を有するという状況がきわめて多様であるため，
国際的な相続事件全てにおいて十分なものではない。そのような状況の解決策
として当事者自治を採用することについては，本章第 1 節ですでに検討した。

　準拠法選択の第 1 の大きな利点として指摘されるのは，準拠法の予見可能性
及び法的安定性が確保されることである[191]。このことによって，相続計画が

---

(186)　Dölle, a.a.O. (Fn. 3), S. 222.

(187)　*Kühne*, a.a.O. (Fn. 2), S. 404.

(188)　*Kühne*, a.a.O. (Fn. 5), S. 64ff.

(189)　Alfred E. von Overbeck, « La professio juris comme moyen de rapprocher les
　　　principes du domicile et de la nationalité en droit international privé », Liber Amicorum :
　　　Baron Louis Frédéricq (1965), p. 1085.

(190)　Haopei Li, « Some Recent Developments in the Conflict of Law of Succession »,
　　　Recueil des cours, vol. 224 (1990), pp. 90 ss.; Angelo Daví, « L'autonomie de la volonté en
　　　droit international privé des successions dans la perspective d'une future réglementation
　　　européenne », *Riv. dir. int. priv. proc.*, 2004, pp. 473-474; Bonomi, *supra* note 73, para. 108.

(191)　Bonomi, *supra* note 73, para. 106; Rechtsvergleichende Studie der erbrechtlichen

第 4 節　相　続

促進される点で，国際相続法においては重視されている[192]。もっとも，予見可能性は常に保障されるとは限らず，状況によって異なりうる。まず，相続に潜在的にかかわる国全てにおいて，当事者自治が認められている場合には，準拠法の選択はきわめて有用であることが明白であるといわれている[193]。また，相続にかかわる国のうち1つでのみ当事者自治が許される場合でも，異なる連結点を採用する関係諸国間で同じ解決策に到達することができるときは有用でありうる[194]。たとえば，常居所地法への客観的連結と本国法の選択を採用するA国と，本国法への客観的連結を採用するB国の間では，A国に居住するB国国籍を保有する被相続人が本国法を選択することによって，いずれの国でも同一国の法が適用されるという結果になる。さらに，本国法への客観的連結と常居所地法の選択を採用するC国と，本国法への客観的連結を採用するD国との間では，D国に居住するC国国籍を保有する被相続人がD国法を選択した場合，D国が反致を考慮することによって，両国で同一の解決策が得られる。しかしながら，一定の場合には，関係諸国間での抵触を解決することができず，予見可能性が保障されないこととなる。たとえば，関係諸国が全て同一の連結点を採用しており，そのうちの1国だけが準拠法選択を認めている場合，準拠法選択は効果を発揮することができない。

　また，夫婦間の相続において，当事者自治は，相続準拠法を夫婦財産制準拠

Regelungen des Internationalen Verfahrensrechtes und Internationalen Privatrechts der Mitgliedsstaaten der Europäischen Union, in: *Deutsches Notarinstitut* [Hrsg.], Les successions internationales dans l'UE/ Conflict of Law of Succession in the European Union/ Internationales Erbrecht in der EU (2004) („DNotI Study"), S. 265; *Max Planck Institute for Comparative and International Private Law*, Comments on the European Commission's Proposal for a Regulation of the European Parliament and of the Council on jurisdiction, applicable law, recognition and enforcement of decisions and authentic instruments in matters of succession and the creation of a European matters of succession and the creation of a European Certificate of Succession, RabelsZ 74 (2010), Rn. 136.

(192)　Bonomi, *supra* note 24, para. 61; DNotI Study, S. 265.

(193)　Bonomi, *supra* note 73, para. 107.

(194)　Bonomi, *supra* note 73, para. 107.

177

第5章　比較法的考察

法に一致させることを可能にし，それによってそれらの間の適応問題を回避することができることも，実務上無視できない利点である[195]。

さらに，欧州連合の枠組では，被相続人に準拠法選択の可能性を開くことが，自由主義化へ向かう国際私法の一般的な傾向に合致したものであることが指摘されている[196]。

(ii) 準拠法選択を否定する論拠の克服

国際相続法における当事者自治については，次の2点から否定する見解がある。

第1に，相続実質法上の性質から，当事者自治が正当化されないことが主張される[197]。相続実質法は，強行法規を尊重する必要性によって被相続人の意思を厳格に枠にはめ込んでおり，強行法規が例外である契約法とは異なり，このようにして相続実質法は強行法規に支配されており，当事者の最後の意思は限定的にしか役割を果たさない。そのため，国際相続法における当事者自治は認められないのだという。この見解に対して Bonomi は次のように反論す

---

(195) Bonomi, *supra* note 73, para 109; Bonomi, *supra* note 24, para. 61; DNotI Study, S. 271f. Siehe *Hans Hanisch*, Professio iuris, réserve légale und Pflichtteil, in Mélanges Guy Flattet : recueil de travaux offerts à M. Guy Flattet, professeur honoraire à l'Université de Lausanne (1985), S. 475.

(196) *Anatol Dutta*, Succession and Wills in the Conflict of Laws on the Eve of Europanisation, RabelsZ 73 (2009), S. 573; *Max Planck Institute for Comparative and International Private Law*, a.a.O. (Fn. 191), Rn. 136. See also Jürgen Basedow, "The Recent Development of the Conflict of Laws", in Basedow/ Baum/ Nishitani (eds.), *Japanese and European private international law in comparative perspective* (2008), pp. 14-15.

(197) Marie Goré, « "De la mode" ... dans les successions internationales : contre les prétentions de la "professio juris" », *L'internationalisation du droit : mélanges en l'honneur de Yvon Loussouarn*, p. 196. 1986 年の EGBGB 改正時の主張として，*Murad Ferid*, Die gewillkürte Erbfolge im internationalen Privatrecht, in: *Wolfgang Lauterbach* [Hrsg.], Vorschläge und Gutachten zur Reform des deutschen internationalen Erbrechts (1969), S. 93ff.; *Karl Firsching*, Zur Reform des deutschen internationalen Erbrechts, in: *Günther Beitzke* [Hrsg.], Vorschläge und Gutachten zur Reform des deutschen internationalen Personen-, Familien- und Erbrechts (1981), S. 222.

第4節　相　続

る[198]。すなわち，相続法における制限が契約法における制限よりも厳格なものであるとしても，私的自治は相続に関して中心的な役割を果たすのである。しかも，いずれも財産的な利益に関係するこれら2つの法領域において，任意法規と強行法規の間の緊張関係が見出されるのであり，それら2つには根本的な相違があるのではなく，程度の差があるにすぎない。この確認を抵触法の平面に移し替えれば，契約に関するよりも制限的ではありうるが，当事者の自治に余地を与えることが正当であると思われる。

　第2に，本質的には両当事者の利益に関係する契約準拠法の選択に対して，相続準拠法の一方的な選択が他人の権利の処分行為となることが主張される[199]。契約準拠法の選択に関しても，第三者の権利を害することができないことは認められている[200]。この主張において念頭に置かれているのは，主として相続人の保護である。これに対しては，推定相続人の期待の不確実性から反論される[201]。まず，相続が開始される以前においては，推定相続人は，積極的な相続財産に対する「真の権利」も「権利に対する期待」も持たないのである。推定相続人は，法律上保障されない事実上の期待を持つにすぎず，被相続人がその財産全てをその存命中に使い果たす場合には，被相続人は相続財産を自由に処分することができる[202]。そして，渉外事件においては，このような期待は相続準拠法に依存するのであるが，ある国の法が相続人又は遺留分権利者として指定する者らが，他の国の法によってもそうであるとは限らず，その地位は各国の抵触規則によるため，推定相続人の状況はきわめて不安定となる。統一抵触規則がある場合であっても，連結点たる要素の変更により準拠法も変更されることになり，推定相続人の期待していたものとは異なる法が適用される可能性がある。このように，いずれにせよ不確実な推定相続人の期待は，当事者自治の許容に対する障害とみられるべきではないとされる。

（198）　Bonomi, *supra* note 73, para. 110.

（199）　*Ferid*, a.a.O. (Fn. 197), S. 94; Goré, *supra* note 197, p. 196; Mayer/ Heuzé, *supra* note 144, no 847.

（200）　通則法第9条但書，ローマⅠ規則第3条第2項等参照。

（201）　Bonomi, *supra* note 73, para. 111.

（202）　Hanisch, *supra* note 195, pp. 479 ss.

第5章　比較法的考察

　この点について，DNotI 研究報告書も詳細に分析するが，同報告書は，常居所への原則的連結を前提とするものである。それによると，常居所地法が適用されることを前提とすれば，準拠法の選択を認めていなくても，常居所を変更することで準拠法が変更される可能性があり，また，本国法の選択は，おそらく同一の国籍を保有する親族の本国法の適用を導くとして，推定相続人の保護が必要な場面は限定的であるとする[(203)]。

第2款　我が国法への示唆

　国際相続法における当事者自治は，家族法領域において最も早くから議論されてきた論点である。そのため，ここでは，我が国法への示唆を簡潔に述べるにとどめたい。

　平成元年の法例改正においては，相続は対象外とされたものの，ハーグ相続条約の影響もあり，国際相続法改正は注目を集めていた。国際私法改正研究会がハーグ相続条約の批准を前提として法律試案を公表したほか[(204)]，立法論として当事者自治を支持する見解もあり[(205)]，その支持理由としては，相続統一主義と相続分割主義の対立及び本国法主義と住所地法主義の対立の緩和，準拠法の明確性や当事者の期待・予測可能性の保護，すでに当事者自治が取り入れられている夫婦財産制との調和等，実際上の利点が挙げられる。通則法の制定過程でも，法制審議会において被相続人に準拠法の選択を認めるべきかについて検討がおこなわれたが，結局採用しないこととされた。そこでは，被相続人が，遺留分を除いては，遺言をもって相続財産を自由に処分することにより自己の意思を実現できるのが一般的であり，それに加えて準拠法の選択まで認め

---

(203)　DNotI Study, S. 269f.

(204)　国際私法改正研究会「『相続の準拠法に関する法律試案』の公表」国際法外交雑誌 92巻4=5号（1993年）147頁。

(205)　木棚照一「法例 26 条，27 条の改正に関する一考察」ジュリスト 1143 号（1998年）72 頁以下，松岡博『国際家族法の理論』（大阪大学出版会，2002 年）155 頁以下〔初出：同「渉外相続の準拠法について」法曹時報 49 巻 12 号 6 頁以下〕，早川眞一郎「国際的な局面における相続」国際私法年報 1 号（1999 年）89 頁，青木清「相続」国際法学会編『日本と国際法の 100 年(5)』（三省堂，2001 年）238 頁。なお，解釈論として，木棚・前掲注(64)『国際相続法の研究』230 頁以下。

る必要性はそれほど高くなく，他方，仮に被相続人による準拠法の選択を認めるとすると，本国法上の遺留分権利者の権利や相続財産に関する債権者等の利害関係人の利益が害されるおそれが生じること，そのような準拠法の選択が有効か否かを調べなければ準拠法が確定しないこと，被相続人による準拠法の選択を認めずとも反致により一定の場合には在日外国人が密接な関係を有するとされる日本法が適用されていること等が指摘された[206]。

　しかしながら，通則法が制定された後も，当事者自治の導入を認める方向での立法論が出てきている。改正時の議論では，遺留分権利者の保護を重視していたとみられるが，実際には自らの意図しない国の法が準拠法となることにより出現するいわゆる「笑う相続人」を自らの意思で排除するために当事者自治が活用されていることや，遺留分制度自体の意義の変化を考慮すると，単に遺留分権利者の保護を理由として当事者自治を完全に否定することはあまり説得的でないとする見解がある[207]。仮に被相続人が，特定人の遺留分を侵害するためだけに準拠法を選択する場合には，それは公序の問題として処理することができるのであり[208]，それは当事者自治を完全に否定することの理由にはならないであろう。前述の当事者自治の根拠は，我が国でも従来議論されてきたように，基本的にあてはまると思われ，我が国においても国際相続法における当事者自治は支持されうると考えられる。

　もっとも，被相続人に準拠法の選択を認めるとしても，遺留分についてはその例外として，客観的連結により保護することもありうる。しかし，欧州連合の相続規則は，ハーグ相続条約とは異なり，公序以外の相続人の保護に関する規定を置かないこととなった。一般的な公序違反とは別に，遺留分を特別に保護することが必要であるかは疑問とする余地がある[209]。

---

(206)　小出邦夫編著『一問一答　新しい国際私法』（商事法務，2006 年）149 頁以下，小出邦夫編著『逐条解説　法の適用に関する通則法〔増補版〕』（商事法務，2014 年）350頁以下。

(207)　長田真里「相続の準拠法をめぐる立法論的課題」民商法雑誌 135 巻 6 号（2007 年）1016 頁。

(208)　長田・前掲注(207)1016 頁。

(209)　長田・前掲注(207)1016 頁参照。これに対して，木棚・前掲注(64)「国際家族法における本国法主義の変遷と当事者自治の原則の導入」23 頁は，被相続人の準拠法選択により

第5章　比較法的考察

◆ 第5節　扶 養 義 務

　我が国では，2004 年 2 月 10 日，ハーグ国際私法会議において審議がおこなわれていた国際的な扶養の実現に関する条約に盛り込まれるべき内容について意見を聴取すべく，法制審議会で国際扶養条約部会を設置して，調査・審議がおこなわれることとなった。同部会は，ハーグ国際私法会議において特別委員会や外交会期が開催されるのにあわせて，その前後に計 11 回の会議を開催した。

　同部会での当事者による準拠法の選択に関する議論においては，「弱者保護とあわせて当事者自治を認めてもよい」[210]，「一般的には，選択肢が制限されていれば準拠法の合意を認めてもよい」[211]等のほか，「扶養義務は一定の身分的な地位に基づいて自動的に発生するものであるが，不法行為や事務管理と同じように考えれば当事者による準拠法の選択にも違和感がないわけではない」[212]といった意見が出された。我が国が同議定書を批准するか否かに関する検討は，諸外国の動向を見ながら適切な時期に開始されることとなるとされた[213]。

　最終的に，扶養議定書は 2007 年 11 月 23 日に成立し，第 7 条及び第 8 条において当事者自治を認めたことは，第 3 章第 3 節で紹介した通りである。もっとも，当初加盟していたのは欧州連合のみであり，その発効はしばらくの間待たれることとなった。2012 年 4 月 18 日にセルビアが批准した事により，同議定書は，2013 年 4 月 10 日に発効した。その後，2016 年 3 月 21 日にウクライナが同議定書を批准した。

　扶養議定書を批准するかどうかは措き，同議定書の規定する準拠法の選択が，それぞれ我が国で認められるべきであるかを考えてみたい。

　　害されるおそれのある遺留分権利者の保護について，特別公序条項を設ける余地に言及する。

(210)　法制審議会国際扶養条約部会第 3 回（平成 17 年 3 月 7 日）発言。

(211)　法制審議会国際扶養条約部会第 8 回（平成 19 年 4 月 10 日開催）発言。

(212)　法制審議会国際扶養条約部会第 8 回（平成 19 年 4 月 10 日開催）発言。

(213)　諮問第 67 号に関する審議結果報告。

扶養議定書第7条の特定の手続に関する法廷地法の選択は，法廷地法の適用による手続の容易化に根拠を置く。特に，離婚又は法的別居の場合においては，夫婦が，扶養義務の準拠法を離婚又は法的別居が争われている法廷地の法に服させることができ，有用であるとされる。しかしながら，扶養義務についてのみ法廷地法の選択を認めることは，どのように説明されるだろうか。手続の容易化という利点は，扶養義務に限らず，あらゆる法領域において当事者自治を認める理由となる。これを根拠として，国際家族法領域において全面的に法廷地法の選択を認めるとなると，結局は「任意的抵触法の理論」[214]を採用するのと同じことになるため，国際私法の強行法規性を否定する論拠を挙げる必要があると思われる。

扶養議定書第8条の一般的な準拠法の選択については，主要な利点が，準拠法に関する安定性及び予見可能性を保障することにあるとされる。また，夫婦間の扶養義務についての夫婦財産制又は離婚若しくは法的別居の準拠法の選択は，夫婦関係の解消の場合に同時に解決される様々な問題への単一の法の適用を保障することができることから認められている。夫婦が典型的な力関係に服するのではないとすれば，夫婦間では扶養義務の準拠法の選択が認められてよいと思われる。もっとも，「扶養義務の準拠法に関する法律」第4条第1項により，離婚をした当事者間の扶養義務は，その離婚について適用された法によることとされている。そのため，離婚準拠法と扶養義務準拠法との間では適応問題が生ずることはなく，扶養義務の準拠法として離婚準拠法の選択を認めることに意味はない。他方，夫婦財産制の準拠法を扶養義務の準拠法として選択することができれば，これらの間での法性決定や適応問題といった困難を回避することは可能となろう。

◆ 第6節　氏

第1款　比 較 法

本書では，国際氏名法における当事者自治について，ドイツ及び欧州連合の

---

(214)　*Flessner*, a.a.O. (Fn. 36), S. 547.

第5章　比較法的考察

議論を紹介した（第2章第4節及び第4章第4節）。ドイツにおいては，氏は原則として本国法によるが，夫婦の氏については，夫婦の一方の本国法又は夫婦の一方がドイツに常居所を有する場合にはドイツ法を選択することができると規定する（EGBGB第10条第1項，第2項）。夫婦の氏の選択は，氏が環境とかかわりを持っているという，法政策的に顧慮に値する思考を顧慮するものとされる[215]。また，ドイツでは，子の氏について親権者による一方的な選択を認める規定がある（同条第3項）。このような当事者自治の導入は，次のように説明されている。すなわち，子が両親と異なる属人法を有している場合が少なからずあることを前提に，家族の氏の統一を図るとともに，属人法が異なることから発生する適応問題の解決を図るものである[216]。専門家グループによる欧州連合規則の試案も，当事者自治を認めるものであった。

そのほかには，たとえばスイスにおいて，氏は，原則として，スイスに居住する者はスイス法により，外国に居住する者は当該国の国際私法により指定される法によるが，本国法を選択することができる（第37条）と規定され，これは，氏を本国の氏と一致させることを可能にするためのものであるとされている[217]。

このように，氏について準拠法の選択を認める国がある一方，承認の方法も拡大しつつある。欧州司法裁判所においては，他の構成国で取得された氏が承認されるという結果をもたらす先決裁定が下されている[218]。これらの先決裁定も踏まえ，欧州連合の規則試案は，前述の通り，抵触規則とあわせて承認の準則も定めている。

このように，氏の問題については，準拠法の選択と承認という両側面から，固定的な準拠法の適用が緩和されてきている。

---

(215)　RegBegr BR-Drucks 222/83, S. 47.

(216)　佐藤文彦『ドイツ国際氏名法の研究』（成文堂，2003年）109頁。

(217)　*Heinrich Honsell/ Nedim Peter Vogt/ Anton K. Schnyder/ Stephen V. Berti* [Hrsg.], Internationales Privatrecht, 3. Aufl. (2013), Art. 37 IPRG, Rn. 25 ［*Thomas Geiser/ Monique Jametti*].

(218)　第2章第4節第5款注[187]参照。

第6節　氏

第2款　我が国法への示唆

(1) 従来の議論

　通則法改正の際，法制審議会においては，氏の準拠法について規定を設けるべきか否かについて検討がおこなわれたところ，次のようなことを考慮して，規定の創設は時期尚早であると考えられた[219]。すなわち，我が国の学説上，氏の準拠法についての考え方が様々に分かれており，なお，国内における議論が熟していないと考えられること，仮に規定を設けるとした場合には，いかなる法律問題がこの単位法律関係に含まれるのかが必ずしも明確ではないこと，現時点では，実務上，氏の準拠法に関する明文の規定がないことによる特段の困難が生じていないこと等である。

　そのため，我が国では現在，氏の準拠法に関しては解釈にゆだねられているが，氏については戸籍実務で独特の取扱いがなされている。

(i) 戸 籍 実 務

　まず，戸籍実務では，氏とは日本人に固有のものであって外国人には存在せず，日本人と外国人との婚姻等の身分行為によって当然には日本人の氏が変動しないという取扱いをしている。そのような理解から，民法第750条も日本人同士の婚姻のみに適用され，日本人と外国人の婚姻については適用されないとされている[220]。そのような取扱いをする実質的な理由としては，個人の呼称に関する制度は各国様々であって，外国法におけるその変更の事由は我が国のそれと必ずしも同一でないばかりでなく，国によっては法律によらず，これを慣習又は習俗にゆだねている例が少なくないこと，戸籍法は，民法の規定する氏に従って戸籍の取扱いをすることとしているため，民法の規定する氏と変更事由等と異なる外国法又は外国の慣習等による個人の呼称に従って戸籍の取扱いをするときは，外国法必ずしも十分に分かっていないなど種々の困難が伴い，取扱いの不可能な場合が少なくないことも考えられることが挙げられている[221]。

---

(219)　小出編著・前掲注(206)326頁。

(220)　昭和26年4月30日民甲899号民事局長回答，昭和30年4月12日民甲838号民事局長回答，昭和42年3月27日民甲365号民事局長回答等参照。

(221)　青木惺「民法上の氏と呼称上の氏について」家月41巻5号（1989年）126頁以下，

第5章　比較法的考察

このように外国人との婚姻等の身分変動の効果として日本人の氏，すなわち「民法上の氏」は変更されないが，「呼称上の氏」は変更することができる。まず，日本人が外国人と婚姻した際，婚姻の日から6か月以内に限り，届出のみで外国人配偶者の氏に変更することができる（戸籍法第107条第2項）。このようにして氏を変更した者は，離婚，婚姻の取消し又は配偶者の死亡により，その日から3か月以内に届出をすることで元の氏に変更することができる（同条第3項）(222)。また，やむを得ない事由があると認められるときは，家庭裁判所の許可を得て，氏を変更することができる（同条第1項）。これによって，外国人と婚姻した配偶者は，結合氏を名乗ることができる場合もある。さらに，父又は母が外国人である者（戸籍の筆頭者及びその配偶者を除く。）は，家庭裁判所の許可を得て届出をすることで，その氏を外国人父又は母の称している氏に変更することができる（同条第4項，第1項）。

また，日本人配偶者の戸籍の身分事項欄又は子の父母欄に記載される外国人の氏の表記を日本人配偶者の氏に変更したい場合には，その外国人が「その本国法に基づく効果として」日本人配偶者の氏を称している事を認めるに足りる証明書等を提出すれば，そのように取り扱われることとなっている(223)。

(ii) 学　説

我が国の学説は，氏について国際私法による準拠法選択を認める見解と，氏の問題が公法上の問題であるとする見解に大別される。

まず前者の見解である。氏の変更が渉外的に問題となる場合については，もっぱら本人の自由意思による場合と，婚姻等の身分関係の変動に基づく場合がある。本人の自由意思に基づいて生じる氏の変更については，人の独立の人格権たる氏名権の問題として本人の本国法によることで学説が一致している(224)。身分関係の変動に伴って氏の変更が生じる場合については争いがあ

西堀英夫=都竹秀雄『渉外戸籍の理論と実務〔第3版〕』（日本加除出版，2011年）65頁。
(222)　外国人配偶者との婚姻に際して戸籍法第107条第1項の規定により氏を変更した者については，同条第3項の届出により氏の変更をすることはできないと解されている（法務省民事局法務研究会編『実務戸籍法〔新版〕』（民事法務協会，2001年）257頁）。
(223)　昭和55年8月27日民二5218号民事局長通達。
(224)　櫻田=道垣内編・前掲注⑿180頁〔北澤安紀〕。

第 6 節　氏

る[225]。

　従来の多数説・裁判例は，婚姻等の身分関係の変動に伴って生ずる氏の変更の場合には，氏の家族法的側面を重視し，その変動の原因となった身分関係の効力の準拠法によるとしていた[226]。他方で，近年では，氏の人格的側面を重視し，氏の問題は，個人の呼称としての一種の人格権である氏名権の問題であるとして，常に当事者の属人法（本国法）によらせるべきであるとする立場が有力になっている[227]。さらに，制限的当事者自治を支持する見解もある[228]。

　氏の問題を公法上の問題と理解する学説は，氏名の問題が，個人の特定という公法的要請と強く関係するものであり，このような要請は，本国によって規律されることが旅券制度等を通じて期待されていることから，それは公法上の問題として，もっぱら各人の本国法によって規律すべきであるとする見解であり[229]，戸籍実務に理論的基盤を与えている。

---

(225)　詳細は，海老沢美広「氏（姓）変更の準拠法」澤木敬郎＝秌場準一編『国際私法の争点〔新版〕』（ジュリスト増刊，1996 年）193 頁参照。

(226)　江川英文「外国人と婚姻した日本人の戸籍」法曹時報 7 巻 6 号（1955 年）5 頁以下，折茂豊『国際私法各論〔新版〕』（有斐閣，1972 年）265 頁，307 頁，387 頁以下，櫻田嘉章「国際結婚した夫婦の氏・戸籍」野田愛子＝人見康子責任編集『夫婦・親子 215 題』（判タ 747 号，1991 年）434 頁（ただし，婚姻後の氏に限る。），山田・前掲注(1) 559 頁等。裁判例として，京都地判昭和 31 年 12 月 28 日下民集 7 巻 12 号 3911 頁，大阪地判昭和 35 年 6 月 7 日判時 241 号 36 頁，東京家審昭和 43 年 2 月 5 日家月 20 巻 9 号 116 頁，東京家審昭和 47 年 8 月 21 日家月 25 巻 5 号 62 等。

(227)　久保岩太郎「國際私法上における婚姻の身分的効力」法学新報 57 巻 2 号（1950 年）56 頁以下，青木清「夫婦の氏の準拠法について──日韓渉外関係から」南山法学 17 巻 3 号（1994 年）20 頁，溜池・前掲注(1) 444 頁，468 頁，516 頁以下，西谷祐子「渉外戸籍をめぐる基本的課題」ジュリスト 1232 号（2002 年）147 頁等。これらの学説に追随する裁判例として，静岡家熱海出張所審昭和 49 年 5 月 29 日家月 27 巻 5 号 155 頁，京都家審昭和 55 年 2 月 28 日家月 33 巻 5 号 90 頁等。

(228)　松岡博・前掲注(225) 113 頁，木棚＝松岡＝渡辺・前掲注(52) 250 頁〔木棚〕。

(229)　澤木敬郎「人の氏名に関する国際私法上の若干の問題」家月 32 巻 5 号（1980 年）1 頁，佐藤やよひ「渉外婚姻と夫婦の氏──民法 750 条の適用をめぐって」中川良延ほか編『日本民法学の形成と課題（下）（星野英一先生古稀祝賀）』（有斐閣，1996 年）1083 頁以下等。

第5章　比較法的考察

(2) 我が国法への示唆

　当事者自治の導入の可否を検討する前に，まずは客観的連結による氏の準拠法が定まることが必要であろう。そのうえで，当事者に準拠法の選択を認めるか，外国で認められた氏を承認するかが議論されなければならない。これらについては，ドイツやスイス等現行法において準拠法を規定する国家法のほか，国際氏名法に関する欧州連合規則の草案が参考になろう。我が国でも，当事者自治を認めるべきとする見解も見受けられる[230]。氏の問題を私法上の問題として取り扱うとすれば，これについても，本国法と常居所地法のいずれが最も密接な法であるかを一律に決定することは困難であり，当事者自治を導入する余地はあると思われる。

　それと同時に，戸籍実務のあり方も問われなければならない。現状として，日本人が外国人と婚姻した場合には，「呼称上の氏」としては，外国人配偶者の氏を名乗ることも，夫婦別氏とすることも，場合によっては結合氏にすることも可能である。しかしながら，このような「呼称上の氏」の変更は，必ずしも準拠法に基づく氏の変更と一致するわけではない。準拠法上は結合氏となるのに家庭裁判所の許可が得られないこともありうるし，準拠法上は夫婦別氏となる場合でも外国人配偶者の氏に変更することが可能である。これらが「呼称上の氏」に関するものであるとしても，このような取扱いには疑問が残る。

（230）　木棚・前掲注(64)「国際家族法における本国法主義の変遷と当事者自治の原則の導入」25頁。

◆ 終 章 ◆

　本書は，近年の国際家族法の領域における当事者自治の発展を踏まえて，我
が国におけるその導入を検討すべく，我が国で国際家族法について当事者自治
が根拠づけられうるかを考察することを目的としていた。その考察にあたって
は，1986 年の国際私法改正によって当事者自治を多くの規定に取り入れたド
イツ，条約という枠組で当事者自治を推進するハーグ国際私法会議，この数年
間で次々に立法をした欧州連合の各立法例との比較をおこない，総論及び各論
の観点から検討を試みた。
　まず第 1 章では，国際契約法における当事者自治の内容及び根拠を確認した。
契約については，あらゆる国の法を選択することが認められており，また，契
約の一部分について個別に準拠法を選択することができるなど，おおよそ「自
由な法選択」が認められている。当事者自治の根拠については，従来は客観的
連結の困難という消極的根拠と，契約自由の原則の投影という積極的根拠の 2
点が主として掲げられてきたが，近年では，国際契約法の領域にとどまらず他
の領域にも拡張しうるような根拠づけが主張されるようになっている。
　第 2 章ないし第 4 章では，前述の立法例をそれぞれ概観した。
　第 2 章では，ドイツを取り上げた。ドイツでは，前述の通り比較的早い段階
において，国際家族法に当事者自治を導入した。その対象となった事項は，婚
姻の身分的効力及び離婚，夫婦財産制，相続並びに氏である。ドイツは欧州連
合の構成国であるため，後述の欧州連合規則によって置き換えられている部分
もあるが，ドイツ国際私法の構成は我が国の国際私法と類似しており，また，
詳細な議論が豊富であることから，我が国での当事者自治に関して議論する際
にきわめて参考になる。1986 年の国際私法改正における政府草案においては，
国際親族法について次のように述べられていた。すなわち，契約における当事
者自治の本来的な根拠は，一般化された規定として立法する際に，顧慮される
べき利益を適切に顧慮することが可能であることにあり，親族法の領域におい

189

てもそのような利益の多様性が認められる，そして，主として強行規定から成る法分野の特色は，当事者自治の原理的な承認にとって邪魔になってはいない，当事者自治は，個々の場合における事理に即した解決策も法適用の予見可能性も促進する適当な手段である，と。国際相続法については，政府草案ではとりわけ遺留分権利者の保護が重視され，きわめて限定的な当事者自治が採用された。

　第3章では，ハーグ国際私法会議の条約及び議定書を取り扱った。対象事項は，夫婦財産制，相続及び扶養義務である。ハーグ諸条約は，当事者自治を取り入れている国が少数であるうちから，それを規定した条約及び議定書を採択しており，当事者自治の拡大に一躍買っている。ハーグ諸条約はいずれも，当事者の予見可能性及び法的安定性を確保するとともに，そのために複数の事項に係る準拠法を一致させることに着目していた。最も注目すべきは，これまで採用されてこなかった扶養義務について当事者自治を認めたことである。扶養議定書は，2013年8月1日に発効し，30か国に対して拘束力を有する。ハーグ夫婦財産制条約及びハーグ相続条約では，準拠法として選択可能であるのは，国籍及び常居所にかかわるものであったが，扶養議定書では，法廷地法の選択が認められている。しかもこの法選択は，親子間での扶養義務についても適用される。通常，未成年者等に扶養を提供する者がその者らの代理人となり，濫用の危険があると考えられるが，特定の手続に関する法廷地法の選択は，そのようなリスクが手続の容易化という利点によってバランスをとられるために許されている。

　第4章では，欧州連合規則を対象とした。欧州連合では，離婚，相続及び夫婦財産制についてはすでに規則が採択されており，氏についても議論が開始されようとしている。また，扶養義務についても，扶養議定書による旨を定めた規則を制定している。これらのうち，離婚と夫婦財産制については，「強化された協力」の枠組で動いており，規則に参加する構成国のみが拘束される。まず，離婚に関するローマⅢ規則では，夫婦との関連が希薄な法が適用され，彼らの正当な期待に合致しない結果がもたらされるという問題点があることを背景に，抵触規則の柔軟性並びに法的安定性及び予見可能性を強化するために，当事者自治が導入された。相続規則及び夫婦財産制規則においては，被相続人

及び夫婦の財産計画に資することが重視されている。なお，欧州連合では，複数の国がかかわって規則を制定するため，妥協を達成する必要性から当事者自治が認められたとの見方もある。

第5章では，以上の概観をもとに，我が国国際私法への当事者自治の導入の可否とその根拠について，比較法的考察をおこなった。

第1節では，国際家族法全体を通じて議論することのできる根拠について検討した。まず，国際家族法における当事者自治の根拠は，理論的根拠と実質的根拠に分けることができるが，前者に属するものとして，実質法上の自治，連結困難，個人の権利・自由が，後者に属するものとして，抵触規則の柔軟性，予見可能性及び法的安定性，法性決定・適応問題の回避，手続の充実・容易化が挙げられた。我が国でも，社会全体のグローバル化に従い，従来属人法の連結点と考えられてきた国籍や常居所のいずれが最も密接な関係を示すものであるかを客観的，一義的に決定するのが困難になってきている。したがって，硬直的な客観的連結に一定の柔軟性を確保する必要が認められる。そのために考えられる方法としては，柔軟な客観的連結を定めること，そして，当事者に準拠法の選択を認めることがある。前者を採用すると，裁判所によって判断が下されるまで準拠法が固定されず，当事者の予見可能性や法的安定性に欠ける部分があろう。それに対して，当事者自治の最重要機能は，予見可能性及び法的安定性の確保であるとされる。また，当事者自治を採用することで，法性決定・適応問題を回避する機会が与えられるという利点もあるなど一定の有用性も認められる。このように，前述の問題点を解消する方法としては，当事者自治が最適であると考えられる。

他方で，親子関係の成立及び効力並びに婚姻の成立については，現在，当事者自治を認めている立法例はなく，これを支持する意見も多くはない。親子関係については，子が未成年であれば，法律行為の主体としての能力を認められず，当事者の一方である親が相手方である子の代理人として準拠法選択の合意をすることになり，妥当ではないと考えられる。また，婚姻の実質的成立要件については，実務上の問題が生じうるほか，本国法による規律が強行的なものであるとすれば，常居所地法の選択は許されないこととなる。

次に，第2節ないし第6節では，第2章ないし第4章で取り上げられた事項

終　章

について個別に，我が国で当事者自治が許容されうるかを検討した。まず，相続については，我が国でも広くその導入が議論されてきたが，これまで立法には至っていない。従来，その必要性が乏しいこと，遺留分権利者の権利が害されるおそれがあること等が指摘されてきたが，いまや単に遺留分権利者の保護を理由として当事者自治を完全に否定することがあまり説得的でないとの意見もあり，また，欧州連合でも相続準拠法の選択が被相続人に認められたこともあり，我が国でも再考される余地はあろう。また，離婚については，前述のような当事者自治の根拠づけがあてはまるほか，離婚保護の見地から法廷地法の選択を認める立法例がある。我が国国際私法上，離婚が保護されなければならないほど重要なものであるかは明白でなく，直ちに法廷地法の選択を認めることはできないと思われる。扶養議定書も，法廷地法の選択を可能とするが，これは手続の容易化のためであるとされる。このような根拠づけが妥当するのは扶養義務に限られず，これを認めるのであれば，国際私法の強行性にかかわる議論が必要となろう。氏についてはそもそも国際私法上の取扱いが定まっていないが，私法上の問題として規律されるとすれば，当事者自治の導入を一考する価値はあると思われる。

　このように，一部例外はあるが，我が国でも国際家族法への当事者自治の導入は根拠づけられうると考えられる。そのうえで，立法論としては，たとえば複数の当事者がかかわる場合に，当事者の一方の本国法又は常居所地法を選択することができるのか，双方の本国法又は常居所地法が同一である場合に限り選択することができるのか，いかなる時点の国籍又は常居所が連結点となるのか，その他の法（財産所在地法，法廷地法等）を選択することができるのか，準拠法を選択するのにいかなる方式が求められるか等を判断する必要があり，これらの点については今後の課題としたい。

　また，個人の権利・自由，自己決定，アイデンティティーなどによる根拠づけが，ヨーロッパを中心に拡大している。このような見地からすれば，国際家族関係については原則的に当事者自治が認められることになる。主として，ヨーロッパでは欧州人権条約や欧州基本権憲章，ドイツではGG第2条第1項にこのような取扱いの根拠が求められる。もっとも，第2章ないし第4章で概観した立法例の中には，このような根拠づけに言及するものはなかった。我が

終　章

国でもこのような根拠づけの支持者は増えつつあり，我が国国際家族法におけ
る当事者自治は，ますますもって許容されるようになりうると思われる。

資　料

〈資料１〉「離婚及び法的別居の準拠法の領域における先行統合を実施する 2010 年 12 月 20 日の理事会規則(EU)1259/2010」

欧州連合理事会は,

欧州連合の運営に関する条約,特に同条約第 81 条第 3 項を考慮し,

離婚及び法的別居の準拠法の領域における先行統合の権限を付与する 2010 年 7 月 12 日の理事会決定 2010/405/EU[1]を考慮し,

欧州委員会による提案を考慮し,

各国議会への立法行為草案の伝達の後,

欧州議会の意見を考慮し,

欧州経済社会評議会の意見を考慮し,

特別立法手続に従い行動し,

(1) 欧州連合は,人の自由移動が保障される自由,安全及び司法の領域を維持し,及び発展させるという目的を有する。このような領域の漸進的な確立のため,欧州連合は,渉外的な要素を含む民事事件における司法協力に関する措置を採択しなければならず,特に域内市場の適切な運営に必要な場合にはそうである。

(2) 欧州連合の運営に関する条約第 81 条に従い,これらの措置は,法の抵触に関して構成国において適用される準則の調和を確保することを目的とする措置を含むものでなければならない。

(3) 2005 年 3 月 14 日,欧州委員会は,離婚事件における準拠法及び裁判管轄に関するグリーンペーパーを採択した。当該グリーンペーパーにより,現在の状況下で生じうる問題に対して講じうる解決策に関する広範囲にわたる市民への意見聴取がおこなわれた。

(4) 2006 年 7 月 17 日,欧州委員会は,裁判管轄に関して規則(EC)2201/2003[2]を修正し,及び婚姻事件における準拠法に関する準則を導入する規則を提案した。

(5) 2008 年 6 月 5・6 日のルクセンブルクにおけるその会議で,理事会は,当該提案についての全会一致がなく,その時にも近い将来にも全会一致を不可能にする克服できない困難があるとの結論を下した。理事会は,当該提案の目的が,基本条約の関連規定を適用することによって合理的な期間内に達成されることができないことを証明した。

(6) ベルギー,ブルガリア,ドイツ,ギリシャ,スペイン,フランス,イタリア,

---

(1) OJ L 189, 22.7.2010, p. 12.

(2) Council Regulation (EC) No 2201/2003 of 27 November 2003 concerning jurisdiction and the recognition and enforcement of judgments in matrimonial matters and the matters of parental responsibility (OJ L 338, 23.12.2003, p. 1).

資　料

　　ラトビア，ルクセンブルク，ハンガリー，マルタ，オーストリア，ポルトガル，
　　ルーマニア及びスロベニアはその後，それらの国が婚姻事件における準拠法の
　　領域でそれらの間で先行統合を設定することを意図していることを示す要求を
　　欧州委員会に提出した。2010 年 3 月 3 日，ギリシャはその要求を撤回した。

(7)　2010 年 7 月 12 日，理事会は，離婚及び法的別居の準拠法の領域における先行
　　統合の権限を付与する決定 2010/405/EU を採択した。

(8)　欧州連合の運営に関する条約第 328 条第 1 項によれば，先行統合が設定されて
　　いる場合には，それは，権限を付与する決定により定められる全ての参加要件
　　の遵守を条件として，全ての構成国に対して開かれていなければならない。そ
　　れはまた，その他の時には，これらの要件に加えて，その枠組においてすでに
　　採択された立法行為の遵守を条件として，全ての構成国に対して開かれていな
　　ければならない。欧州委員会及び先行統合に参加している構成国は，それらが
　　可能な限り多くの構成国による参加を促進することを確保しなければならない。
　　本規則は，基本条約に従い，参加構成国においてのみ完全な形で拘束力を有し，
　　直接に適用される。

(9)　本規則は，参加構成国において離婚及び法的別居の準拠法の領域における明確
　　で包括的な法的枠組を創設し，法的安定性，予見可能性及び柔軟性の点で適切
　　な結果を市民に与え，夫婦の一方が，彼又は彼女が自身の利益にとってより有
　　利であると考える特定の法により手続が規律されることを確保するために，他
　　方に先んじて離婚を申し立てるという状況が生じることを妨げる。

(10)　本規則の実質的適用範囲及び制定される条項は，規則(EC)2201/2003 と矛盾し
　　ない。ただし，本規則は，婚姻の無効には適用されない。
　　　本規則は，婚姻のきずなを解消し，又は弱めることにのみ適用される。本規
　　則の抵触規則により決定される法は，離婚及び法的別居の事由に適用される。
　　　権利能力及び行為能力並びに婚姻の有効性のような先決問題並びに離婚又は
　　法的別居の財産的効力，氏，親責任，扶養義務若しくはその他のあらゆる付随
　　的な措置のような事項は，関係する参加構成国において適用される抵触規則に
　　より決定される。

(11)　本規則の領域的適用範囲を明確に定めるため，当該先行統合に参加している構
　　成国は特定されなければならない。

(12)　本規則は普遍的である。すなわち，その統一的な抵触規則においては，参加構
　　成国の法，不参加構成国の法又は欧州連合の構成国でない国の法が指定されう
　　る。

(13)　本規則は，受訴裁判所の性格にかかわらず適用される。それが可能であるとき
　　は，裁判所は，規則(EC)2201/2003 に従い係属したものとみなされる。

(14)　夫婦が密接な関連を有する準拠法を選択することを認めるため，又はそのよう

〈資料 1 〉

な選択がない場合には，当該法が彼らの離婚若しくは法的別居に適用されるように，当該法は，それが参加構成国の法でない場合であっても適用される。他の構成国の法が指定される場合，民事及び商事事件における欧州司法ネットワークを創設する 2001 年 5 月 28 日の理事会決定 2001/470/EC[3] により創設されたネットワークが，外国法の内容に関して裁判所を支援するのに貢献しうる。

(15) 市民の移動の増加は，より多くの柔軟性及びより大きな法的安定性を要求する。その目的を達成するため，本規則は，当事者に対しその離婚又は法的別居の準拠法を選択する制限的な可能性を与えることによって，離婚及び法的別居の領域における当事者自治を強化する。

(16) 夫婦は，特別の関連を有する国の法又は法廷地法を離婚及び法的別居の準拠法として選択することができる。夫婦によって選択された法は，基本条約及び欧州連合基本権憲章によって承認されている基本権と調和するものでなければならない。

(17) 準拠法を指定する前に，各国国内法及び欧州連合法の本質的な側面並びに離婚及び法的別居を規律する手続に関する最新の情報へのアクセスを有していることが夫婦にとって重要である。そのような適切で良質の情報へのアクセスを保障するため，欧州委員会は，理事会決定 2001/470/EC により設置されたインターネット上の公の情報システムにおいて，そのような情報を定期的に更新する。

(18) 夫婦双方による情報に基づく選択は，本規則の基本原則である。夫婦はそれぞれ，準拠法選択の法的社会的影響を正確に知っていなければならない。合意による準拠法選択の可能性は，夫婦双方の権利及び平等な機会を害しないものである。したがって，参加構成国の裁判官は，締結された準拠法選択合意の法的影響に関して夫婦双方の立場で，情報に基づく選択の重要性に気が付いていなければならない。

(19) 夫婦の情報に基づく選択が促進され，彼らの同意が法的安定性及び司法へのより良いアクセスを確保する目的で尊重されるために，実質的及び形式的有効性に関する準則は，明確にされる。形式的有効性に関しては，夫婦がその選択の影響に気付くことを確実にするため，一定のセーフガードが導入される。準拠法選択合意は，少なくとも書面で明示され，日付を記載され，夫婦双方により署名されなければならない。ただし，夫婦双方が合意の締結時においてともに常居所を有する参加構成国の法が，形式に関する追加の準則を規定している場合には，それらの準則が遵守されなければならない。たとえば，そのような形式に関する追加の準則は，合意が婚姻契約に挿入される参加構成国において存

---

(3) OJ L 174, 27.6.2001, p. 25.

資　料

在しうる。合意の締結時において，夫婦が形式に関して異なる準則を規定する
異なる参加構成国に常居所を有する場合には，これらの国の一方の形式に関す
る準則の遵守で十分である。合意の締結時において，夫婦の一方のみが形式に
関する追加の準則を規定する参加構成国に常居所を有する場合，これらの準則
が遵守されなければならない。

(20) 準拠法を指定する合意は，遅くとも裁判所に係属する時点まで，法廷地法がそ
のように規定する場合には手続中でさえ，締結し，及び変更することができる。
後者の場合，そのような指定は，法廷地法に従い裁判所で記録されることで十
分である。

(21) 準拠法選択がない場合には，法的安定性及び予見可能性を保障し，夫婦の一方
が，彼又は彼女が自身の利益にとってより有利であると考える一定の法により
手続が規律されることを確保するために他方に先んじて離婚を申し立てるとい
う状況が生じることを妨げるため，本規則は，夫婦と関係する法との間の密接
な関連の存在に基づく段階的な連結点の基準による調和された抵触規則を導入
する。そのような連結点は，夫婦が密接な関連を有する法により離婚又は法的
別居に関連する手続が規律されることを保障するために選択される。

(22) 本規則がある国の法の適用のために連結点として国籍に言及するとき，重国籍
をどのように取り扱うかという問題は，欧州連合の一般原則に十分な敬意を
払って，各国国内法に委ねられる。

(23) 法的別居を離婚に転換するために裁判所に係属する場合であって，当事者が準
拠法に関していかなる選択もしていないときは，法的別居に適用される法が離
婚にも適用される。そのような連続性は，当事者にとって予見可能性を促進し，
法的安定性を増加させるであろう。法的別居に適用される法が法的別居の離婚
への転換を規定していない場合には，離婚は，当事者による選択がない場合に
適用される抵触規則により規律される。このことは，夫婦が本規則の他の準則
に基づき離婚を求めることを妨げるものではない。

(24) 一定の状況において，たとえば準拠法が離婚を規定せず，又はそれが夫婦の一
方にその性別を理由に離婚若しくは法的別居に対する平等な権利を与えない場
合においては，それにかかわらず，受訴裁判所の法が適用される。ただし，こ
のことは，公序条項の適用を妨げない。

(25) 公益の考慮は，外国法の規定の適用が明らかに法廷地の公序に反する一定の場
合において，例外的な状況のもとでその適用を無視する可能性を構成国の裁判
所に認める。ただし，裁判所は，他の国の法の適用を無視することが欧州連合
基本権憲章，特にいかなる形式の差別も禁止する同憲章第 21 条に反するであ
ろう場合には，そうするために公序条項を適用することはできない。

(26) 本規則が，受訴裁判所の属する参加構成国の法が離婚を規定しないという事実

〈資料1〉

に言及するとき，このことは，当該構成国の法が離婚制度を有しないことを意味するものと解釈される。そのような場合には，裁判所は，本規則により離婚を宣言する義務を負わない。

　本規則が，受訴裁判所の属する参加構成国の法が離婚手続上問題の婚姻を有効なものとみなさないという事実に言及するとき，このことは，とりわけ，そのような婚姻が当該構成国の法において存在しないことを意味するものと解釈される。そのような場合には，裁判所は，本規則により離婚又は法的別居を宣言する義務を負わない。

(27) 本規則により規律される事項に関して複数の法体系又は一連の準則が併存する国及び参加構成国があるため，それらの国及び参加構成国の異なる地域において，又はそれらの国及び参加構成国の異なる人的集団に対して，本規則が適用される範囲を規律する規定がある。

(28) 当事者の一方の本国法を選択する当事者は，選択された法の属する国が離婚に関してそれぞれ固有の法体系又は一連の準則を有する複数の地域から構成される場合において，その国にその中から準拠法を指定する準則がないときは，いずれの地域の法を合意したかを同時に示さなければならない。

(29) 本規則の目的，すなわち，国際的な婚姻関係手続における法的安定性，予見可能性及び柔軟性の強化と，それによる欧州連合域内での人の自由移動の促進が，構成国によっては十分に達成されることができないが，本規則の規模及び効果のために欧州連合レベルでよりよく達成されることができるため，欧州連合は，欧州連合条約第5条に規定する補完性原則に従い，適切である場合には先行統合によって措置を採択することができる。同条に規定する比例性原則に従い，本規則は，それらの目的を達成するために必要な範囲を越えるものではない。

(30) 本規則は，基本権を尊重し，欧州連合基本権憲章，特に性別，人種，肌の色，民族若しくは社会的起源，遺伝的特徴，言語，宗教若しくは信仰，政治的若しくはその他のあらゆる意見，国家における少数派に属すること，財産，出自，身体障害，年齢又は性的志向のようないかなる事由に基づく差別も禁止されると定める同憲章第21条によって承認されている原則に従うものである。本規則は，これらの権利及び原則に敬意を払って，参加構成国の裁判所により適用される。

以上の経緯から，本規則を採択した。

資　料

第1章　適用範囲，規則2201/2003(EC)との関係，定義及び普遍的適用

第1条　適用範囲

1. 本規則は，法の抵触に関わる事案に関し，離婚及び法的別居について適用される。
2. 本規則は，次に掲げる事項が，離婚又は法的別居の手続と関連して先決問題として生じるに過ぎない場合であっても，その事項については適用しない。
  (a) 自然人の権利能力及び行為能力
  (b) 婚姻の存在，有効性又は承認
  (c) 婚姻の無効
  (d) 夫婦の氏
  (e) 夫婦財産制
  (f) 親責任
  (g) 扶養義務
  (h) 信託又は相続

第2条　規則(EC)2201/2003との関係

本規則は，規則(EC)2201/2003の適用に影響を及ぼさない。

第3条　定　義

本規則の適用上，

1. 「参加構成国」とは，決定2010/405/EUにより，又は欧州連合の運営に関する条約第331条第1項第2段若しくは第3段に従い採択された決定により，離婚及び法的別居の準拠法に関する先行統合に参加している構成国をいう。
2. 「裁判所」とは，本規則の適用範囲に属する事項について管轄権を有する参加構成国の機関全てを含むものとする。

第4条　普遍的適用

本規則により指定された法は，それが参加構成国の法であると否とを問わず，適用される。

第2章　離婚及び法的別居の準拠法に関する統一規則

第5条　当事者による準拠法選択

1. 夫婦は，離婚及び法的別居の準拠法を指定する合意をすることができる。ただし，その法は，次に掲げる法の1つでなければならない。
  (a) 夫婦が合意の締結時においてともに常居所を有する国の法
  (b) 夫婦が最後にともに常居所を有していた国であって，夫婦の一方が合意の締結時においてなお常居所を有する国の法

〈資料1〉

(c) 夫婦の一方が合意の締結時において国籍を有する国の法
(d) 法廷地法
2. 第3項の適用を妨げることなく，準拠法を指定する合意は，遅くとも裁判所に係属する時まで，いつでも締結及び変更することができる。
3. 法廷地法がそのように規定する場合には，夫婦は，手続中に裁判所において準拠法を指定することもできる。この場合において，その指定は，法廷地法に従い裁判所において記録されなければならない。

第6条　同意及び実質的有効性
1. 準拠法選択合意又はその条項の存在及び有効性は，当該合意又は条項が有効であったならば本規則に従いこれを規律するであろう法により判断される。
2. 前項にかかわらず，夫婦の一方は，自己が同意していなかったことを証明するために，第1項に規定する法に従ってその行為の効果を判断することが合理的でないであろうことが状況から明らかになる場合には，裁判所に係属した時点で自己が常居所を有する国の法に依拠することができる。

第7条　形式的有効性
1. 第5条第1項及び第2項の合意は，書面で明示され，日付を記載され，夫婦双方により署名されなければならない。合意の永続的記録を提供する電子的方法による意思伝達は全て，書面と同等のものとみなす。
2. ただし，夫婦双方が合意の締結時においてともに常居所を有する参加構成国の法が，この種の合意に追加の形式的要件を規定している場合には，当該要件が適用される。
3. 夫婦が合意の締結時において異なる参加構成国に常居所を有し，これらの構成国の法が異なる形式的要件を規定する場合には，合意は，これらの法のいずれかの要件を満たすときは，形式に関して有効である。
4. 夫婦の一方のみが合意の締結時において参加構成国に常居所を有し，当該構成国がこの種の合意に追加の形式的要件を規定する場合には，当該要件が適用される。

第8条　当事者による選択がない場合における準拠法
　　第5条に基づく選択がない場合には，離婚及び法的別居は，次の掲げる国の法による。
(a) 裁判所に係属した時において夫婦がともに常居所を有する国があるときはその法，それがないときは，
(b) 夫婦が最後にともに常居所を有した国（ただし，居住期間が裁判所に係属する1年以内に終了したときに限る。）であって，裁判所に係属した時において夫婦の一方がなお常居所を有する国があるときはその法，それがないときは，
(c) 裁判所に係属した時において夫婦双方が国籍を有する国があるときはその法，

資　料

それがないときは,
(d)　係属した裁判所の属する国の法。

第9条　法的別居の離婚への転換

1. 法的別居が離婚に転換される場合, 両当事者が第5条に従い別段の合意をしたのでない限り, 離婚の準拠法は, 法的別居に適用された法とする。
2. ただし, 法的別居に適用された法が法的別居の離婚への転換を規定していない場合には, 両当事者が第5条に従い別段の合意をしたのでない限り, 第8条が適用される。

第10条　法廷地法の適用

　第5条又は第8条に従い適用される法が離婚を規定せず, 又は夫婦の一方にその性別を理由に離婚若しくは法的別居に対する平等な権利を与えない場合には, 法廷地法が適用される。

第11条　反致の排除

　本規則がある国の法の適用を規定する場合には, それは, その国で効力を有する国際私法規則を除く法規範に送致するものとする。

第12条　公　序

　本規則により指定された法の規定の適用は, その適用が明らかに法廷地の公序に反する場合に限り, 拒絶することができる。

第13条　国内法の相違

　本規則は, 離婚を規定せず, 又は離婚手続上問題の婚姻を有効なものとみなさない法を有する参加構成国の裁判所に, 本規則の適用により離婚を宣言することを義務づけるものではない。

第14条　複数の法体系を有する国——地域的な法の抵触

　ある国が, 本規則により規律される事項に関してそれぞれ固有の法体系又は一連の準則を有する複数の地域から構成される場合, 次に掲げるように解釈する。
(a)　そのような国の法への連結は, 本規則による準拠法の決定上, 関連する地域で効力を有する法への連結と解釈する。
(b)　その国における常居所への連結は, ある地域における常居所への連結と解釈する。
(c)　国籍への連結は, その国の法により指定される地域への, 関連する準則がないときは, 当事者により選択された地域への, 選択がないときは, 夫婦の一方又は双方が最も密接な関連を有する地域への連結とする。

第15条　複数の法体系を有する国——人的な法の抵触

　本規則により規律される事項に関して, 異なる人的集団に適用される複数の法体系又は一連の準則を有する国に関しては, そのような国の法への連結は, その国で効力を有する準則により決定される法体系への連結と解釈する。そのような

〈資料1〉

準則がない場合には，夫婦の一方又は双方が最も密接な関連を有する国の法体系又は準則が適用される。

第16条　国内における法の抵触への本規則の不適用

　　本規則により規律される事項に複数の法体系又は一連の準則が適用される参加構成国は，もっぱらそのような複数の法体系又は準則の間で生じる法の抵触に本規則を適用することを要求されない。

第3章　その他の規定

第17条　参加構成国により提供されるべき情報

1. 参加構成国は，次に掲げる事項に関する国内法上の規定がある場合には，2011年9月21日までに，それについて欧州委員会に通知しなければならない。

(a) 第7条第2項から第4項により準拠法選択合意に適用される形式的要件

(b) 第5条第3項に従い準拠法を指定する可能性

　　参加構成国は，これらの規定のあらゆる事後的な変更について，欧州委員会に通知しなければならない。

2. 欧州委員会は，適切な手段により，特に民事及び商事事件における欧州司法ネットワークのウェブサイトにより，第1項に従い通知された全ての情報を公に利用可能なものとしなければならない。

第18条　経　過　規　定

1. 本規則は，2012年6月21日以降に開始される法的手続及び同日以降に締結された第5条に定める種の合意に限り適用される。

　　ただし，2012年6月21日より前に締結された準拠法選択合意にも，それが第6条及び第7条に従う場合に限り，効力が与えられるものとする。

2. 本規則は，2012年6月21日より前に係属した裁判所の属する参加構成国の法に従い締結された準拠法選択合意を妨げない。

第19条　既存の国際条約との関係

1. 欧州連合の運営に関する条約第351条に基づく参加構成国の義務を妨げることなく，本規則は，本規則が採択された時又は欧州連合の運営に関する条約第331条第1項第2段若しくは第3段に基づく決定が採択された時において，1つ以上の参加構成国が当事国であり，かつ，離婚又は別居に関する抵触規則を規定する国際条約の適用に影響を及ぼさない。

2. ただし，参加構成国間においては，それらの複数の間で排他的に締結された条約が本規則により規律される事項に関係する限りで，本規則が当該条約に対し優先する。

第20条　再検討条項

資　料

1. 欧州委員会は，2015 年 12 月 31 日までに，かつ，その後 5 年毎に，欧州議会，理事会及び欧州経済社会評議会に対し，本規則の適用に関する報告書を提出しなければならない。当該報告書には，それが適切である場合には，本規則の修正提案を添付するものとする。
2. この目的のため，参加構成国は，その裁判所による本規則の適用に関する関連情報を欧州委員会に通知しなければならない。

第 4 章　最 終 規 定

第 21 条　発効及び適用開始日

　　本規則は，欧州連合官報における公表の翌日に発効する。

　　本規則は，2011 年 6 月 21 日から適用される第 17 条を除き，2012 年 6 月 21 日から適用される。

　　欧州連合の運営に関する条約第 331 条第 1 項第 2 段又は第 3 段に従い採択される決定によって先行統合に参加する参加構成国に関しては，本規則は，関係する決定において指定された日から適用される。

本規則は，基本条約に従い，参加構成国において完全な形で拘束力を有し，直接に適用される。

〈資料2〉「夫婦財産事件に関する裁判管轄，準拠法並びに裁判の承認及び執行の領域における先行統合を実施する 2016 年 6 月 24 日の理事会規則(EU)2016/1103」

欧州連合理事会は，

欧州連合の運営に関する条約，特に同条約第 81 条第 3 項を考慮し，

夫婦財産制及び登録パートナーシップ財産制の双方を包含する国際的なカップルの財産事件に関する裁判管轄，準拠法並びに裁判の承認及び執行の領域における先行統合の権限を付与する 2016 年 6 月 9 日の理事会決定(EU)2016/954[1]を考慮し，

欧州委員会による提案を考慮し，

各国議会への立法行為草案の伝達の後，

欧州議会の意見[2]を考慮し，

特別立法手続に従い行動し，

(1) 欧州連合は，人の自由移動が保障される自由，安全及び司法の領域を維持し，及び発展させるという目的を設定した。当該領域の漸進的な確立のため，欧州連合は，渉外的な要素を含む民事事件における司法協力に関する措置を採択しなければならず，特に域内市場の適切な運営に必要な場合にはそうである。

(2) 欧州連合の運営に関する条約（「欧州連合運営条約」）第 81 条第 2 項(c)に従い，そのような措置は，構成国において適用される法及び裁判管轄の抵触に関する準則の調和を確保することを目的とする措置を含むことができる。

(3) 1999 年 10 月 15・16 日のタンペレにおける欧州理事会会議は，民事事件における司法協力の土台として司法機関による判決その他の裁判の相互承認原則を公認し，同原則を実施する措置のためのプログラムを採択することを理事会及び欧州委員会に求めた。

(4) 欧州委員会及び理事会に共通の民事及び商事事件における裁判の相互承認原則の実施措置のためのプログラム[3]は，2000 年 11 月 30 日に採択された。同プログラムは，裁判の相互承認を容易にする措置として，抵触規則の調和に関する措置を確認し，また，夫婦財産制に関する法文書の起草を規定するものである。

(5) 2004 年 11 月 4・5 日のブリュッセルにおける欧州理事会会議は，「ハーグ・プログラム：欧州連合における自由，安全及び司法の強化」[4]と称される新たなプログラムを採択した。同プログラムにおいて，〔欧州〕理事会は，裁判管轄及び相互承認の問題を含む夫婦財産事件における法の抵触に関するグリーン

---

(1) OJ L 159, 16.6.2016, p. 16.

(2) Opinion of 23 June 2016 (not yet published in the Official Journal).

(3) OJ C 12, 15.1.2001, p. 1.

(4) OJ C 53, 3.3.2005, p. 1.

資　料

ペーパーを提出することを欧州委員会に求めた。同プログラムはまた，当該領域において法文書を採択する必要性を強調した。

(6) 2006 年 7 月 17 日，欧州委員会は，裁判管轄及び相互承認の問題を含む夫婦財産制に関する事件における法の抵触に関するグリーンペーパーを採択した。同グリーンペーパーにより，ヨーロッパにおいてカップルがその共有財産の清算に至った場合に直面する問題と利用可能な法的救済の全ての側面について広範な協議が開始された。

(7) 2009 年 12 月 10・11 日のブリュッセルにおける会議において，欧州理事会は，「ストックホルム・プログラム――市民に役立ちこれを保護する開かれた安全なヨーロッパ」(5)と称する新たな多年度プログラムを採択した。当該プログラムにおいて，欧州理事会は，構成国の公序を含む法制度及びこの領域における国家の伝統を考慮しつつ，夫婦の財産権のような未だ取り扱われていないが日常生活に本質的な領域に相互承認が拡張されるべきであると考えた。

(8) 2010 年 10 月 27 日に採択された「欧州連合市民権レポート 2010：欧州連合市民の権利の障害を取り除く」において，欧州委員会は，人の自由移動の障害，特にカップルがその財産の管理又は分離において経験する問題を除去するための立法提案を採択することを公表した。

(9) 2011 年 3 月 16 日，欧州委員会は，夫婦財産事件における裁判管轄，準拠法並びに裁判の承認及び執行に関する理事会規則提案並びに登録パートナーシップ財産制に関する裁判管轄，準拠法並びに裁判の承認及び執行に関する理事会規則提案を採択した。

(10) 2015 年 12 月 3 日の会議において，理事会は，夫婦財産制及び登録パートナーシップ財産制に関する 2 つの規則についての提案の採択について全会一致を達成することができず，それゆえ，この領域における協力という目的を欧州連合全体により合理的な期間内に到達することができないと結論づけた。

(11) 2015 年 12 月から 2016 年 2 月までに，ベルギー，ブルガリア，チェコ共和国，ドイツ，ギリシャ，スペイン，フランス，クロアチア，イタリア，ルクセンブルク，マルタ，オランダ，オーストリア，ポルトガル，スロベニア，フィンランド及びスウェーデンが，欧州委員会に対し，国際的なカップルの財産制の領域，特に夫婦財産事件における裁判管轄，準拠法並びに裁判の承認及び執行並びに登録パートナーシップ財産制に関する裁判管轄，準拠法並びに裁判の承認及び執行の領域で，それらの間で先行統合を設定することを望んでいることを示し，かつ，これに関して欧州委員会が理事会に提案を提出することを求める要求を送付した。キプロスは，2016 年 3 月の欧州委員会への文書によって当該

---

(5)　OJ C 115, 4.5.2010, p. 1.

208

〈資料2〉

先行統合の設定への参加の意思を表明し，理事会の作業中にこの意思を繰り返し述べた。

(12) 2016 年 6 月 9 日，理事会は，当該先行統合の権限を付与する決定（EU）2016/954 を採択した。

(13) 欧州連合運営条約第 328 条第 1 項によれば，先行統合が設定されている場合には，それは，権限を付与する決定により定められる全ての参加要件の遵守を条件として，全ての構成国に対して開かれていなければならない。それはまた，その他の時には，これらの要件に加えて，その枠組においてすでに採択された立法行為の遵守を条件として，全ての構成国に対して開かれていなければならない。欧州委員会及び先行統合に参加している構成国は，それらが可能な限り多くの構成国による参加を促進することを確保しなければならない。本規則は，決定（EU）2016/954 によって，又は欧州連合運営条約第 331 条第 1 項第 2 段若しくは第 3 段に従い採択された決定によって，夫婦財産制及び登録パートナーシップ財産制の双方を包含する国際的なカップルの財産制に関する裁判管轄，準拠法並びに裁判の承認及び執行の領域における先行統合に参加している構成国においてのみ，完全な形で拘束力を有し，直接に適用される。

(14) 欧州連合運営条約第 81 条に従い，本規則は，渉外的な要素を含む夫婦財産制の文脈において適用される。

(15) 婚姻しているカップルにその財産に関する法的安定性と一定の予見可能性を与えるため，夫婦財産制に適用される準則は全て 1 つの法文書に含まれるべきである。

(16) これらの目的を達成するため，本規則は，裁判管轄，準拠法並びに裁判，公文書及び裁判上の和解の承認又は場合によって受理，執行可能性及び執行に関する規定を集約するものである。

(17) 本規則は，「婚姻」を定義しておらず，それは構成国の国内法により定義される。

(18) 本規則の適用範囲には，夫婦財産制の民事法上の全ての側面，すなわち，夫婦財産の日常的な管理及び特に夫婦の別離又は夫婦の一方の死亡の結果としての財産制の清算の双方を含む。本規則の適用上，「夫婦財産制」という文言は，自律的に解釈されなければならず，夫婦が逸脱することができない準則のみならず，夫婦が準拠法に従い合意することができるあらゆる選択的な準則及び準拠法のデフォルト・ルールも含むものである。当該文言には，婚姻している場合について諸国家の法制度上特に，排他的に予定されている財産に関する取り決めのみならず，夫婦関係又はその解消から直接に生じる夫婦間及び夫婦と第三者との関係におけるあらゆる財産的な関係を含む。

(19) 明確性の観点から，夫婦財産事件と関連を有すると見られうる多くの問題は，

209

資　料

本規則の適用範囲から明示的に除外される。

(20) したがって，本規則は，夫婦の一般的な権利能力及び行為能力の問題には適用しない。しかしながら，当該除外事項は，夫婦間又は第三者との関係における財産に関する夫婦の一方又は双方の特別の権限及び権利を包含するものではなく，なぜなら，これらの権限及び権利が本規則の適用範囲に含まれるからである。

(21) 本規則は，婚姻の存在，有効性又は承認等のその他の先決問題には適用されず，これらは引き続き，国際私法規則を含む構成国の国内法により処理される。

(22) 夫婦間の扶養義務は，理事会規則(EC)4/2009[6]により規律されるため本規則の適用範囲から除外され，死亡した配偶者の財産の相続に関する問題も，欧州議会及び理事会規則(EU)650/2012[7]により処理されるため同様に除外される。

(23) 婚姻中に発生したが婚姻中の年金収入とならなかった退職年金又は障害年金の権利の夫婦間における移転又は調整の資格の問題は，その性質にかかわらず，構成国において存在する特有の制度を考慮して，本規則の適用範囲から除外される事項である。しかしながら，この除外は，厳格に解釈されなければならない。したがって，本規則は特に，年金資産の分類の問題，婚姻中にすでに夫婦の一方に支払われた額の問題及び年金が共有財産に帰属する場合に与えられうる補償の問題を規律する。

(24) 本規則は，夫婦財産制の準拠法において規定される不動産又は動産に対する権利の，夫婦財産制から生じる創設又は移転を認めるものである。しかしながら，本規則は，一定の構成国の国内法において規定されている物権法定主義('*numerus clausus*')に影響を与えるものではない。構成国は，問題となる物権がその法において規定されていない場合には，当該構成国に所在する財産に関する物権を承認することを要求されない。

(25) しかしながら，夫婦財産制の結果として夫婦に対して創設され，又は移転された権利を当該夫婦が他の構成国において享受することを可能にするため，本規則は，当該他の構成国の法のもとで最も近い価値の権利への規定されていない権利の適応を規定する。このような適応の文脈においては，特定の物権及び

---

(6) Council Regulation (EC) No 4/2009 of 18 December 2008 on jurisdiction, applicable law, recognition and enforcement of decisions and cooperation in matters relating to maintenance obligations (OJ L 7, 10.1.2009, p. 1).

(7) Regulation (EU) No 650/2012 of the European Parliament and of the Council of 4 July 2012 on jurisdiction, applicable law, recognition and enforcement of decisions and acceptance and enforcement of authentic instruments in matters of succession and on the creation of a European Certificate of Succession (OJ L 201, 27.7.2012, p. 107).

それに付属する効力によって追求される目的及び利益に注意が払われなければならない。最も近しい価値の国内法上の権利を決定するため，夫婦財産制に適用される法が属する国の機関又は権限ある者に，当該権利の性質及び効力に関するさらなる情報を得るために連絡をとることができる。そのため，民事及び商事事件における司法協力の領域における既存のネットワーク並びに外国法の理解を容易にするために利用可能なその他のあらゆる手段を利用することができる。

(26) 本規則に明示的に規定する法律上存在しない権利の適応は，本規則の適用の文脈におけるその他の形式の適応を排除するものではない。

(27) 不動産又は動産に対する権利の登録簿への登載のための要件は，本規則の適用範囲から除外される。したがって，いかなる要件のもとでどのようにして登載されるか，土地登記官又は公証人等，いかなる機関が，全ての要件が満たされていること及び提出され，又は証明された文書が十分であるか，必要な情報を含んでいるかを審査する責任を負うのかを決定するのは，当該登録簿を保持する構成国の法（不動産については，所在地法）である。特に，当該機関は，登録のために提出された文書に記載されている財産に対する夫婦の一方の権利が，当該登録簿にそれ自体として登載されている権利であり，あるいは，当該登録簿を保持する構成国の法に従ってその他の方法で証明される権利であることを審査することができる。文書の重複を回避するため，登録機関は，本規則によりその自由移動が規定される，権限ある機関によって他の構成国において作成されたそのような文書を受理しなければならない。このことは，登録に関与する機関が，登録簿を保持する構成国の法のもとで要求される，租税の支払いに関する情報又は文書等の追加の情報を提供し，又は追加の文書を提出することを登録申請者に要求することを妨げるものではない。権限ある機関は，不足している情報又は文書をどのようにして提供することができるかを登録申請者に対して指摘することができる。

(28) 登録簿への権利の登載の効果もまた，本規則の適用範囲から除外される。したがって，そのような登載がたとえば報告的効果を有するか創設的効果を有するかを決定するのは，当該登録簿を保持する構成国の法である。そのため，たとえば，不動産に対する権利の取得が，登録簿を保持する構成国の法のもとで，登録簿の対世的効果を保障し，又は法的取引を保護するために，当該登録簿への登載を必要とする場合，当該取得の時期は当該構成国の法によって規律される。

(29) 本規則は，構成国において適用される夫婦財産事件を処理するための異なる制度を尊重する。したがって，本規則の適用上，「裁判所」という文言には，司法的権限を行使する厳格な意味における裁判所のみならず，夫婦財産制の一定

211

資　料

の事項について裁判所のような司法的権限を行使する諸構成国の公証人等並び
に裁判所による権限の委譲により一定の夫婦財産制について司法的権限を行使
する諸構成国の公証人及び法律に関する専門家をも包含するように，広い意味
が与えられる。本規則に定義される全ての裁判所は，本規則に規定する裁判管
轄規則に拘束される。反対に，「裁判所」という文言は，通常そうであるよう
に司法的権限を行使しているのでないほとんどの構成国における公証人等，夫
婦財産事件を処理する権限を国内法上付与された構成国の非司法機関を含まな
い。

(30) 本規則は，構成国において夫婦財産制に関する権限のある全ての公証人がその
ような権限を行使することを認めるものである。特定の構成国の公証人が本規
則に規定する裁判管轄規則に拘束されるか否かは，それが本規則の適用上「裁
判所」という文言に包含されるか否かによる。

(31) 構成国において夫婦財産制に関して公証人により発行された文書は，本規則に
従い自由に移動する。公証人が司法的権限を行使する場合には，それは本規則
に規定する裁判管轄規則に拘束され，それが与えた判断は，裁判の承認，執行
可能性及び執行に関する本規則の規定に従い自由に移動する。公証人が司法的
権限を行使しない場合には，それはこれらの裁判管轄規則に拘束されず，それ
が発行する公文書は，本規則の公文書に関する規定に従って自由に移動する。

(32) 夫婦の婚姻生活中の移動の増加を反映し，司法の適切な運営を促進するため，
本規則に規定する裁判管轄規則は，市民に対し，彼らの様々な手続を同一の構
成国の裁判所によって処理させることを可能にする。そのため，本規則は，規
則 (EU) 650/2012 に従い夫婦の一方の相続を，又は理事会規則 (EC) 2201/
2003[8] に従い離婚，法的別居又は婚姻の無効を処理することを求められる裁判
所の属する構成国に，夫婦財産制に関する裁判管轄を集中させるよう努める。

(33) 本規則は，夫婦の一方の相続に関する手続が，規則 (EU) 650/2012 のもとで
受訴した構成国裁判所に係属している場合には，当該構成国の裁判所が，当該
相続事件に関連して生じる夫婦財産事件に関して判断するための管轄権を有す
ることを規定する。

(34) 同様に，規則 (EC) 2201/2003 のもとで離婚，法的別居又は婚姻の無効について
受訴した構成国裁判所において係属する手続と関連して生じる夫婦財産事件は，
離婚，法的別居又は婚姻の無効について判断するための管轄権が特別の管轄原

---

(8)　Council Regulation (EC) No 2201/2003 of 27 November 2003 concerning jurisdiction
and the recognition and enforcement of judgments in matrimonial matters and the
matters of parental responsibility, repealing Regulation (EC) No 1347/2000 (OJ L 338,
23.12.2003, p. 1).

〈資料2〉

因のみに基づくのでない限り，当該構成国の裁判所によって処理される。離婚，法的別居又は婚姻の無効について判断するための裁判管轄が特別の管轄原因のみに基づく場合には，裁判管轄の集中は，夫婦の合意なしには可能とならない。

(35) 夫婦財産事件が，夫婦の一方の相続又は離婚，法的別居若しくは婚姻の無効に関して構成国裁判所に係属している手続と事関連するものでない場合，本規則は，裁判管轄を決定するため段階的な連結点を規定しており，それは，裁判所に係属した時点における夫婦の常居所を第1の連結点とする。これらの連結点は，市民の移動の増加の観点から，また，真正の連結点が夫婦と管轄権を行使する構成国との間に存在することを確保するために定められている。

(36) 法的安定性，予見可能性及び当事者の自治を強化するため，本規則は，一定の状況のもとで，当事者が，準拠法所属構成国の裁判所又は婚姻締結地である構成国の裁判所を選択する裁判管轄合意を締結することを可能にする。

(37) 本規則の適用上，全ての起こりうる状況を包含するため，婚姻締結地である構成国は，そこにおいて婚姻が締結された機関の属する構成国である。

(38) 構成国裁判所は，その国際私法により，問題の婚姻を夫婦財産制の手続上承認することができないと判断することができる。この場合においては，本規則のもとで裁判管轄を否定することが例外的に必要となりうる。裁判所は，迅速に行動しなければならず，利害関係者は，管轄原因の序列にかかわらず，裁判管轄を与える連結点を有する他のあらゆる構成国に当該事件を付託する可能性を有し，同時に当事者の自治を尊重している。裁判管轄が否定された後に受訴した婚姻締結地である構成国の裁判所以外のあらゆる裁判所もまた，同一の要件のもとで管轄権を否定することが例外的に必要となる場合がある。しかしながら，様々な裁判管轄規則の連係は，夫婦財産制を実行するために裁判管轄を受け入れることになる構成国の裁判所に提訴する全ての可能性を有することを保障する。

(39) 本規則は，当事者が，裁判外で，たとえば公証人の前で夫婦財産事件を友誼的に解決することが可能である法を持つ構成国を選択して当該構成国においてそのようにすることを妨げるものではない。夫婦財産制の準拠法が当該構成国の法でない場合であっても，このことはあてはまる。

(40) 全ての構成国の裁判所が同一の事由に基づいて，夫婦財産制に関して管轄権を行使することができることを確実にするため，本規則は，そのような補充的な管轄権を行使することができる事由を網羅的に定める。

(41) 特に裁判拒否の状況から救済するため，本規則は，構成国の裁判所が例外的な事由にもとづき，第三国と密接に関連する夫婦財産制について判断することを可能にする緊急管轄を規定する。そのような例外的な事由は，内戦等の理由で当該第三国において手続が不可能であることを証明する場合，あるいは，夫婦

213

資　料

の一方が当該国において手続を開始し，又は実施することを合理的に期待することができない場合に存在すると考えられうる。しかしながら，緊急管轄に基づく管轄権は，当該事件が受訴裁判所の属する構成国と十分な関連を有する場合に限り行使することができる。

(42) 調和的な司法運営のため，複数の構成国において相容れない裁判が下されることは回避されなければならない。そのため，本規則は，民事事件における司法協力の領域の他の欧州連合法文書と類似した一般的な手続規則を規定する。そのような手続規則の1つは，訴訟競合に関する準則であり，それは，同一の夫婦財産事件が異なる構成国の異なる裁判所において提起される場合に発動することになる。当該準則はその際，いずれの裁判所が夫婦財産事件を引き続き処理するべきであるかを判断することになる。

(43) 域内市場によって提供される利益をあらゆる法的安定性をもって利用することを市民に対して可能にするため，本規則は，いずれの法が夫婦財産制に適用されるかを夫婦が前もって知ることを可能にする。それゆえ，調和された抵触規則が，矛盾する結果を回避するために導入されている。主要な準則は，夫婦財産制が，密接に関連する予見可能な法によって規律されることを確実にするものである。法的安定性のため，また，夫婦財産制の分裂を回避するため，夫婦財産制の準拠法は，当該財産制全体を，つまり，財産の性格にかかわらず，財産が他の構成国に所在するか，第三国に所在するかを問わず，当該財産制に含まれる全ての財産を規律する。

(44) 本規則により決定される法は，構成国の法でない場合であっても適用される。

(45) 財産管理を夫婦にとって容易なものとするため，本規則は，財産の性質又は所在を問わずその夫婦財産制に適用される法を，彼らが常居所又は国籍ゆえに密接な関連を有する法から選択する権限を彼らに付与する。当該選択は，いつでも，すなわち婚姻前，婚姻締結時又は婚姻中にすることができる。

(46) 取引の法的安定性を保障し，夫婦に知らされることなしになされる夫婦財産制準拠法の変更を妨げるため，夫婦財産制の準拠法の変更は，両当事者の明示的な要請がある場合を除いてはなされない。夫婦によるそのような変更は，明示的にそれを規定しない限り，遡及効を持たない。いかなる場合であっても，そのような変更が第三者の権利を害することはできない。

(47) 準拠法選択合意の実質的及び形式的有効性に関する準則は，夫婦の情報に基づく選択が促進され，法的安定性及び司法へのよりよいアクセスを保障するとの観点から彼らの同意が尊重されるように定められている。形式的有効性に関しては，夫婦がその選択の影響を認識することを保障するため，一定のセーフガードが導入される。準拠法選択合意は，少なくとも，書面で明示され，日付を記載され，当事者双方により署名されなければならない。ただし，夫婦双方

が合意の締結時点で常居所を有する構成国の法が形式に関する追加の準則を規定する場合には，当該準則が遵守されなければならない。合意の締結時点で夫婦が形式に関して異なる準則を規定する異なる構成国に常居所を有する場合には，これらの構成国の1つの形式に関する準則の遵守で十分である。合意の締結時点で夫婦の一方のみが，形式に関する追加の準則を規定する構成国に常居所を有する場合には，当該準則が遵守されなければならない。

(48) 夫婦財産契約は，夫婦財産に関するある種の処分であり，それが許容され，受け入れられるかは構成国によって異なっている。夫婦財産契約の結果として取得された夫婦の財産権が構成国で受け入れられることを容易にするため，夫婦財産契約の形式的有効性に関する準則が定められている。当該契約は少なくとも，書面で明示され，日付を記載され，当事者双方により署名されなければならない。ただし，当該契約もまた，本規則により決定される夫婦財産制準拠法及び夫婦が常居所を有する構成国の法が定める追加の形式的有効性要件を満たさなければならない。本規則は，いずれの法がそのような契約の実質的有効性を規律するかについても定める。

(49) 準拠法が選択されない場合，予見可能性及び法的安定性と夫婦の現実の生活を一致させるため，本規則は，段階的な連結点に基づき夫婦の財産全てに適用される法を決定する調和された抵触規則を導入する。婚姻直後の夫婦の最初の共通常居所は，第1の基準であり，婚姻時における夫婦の共通本国法に優先する。これらの基準がいずれも適用されないとき，又は夫婦が婚姻締結時点で共通の重国籍を有する場合には最初の共通常居所がないとき，第3の基準は，夫婦が最も密接な関連を有する国の法である。この基準を適用する場合には，全ての状況が考慮されるのであり，また，婚姻締結時点で存在したこれらの関連が考慮されることが明らかにされている。

(50) 本規則が連結点として国籍に言及する場合，複数の国籍を有する者をどのように考慮するかという問題は，本規則の適用範囲外の先決問題であり，欧州連合の一般原則に十分な敬意を払って，適用可能な場合には国際条約を含む国内法に委ねられる。この考慮は，本規則に従ってなされた準拠法選択の有効性に影響を及ぼさない。

(51) 夫婦財産制準拠法の決定に関して，準拠法の選択も夫婦財産契約もない場合には，構成国の司法機関が，夫婦の一方の申立てに応じて，例外的な場合——夫婦がその常居所地国に移動して久しい場合——には，夫婦が当該国の法に依拠していたときは，当該法が適用されるとの結論に至ることができる。いかなる場合であっても，第三者の権利を害することはできない。

(52) 夫婦財産制の準拠法として決定された法は，夫婦の一方又は双方の財産の婚姻中及びその解消後の異なる区分への分類から，財産の清算まで，夫婦財産制を

資　料

規律する。これには，夫婦の一方と第三者との間の法律関係に対する夫婦財産制の効力を含む。ただし，夫婦財産制の準拠法は，夫婦の一方と第三者との間の法律関係が，当該第三者が当該法を知り，又は知っているべきであった時点で生じた場合に限り，そのような効力を規律するものとして，当該第三者に対して，当該夫婦の一方により援用されることができる。

(53) 構成国の政治的，社会的又は経済的構造の保護等の公益の考慮は，構成国の裁判所及びその他の権限ある機関に対して，例外的な場合に，絶対的強行規定に基づく例外を適用する可能性を与えることを正当化する。したがって，「絶対的強行規定」という概念は，家族の家の保護についての準則のような命令的な性質の準則を含むものである。しかしながら，夫婦財産制準拠法の適用に対するこの例外は，本規則の一般的な目的との調和を維持するため，厳格な解釈を必要とする。

(54) 公益の考慮はまた，構成国の裁判所及び夫婦財産事件を処理するその他の権限ある機関が，例外的な状況において，ある特定の事案において外国法の特定の規定の適用が関係構成国の公序に明らかに反するであろう場合に，当該規定を無視することを可能にする。しかしながら，そうすることが欧州連合基本権憲章（「憲章」），特に差別禁止の原則に関する同第21条に反するであろう場合には，裁判所又はその他の権限ある機関は，他の国の法を排除するため，又は他の構成国の裁判，公文書若しくは裁判上の和解の承認若しくは場合によってはその受理若しくは執行を拒絶するために，公序の例外を適用することはできない。

(55) 本規則により規律される事項に関して複数の法体系又は規則が併存する国があるため，当該国の複数の地域において本規則がいかなる範囲で適用されるかを規律する規定がある。

(56) 構成国において下された夫婦財産事件における裁判の相互承認というその一般的な目的に照らして，本規則は，民事事件における司法協力の領域のその他の欧州連合の法文書と類似した裁判の承認，執行可能性及び執行に関する準則を規定する。

(57) 構成国における夫婦財産事件を処理する制度の相違を考慮するため，本規則は，夫婦財産制に関する公文書の全ての構成国における受理及び執行可能性を保障する。

(58) 公文書は，他の構成国において，それらが本源国において有するのと同一の証拠力又は最も比肩する効力を有する。ある特定の公文書の他の構成国における証拠力又は最も比肩する効力を決定する際には，本源構成国における当該公文書の証拠力の性質及び範囲が参照される。したがって，ある特定の公文書が他の構成国で有する証拠力は，本源構成国の法によることになる。

(59) 公文書の「真正性」は，文書の真実性，文書の形式的要件，文書を作成する機関の権限及び文書が作成された手続等の要素を含む自律的な概念である。それはまた，表示された当事者が表示された日に関係する機関の前に出頭し，彼らが表示された宣言をおこなったという事実等，関係する機関によって公文書に登載された事実上の要素も含む。公文書の真正性に異議を申し立てようとする当事者は，公文書の本源構成国の管轄裁判所の前で，当該構成国法に従いそのようにすることができる。

(60) 「公文書に登載された法律行為又は法律関係」という文言は，公文書に登載された実質に関する内容を指すものと解釈される。公文書に登載された法律行為又は法律関係に異議を申し立てようとする当事者は，本規則のもとで管轄権を有する裁判所においてそのようにすることができ，当該裁判所は，夫婦財産制の準拠法に従ってその異議について判断する。

(61) 公文書に登載された法律行為又は法律関係に関する問題が，構成国の裁判所の手続において先決問題として提起される場合には，当該裁判所は，当該問題について管轄権を有する。

(62) 異議を申し立てられている法文書は，その異議が係属している限りは，本源構成国以外の構成国においていかなる証拠力も持たない。その異議が公文書に登載された法律行為又は法律関係に関する特定の事項にのみ関係する場合には，当該公文書は，その異議が係属している限りは，異議を申し立てられている事項に関しては，本源構成国以外の構成国においていかなる証拠力も持たない。

(63) ある機関が本規則の適用にあたって2つの矛盾する公文書を提出される場合には，当該機関は，当該事案の状況を考慮して，いずれの公文書がもしあれば優先権を与えられるかについての問題を判断する。これらの状況から，いずれの公文書がもしあれば優先権を与えられるかが明らかにならない場合には，その問題は，本規則のもとで管轄権を有する裁判所によって判断され，その問題が手続の過程で先決問題として提起される場合には，当該手続の受訴裁判所によって判断される。公文書と裁判が矛盾する場合には，本規則のもとでの裁判の不承認事由が考慮される。

(64) 本規則による夫婦財産制に関する裁判の承認及び執行は，当該裁判を生じさせる夫婦財産制の基礎となる婚姻の承認を意味するものでは決してない。

(65) 本規則と，構成国が当事国である夫婦財産制に関する二国間又は多国間条約との関係は，詳細に規定されている。

(66) 本規則は，2006年に改正された婚姻，養子縁組及び後見に関する国際〔私〕法規定を含むデンマーク，フィンランド，アイスランド，ノルウェー及びスウェーデン間の1931年2月6日の条約，2012年6月に改正された相続，遺言及び財産管理に関する国際私法規定を含むデンマーク，フィンランド，アイス

資　料

ランド，ノルウェー及びスウェーデン間の 1934 年 11 月 19 日の条約並びに民
事事件における判決の承認及び執行に関するデンマーク，フィンランド，アイ
スランド，ノルウェー及びスウェーデン間の 1977 年 10 月 11 日の条約の当事
国である構成国が，これらの条約の特定の規定が夫婦財産事件における裁判の
承認及び執行の単純でより迅速な手続を規定している限りで，これを引き続き
適用することを妨げるものではない。

(67) 本規則の適用を容易にするため，構成国に対して，夫婦財産制に関するその立
法及び手続に関する一定の情報を理事会規則 2001/470/EC[9] により創設された
民事及び商事事件における欧州司法ネットワークの枠組で共有することを求め
る義務についての規定が作成されている。本規則の実務上の適用にとって重要
性を有する全ての情報の欧州連合官報における適時の公表を可能にするため，
構成国はまた，本規則の適用が開始する前にも，欧州委員会にそのような情報
を共有しなければならない。

(68) 同様に，本規則の適用を容易にし，現代の意思伝達技術の利用を可能にするた
め，裁判，公文書又は裁判上の和解の執行宣言の申立てに関連して与えられる
べき認証について，標準書式が規定されている。

(69) 本規則に規定する期間及び期限を計算するにあたっては，理事会規則（EEC,
Euratom）1182/71[10]が適用される。

(70) 本規則の実施に関する条件の統一を確保するため，裁判，裁判上の和解及び公
文書の執行宣言に関連する認証及び書式の創設及び事後的な修正に関しては，
実施権限が欧州委員会に与えられる。これらの権限は，欧州議会及び理事会規
則(EU)182/2011[11]に従って行使される。

(71) 本規則において定める認証及び書式を創設し，並びに事後的に修正する実施行
為の採択については，諮問手続が用いられる。

(72) 本規則の目的，すなわち，欧州連合における人の自由移動，夫婦としての生活
中及びその財産の清算時に夫婦が夫婦間及び第三者との関係において財産関係
を取り決める機会並びにより大きな予見可能性及び法的安定性は，構成国に

---

(9)　Council Decision 2001/470/EC of 28 May 2001 establishing a European Judicial
Network in civil and commercial matters (OJ L 174, 27.6.2001, p. 25).

(10)　Regulation (EEC, Euratom) No 1182/71 of the Council of 3 June 1971 determining
the rules applicable to periods, dates and time limits (OJ L 124, 8.6.1971, p. 1).

(11)　Regulation (EU) No 182/2011 of the European Parliament and of the Council of 16
February 2011 laying down the rules and general principles concerning mechanisms for
control by Member States of the Commission's exercise of implementing powers (OJ L
55, 28.2.2011, p. 13).

〈資料2〉

よっては十分に達成されることができず，むしろ，本規則の規模と効果ゆえに，欧州連合レベルで，適切な場合には構成国間の先行統合によって，よりよく達成されることができる。したがって，欧州連合条約第5条に規定される補完性原則に従い，欧州連合は行動する権限を有する。同条に規定する比例性原則に従い，本規則は，これらの目的を達成するために必要な範囲にとどまる。

(73) 本規則は，基本権を尊重し，憲章，特に私生活及び家族生活に関する第7条，国内法に従い婚姻し，家族を持つ権利に関する第9条，財産権に関する第17条，差別禁止の原則に関する第21条並びに実効的な救済及び公正な裁判に対する権利に関する第47条において承認される諸原則を遵守するものである。本規則は，これらの権利及び原則を遵守して，構成国の裁判所及びその他の権限ある機関によって適用される。

以上の経緯から，本規則を採択した。

第1章　適用範囲及び定義

第1条　適用範囲

1．本規則は，夫婦財産制について適用する。
 本規則は，租税事件，関税事件又は行政事件については適用しない。
2．次に掲げる事項は，本規則の適用範囲から除外される。
 (a) 夫婦の権利能力及び行為能力
 (b) 婚姻の存在，有効性又は承認
 (c) 扶養義務
 (d) 死亡した配偶者の財産の相続
 (e) 社会保障
 (f) 婚姻中に発生したが婚姻中の年金収入とならなかった退職年金又は障害年金の，離婚，法的別居又は婚姻の無効の場合における夫婦間での移転又は調整の資格
 (g) 財産に関する物権の性質
 (h) 不動産又は動産に対する権利の登録簿への登載（そのような登載に係る法律上の要件を含む。）及び当該権利を登録簿へ登載すること又はしないことの効果

第2条　構成国における夫婦財産事件の権限

 本規則は，夫婦財産事件を処理する構成国の機関の権限に影響を及ぼさないものとする。

第3条　定　義

1．本規則の適用上，

219

資　料

(a) 「夫婦財産制」とは，婚姻又はその解消の結果としての夫婦間及び夫婦と第三者との関係における財産関係に関する一連の準則をいう。

(b) 「夫婦財産契約」とは，夫婦又は将来の夫婦がその夫婦財産制を規律するためにその間でするあらゆる合意をいう。

(c) 「公文書」とは，夫婦財産制に関する文書であって，構成国において公文書として正式に作成され，又は登録され，かつ，次の各号のいずれにも該当するものをいう。

　(i) その真正性が，公文書の署名及び内容に関連するものであること。

　(ii) その真正性が，本源構成国の国家機関又はその目的で権限を与えられた他の機関によって証明されたこと。

(d) 「裁判」とは，その名称のいかんを問わず，構成国裁判所によりなされる夫婦財産事件におけるあらゆる裁判をいい，裁判所職員による費用又は経費の判断に関するものを含む。

(e) 「裁判上の和解」とは，裁判所によって認証され，又は裁判手続中に裁判所において成立した夫婦財産事件における和解をいう。

(f) 「本源構成国」とは，裁判が下された構成国，公文書が作成された構成国又は裁判上の和解が認証され，若しくは成立した構成国をいう。

(g) 「執行構成国」とは，裁判，公文書又は裁判上の和解の承認及び／又は執行が求められる構成国をいう。

2. 本規則の適用上，「裁判所」という文言は，司法的権限を行使し，又は司法機関による権限委譲により若しくはその監督下で行動する夫婦財産事件に関する権限を持つあらゆる司法機関並びにその他全ての機関及び法律に関する専門家をいう。ただし，そのようなその他の機関及び法律に関する専門家は，公正性及び全ての当事者の審理を受ける権利に関して保証を提供するものであり，かつ，彼らが作用する構成国の法に基づくその裁判が，次の各号のいずれにも該当するものでなければならない。

(a) 司法機関への上訴又は当該機関による再審の対象となること。

(b) 同一の事項に関する司法機関の裁判と類似の強制力及び効力を有すること。

　　構成国は，第64条に従い，前項のその他の機関及び法律に関する専門家について欧州委員会に通知しなければならない。

第2章　裁判管轄

第4条　夫婦の一方の死亡の場合における裁判管轄

　構成国の裁判所に，規則(EU)650/2012に従い夫婦の一方の相続事件が係属する場合，当該構成国の裁判所は，当該相続事件に関連して生じる夫婦財産事件につ

〈資料2〉

いて判断する裁判管轄も有する。

第5条　離婚，法的別居又は婚姻の無効の場合における裁判管轄

1．第2項の適用を妨げることなく，規則（EC）2201/2003に従い離婚，法的別居又は婚姻の無効に関する申立てについて判断するために構成国の裁判所に係属する場合，当該構成国の裁判所は，当該申立てに関連して生じる夫婦財産事件について判断する管轄権を有する。

2．第1項に基づく夫婦財産事件の裁判管轄は，離婚，法的別居又は婚姻の無効に関する申立てについて判断するために係属する裁判所が，次に掲げる場合のいずれかに該当するときは，夫婦の合意に服する。

(a)　規則（EC）2201/2003第3条第1項(a)第5段落に従い，申立人が常居所を有する構成国であって，申立てがなされる直前に少なくとも1年間当該構成国に当該申立人が居住していたものの裁判所である場合。

(b)　規則（EC）2201/2003第3条第1項(a)第6段落に従い，申立人が国籍を有する構成国であって，申立てがなされる直前に少なくとも6か月間当該構成国に居住していたものの裁判所である場合。

(c)　法的別居の離婚への転換については，規則（EC）2201/2003第5条に従い係属している場合。

(d)　残余管轄については，規則（EC）2201/2003第7条に従い係属している場合。

3．本条第2項の合意が，夫婦財産事件について判断するために係属している裁判所において締結される場合には，当該合意は，第7条第2項に従わなければならない。

第6条　その他の場合における裁判管轄

いずれの構成国の裁判所も第3条及び第4条に従い管轄権を有しない場合，又はこれらに規定する以外の場合については，夫婦の財産制について判断するための裁判管轄は，次に掲げる構成国の裁判所にあるものとする。

(a)　裁判所に係属した時点で夫婦がともに常居所を有する領域の属する構成国の裁判所，それがない場合には，

(b)　裁判所に係属した時点で夫婦の一方がなお居住する限りで，夫婦が最後にともに常居所を有した領域の属する構成国の裁判所，それがない場合には，

(c)　裁判所に係属した時点で被申立人が常居所を有する領域の属する構成国の裁判所，それがない場合には，

(d)　裁判所に係属した時点で夫婦の共通国籍の属する構成国の裁判所。

第7条　管轄合意

1．第6条に該当する場合において，両当事者は，第22条若しくは第26条第1項(a)若しくは(b)に従い適用される法の属する構成国の裁判所又は婚姻締結地である構成国の裁判所が，その夫婦財産事件について判断する専属的な管

資　料

轄権を有することを合意することができる。

2．第1項の合意は，書面で明示され，日付を記載され，両当事者により署名されなければならない。合意の永続的記録を提供する電子的方法による意思伝達は全て，書面と同等のものとみなす。

第8条　被申立人の出廷に基づく裁判管轄

1．本規則の他の規定から生じる裁判管轄に加えて，第22条又は第26条第1項(a)若しくは(b)に従い適用される法の属する構成国の裁判所は，被申立人がそこに出廷する限りで，管轄権を有する。この準則は，出廷が管轄権について異議を申し立てるためになされた場合又は第4条若しくは第5条第1項に該当する場合には適用しない。

2．第1項に従い管轄権を推定する前に，裁判所は，被申立人が，管轄権について異議を申し立てる権利及び出廷すること又はしないことの結果に関して情報を与えられていることを確保しなければならない。

第9条　代替的な裁判管轄

1．例外的に，第4条，第6条，第7条又は第8条に従い管轄権を有する構成国の裁判所が，その国際私法上，問題となる婚姻が夫婦財産手続上承認されないと判断する場合には，当該裁判所は，管轄権を否定することができる。当該裁判所が管轄権を否定することを決定する場合には，不当な遅滞なくそのようにしなければならない。

2．第4条又は第6条に従い管轄権を有する裁判所がこれを否定し，かつ，当事者が第7条に従いその他の構成国の裁判所に管轄権を付与することを合意する場合には，夫婦財産制について判断する裁判管轄は，当該構成国の裁判所にあるものとする。

その他の場合には，夫婦財産制について判断する裁判管轄は，第6条若しくは第8条に基づくその他の構成国の裁判所又は婚姻締結地である構成国の裁判所にあるものとする。

3．本条は，当事者が，法廷地である構成国において承認されることができる離婚，法的別居又は婚姻の無効を得た場合には適用しない。

第10条　補助管轄

いずれの構成国の裁判所も第5条，第6条，第7条若しくは第8条に従い管轄権を有さず，又は全ての裁判所が第9条に従い管轄権を否定し，いずれの裁判所も第9条第2項に基づく管轄権を有しない場合，構成国の裁判所は，夫婦の一方又は双方の不動産が当該構成国の領域内に所在する限りで，管轄権を有する。ただし，その場合において，当該受訴裁判所は，当該不動産に関してのみ判断する管轄権を有するものとする。

第11条　緊急管轄

〈資料2〉

　　いずれの構成国の裁判所も第4条，第5条，第6条，第7条若しくは第10条に
基づく管轄権を有さず，又は第9条第2項若しくは第10条に基づく管轄権を有しな
ない場合，構成国裁判所は，夫婦財産事件について，例外的な事由に基づき，事
件に密接に関連する第三国において手続が合理的に提起若しくは追行されること
ができず，又は不可能となるであろうときは，これを判断することができる。

　　当該事件は，受訴裁判所の属する構成国に十分な関連を有しなければならない。

第12条　反　訴

　　第4条，第5条，第6条，第7条，第8条，第9条第2項，第10条又は第11
条に従い手続が係属する裁判所は，反訴が本規則の適用範囲に含まれる場合には，
これについても判断する管轄権を有する。

第13条　手続の制限

1．その相続が規則(EU)650/2012により規律される被相続人の財産が第三国に所
　在する財産を含む場合には，夫婦財産制について判断するために係属する裁判
　所は，当事者の一方の請求により，当該財産の1つ又は複数に関するその
　裁判が当該第三国において承認されず，適用可能な場合には，執行可能性が
　宣言されないことが予想されるときは，これらの財産について判断しないこ
　とを決定することができる。

2．第1項は，受訴裁判所の属する構成国の法のもとで手続の範囲を限定する当
　事者の権利には影響を及ぼさない。

第14条　裁判所への係属

　　本章の適用上，裁判所は，次に掲げる時点で係属したものとみなされる。

(a)　手続を開始する文書又はこれに類する文書が裁判所に提出された時点。ただ
　　し，その後，被申立人への送達をするためになすべき措置を申立人がおこな
　　わなかった場合は，この限りでない。

(b)　文書が裁判所に提出される前に送達されるべき場合には，送達をなすべき機
　　関により当該文書が受領された時点。ただし，その後，当該文書が裁判所に
　　提出されるためになすべき措置を申立人がおこなわなかったときは，この限
　　りでない。

(c)　手続が裁判所の職権で開始される場合には，当該手続を開始するとの判断が
　　裁判所によりなされた時点又はそのような判断が要求されないときは，当該
　　事件が裁判所により登録された時点。

第15条　裁判管轄に関する審査

　　構成国裁判所は，本規則に従い管轄権を有しない夫婦財産事件が係属する場合
には，管轄権を有しないことを職権で宣言しなければならない。

第16条　訴訟要件に関する審査

1．訴訟が提起された構成国以外の国に常居所を有する被告が出廷しない場合，

資　料

本規則に従い管轄権を有する裁判所は，手続を開始する文書若しくはこれに
類する文書を被告が防御のために適時に受領することができたこと又はこの
ためにあらゆる努力がなされたことが証明されない限り，手続を中止しなけ
ればならない。

2．欧州議会及び理事会規則(EC)1393/2007[12]第19条は，手続を開始する文書又
はこれに類する文書が同規則に従いある構成国から他の構成国へ送付されな
ければならない場合に，本条第1項に代わって適用される。

3．規則(EC)1393/2007が適用されない場合，1965年11月15日の民事及び商事
事件における裁判上及び裁判外の文書の外国における送達に関するハーグ条
約第15条は，手続を開始する文書又はこれに類する文書が同条約に従い外国
に送付されなければならないときに適用される。

第17条　訴訟競合

1．同一の請求及び同一の当事者間の手続が異なる構成国の裁判所に申し立てら
れる場合，後に係属した全ての裁判所は，最初に係属した裁判所の裁判管轄
が確定されるまで，その手続を職権で中止しなければならない。

2．第1項の場合において，当該紛争が係属する裁判所による要請により，いか
なる他の受訴裁判所も，当該裁判所に係属した日を要請を出した裁判所に遅
滞なく通知しなければならない。

3．最初に係属した裁判所の裁判管轄が確定される場合，最初に係属した裁判所
以外のいかなる裁判所も，当該最初に係属した裁判所に裁判管轄があるもの
として管轄権を否定しなければならない。

第18条　関連訴訟

1．関連訴訟が複数の構成国の裁判所に係属している場合，最初に係属した裁判
所以外の全ての裁判所は，その手続を中止することができる。

2．第1項の訴訟が第1審に係属している場合，最初に係属した裁判所以外の全
ての裁判所は，最初に係属した裁判所がいずれの訴訟についても管轄権を有
し，かつ，その法がそれらの併合を認める場合に，当事者の一方の申立てに
より，手続を却下することもできる。

3．本条の適用上，訴訟は，それらが密接に関連しているため，個別の手続から
生じる矛盾判決の危険を回避するためにそれらをともに審理判断することが
適切であるような場合には，関連しているものとみなす。

---

(12)　Regulation (EC) No 1393/2007 of the European Parliament and of the Council of 13
November 2007 on the service in the Member States of judicial and extrajudicial
documents in civil or commercial matters (service of documents), and repealing Council
Regulation (EC) No 1348/2000 (OJ L 324, 10.12.2007, p. 79).

〈資料2〉

第19条　保護措置を含む暫定措置

　本規則により他の構成国の裁判所が当該事件の本案について管轄権を有する場合であっても，ある構成国の法に基づき利用可能な保護措置を含む暫定措置は，当該構成国の裁判所に対して申し立てることができる。

第3章　準　拠　法

第20条　普遍的適用

　本規則により準拠法として指定された法は，それが構成国の法であると否とを問わず，適用される。

第21条　準拠法の統一性

　第22条又は第26条に基づく夫婦財産制の準拠法は，当該財産制のもとに属する全ての財産について，その所在にかかわらず，適用される。

第22条　準拠法の選択

1. 夫婦又は将来の夫婦は，その夫婦財産制の準拠法を指定し，又は変更することを合意することができる。ただし，その法は，次に掲げる法の1つでなければならない。

(a) 夫婦又は将来の夫婦の双方又は一方が合意の締結時において常居所を有する国の法

(b) 夫婦又は将来の夫婦の一方が合意の締結時において国籍を有する国の法

2. 夫婦が別段の合意をしない限り，婚姻中になされた夫婦財産制の準拠法の変更は，将来に向かってのみ効力を生じる。

3. 第2項に基づく準拠法のあらゆる遡及的な変更は，当該法から引き出される第三者の権利に対して不利な影響を及ぼさない。

第23条　準拠法選択に関する合意の形式的有効性

1. 第22条の合意は，書面で明示され，日付を記載され，夫婦双方により署名されなければならない。合意の永続的記録を提供する電子的方法による意思伝達は全て，書面と同等のものとみなす。

2. 夫婦双方が合意の締結時に常居所を有する構成国の法が夫婦財産契約について追加の形式的要件を規定する場合には，当該要件が適用される。

3. 夫婦が合意の締結時に異なる構成国に常居所を有し，これらの構成国の法が夫婦財産契約について異なる形式的要件を規定する場合には，合意は，これらの法のいずれかの要件を満たすときは形式に関して有効である。

4. 夫婦の一方のみが合意の締結時に構成国に常居所を有し，当該構成国が夫婦財産契約について追加の形式的要件を規定する場合には，当該要件が適用される。

資　料

第24条　同意及び実質的有効性

1. 準拠法選択合意又はその条項の存在及び有効性は，当該合意又は条項が有効であったならば第22条に従いこれを規律するであろう法により判断される。

2. 前項にかかわらず，夫婦の一方は，自己が同意しなかったことを証明するために，第1項に規定する法に従ってその行為の効果を判断することが合理的でないであろうことが状況から明らかになる場合には，裁判所に係属した時点で自己が常居所を有する国の法に依拠することができる。

第25条　夫婦財産契約の形式的有効性

1. 夫婦財産契約は，書面で明示され，日付を記載され，夫婦双方により署名されなければならない。合意の永続的記録を提供する電子的方法による意思伝達は全て，書面と同等のものとみなされる。

2. 夫婦双方が合意の締結時に常居所を有する構成国の法が夫婦財産契約について追加の形式的要件を規定する場合には，当該要件が適用される。

　　夫婦が合意の締結時に異なる構成国に常居所を有し，これらの構成国の法が夫婦財産契約について異なる形式的要件を規定する場合には，合意は，これらの法のいずれかの要件を満たすときは形式に関して有効である。

　　夫婦の一方のみが合意の締結時に構成国に常居所を有し，当該構成国が夫婦財産契約について追加の形式的要件を規定する場合には，当該要件が適用される。

3. 夫婦財産制の準拠法が追加の形式的要件を課す場合には，当該要件が適用される。

第26条　当事者による選択がない場合における準拠法

1. 第22条に基づく準拠法選択合意がない場合には，夫婦財産制の準拠法は，次に掲げる国の法となる。

(a) 婚姻締結後最初の夫婦の共通常居所のある国の法，それがないときは，

(b) 婚姻締結時の夫婦の共通国籍の属する国の法，それがないときは，

(c) 全ての状況を考慮して，夫婦が婚姻締結時においてともに最も密接な関連を有する国の法。

2. 夫婦が婚姻締結時において複数の共通国籍を有する場合には，第1項(a)及び(c)のみが適用される。

3. 例外的に，夫婦の一方による申立てに基づき，夫婦財産事件について判断する管轄権を有する司法機関は，申立人が次に掲げる事項をいずれも証明する場合には，第1項(a)により適用される法の属する国以外の国の法が夫婦財産制を規律すると決定することができる。

(a) 夫婦が第1項(a)に従い指定される国におけるよりも著しく長期間にわたり当該他の国に最後の共通常居所を有したこと。

〈資料2〉

(b) 夫婦双方がその財産関係の取り決め又は計画において当該他の国の法に依拠していたこと。

　　当該他の国の法は，夫婦の一方が同意しないのでない限り，婚姻締結の時点から適用される。夫婦の一方が同意しない場合には，当該他の国の法は，当該他の国における最後の共通常居所の創設の時点から効力を有する。

　　当該他の国の法の適用は，第1項(a)に基づく準拠法の適用から引き出される第三者の権利に対して不利な影響を及ぼさない。

　　本項は，当該他の国における最後の共通常居所の創設の以前に夫婦が夫婦財産契約を締結した場合には適用しない。

第27条　準拠法の適用範囲

　本規則に基づく夫婦財産制の準拠法は，とりわけ次に掲げる事項を規律する。

(a) 夫婦の一方又は双方の財産の婚姻中及び婚姻解消後の異なる区分への分類
(b) 一方の区分から他方の区分への財産の移転
(c) 夫婦の一方の責任及び債務についての他方の義務
(d) 財産に関する夫婦の一方又は双方の権限，権利及び義務
(e) 夫婦財産制の解消及び財産の区分，分与又は清算
(f) 夫婦の一方と第三者との間の法律関係に対する夫婦財産制の効力
(g) 夫婦財産契約の実質的有効性

第28条　第三者に対する効力

1. 第27条(f)にかかわらず，夫婦間の夫婦財産制の準拠法は，第三者がその法を知り，又は相当の注意によりこれを知っているべきであったのでない限り，第三者と夫婦の一方又は双方との間の紛争において，夫婦の一方によりこれを第三者に対して援用することはできない。

2. 第三者は，次に掲げるいずれかの場合には，夫婦財産制の準拠法について認識しているものとみなされる。

(a) その法が，次に掲げる法のいずれかである場合。
　(i) 夫婦の一方と当該第三者との間の取引に適用される法の属する国の法
　(ii) 契約当事者である夫婦の一方と当該第三者が常居所を有する国の法
　(iii) 不動産に関しては，当該財産の所在する国の法
(b) 夫婦の一方が，次に掲げる法の規定する夫婦財産制の開示又は登記に適用される要件を遵守していた場合。
　(i) 夫婦の一方と第三者との間の取引に適用される法の属する国の法
　(ii) 契約当事者である夫婦の一方と当該第三者が常居所を有する国の法
　(iii) 不動産に関しては，当該財産が所在する国の法

3. 夫婦の一方が第1項に従い夫婦間の夫婦財産制の準拠法を第三者に対して援用することができない場合には，第三者に対する夫婦財産制の効力は，次に

資　料

掲げる法のいずれかにより規律される。

(a) 夫婦の一方と第三者との間の取引に適用される法の属する国の法

(b) 不動産又は登録された財産若しくは権利に関しては，当該不動産が所在し，又は当該財産若しくは権利が登録された国の法

第29条　物権の適応

　ある者が夫婦財産制の準拠法のもとで自己が権限を有する物権を援用するが，当該権利が援用される構成国の法が当該物権を規定していない場合には，当該権利は，必要な場合には，可能な範囲で，特有の物権及びそれに付属する効果により追求される目的及び利益を考慮して，当該構成国法上最も近しい価値の権利に適応される。

第30条　絶対的強行規定

1. 本規則の規定は，法廷地法の絶対的強行規定の適用を何ら制限しない。

2. 絶対的強行規定とは，それが，本規則に従い本条以外の規定により夫婦財産制に適用される法にかかわらず，その適用範囲に含まれる状況に適用されるほどに，それを尊重することが構成国の公益，たとえばその政治的，社会的又は経済的構造を保護するために決定的であると当該構成国によってみなされるような規定である。

第31条　公　序

　本規則により規定されるいかなる国の法の規定の適用も，その適用が法廷地の公序に明らかに反する場合に限り，拒絶することができる。

第32条　反致の排除

　本規則により規定されるあらゆる国の法の適用は，その国で効力を有する国際私法規則を除く法規範の適用を意味する。

第33条　複数の法体系を有する国──地域的な法の抵触

1. 本規則により規定される法が，夫婦財産制に関してそれぞれ固有の法規範を有する複数の地域から構成される国の法である場合，当該国の国内の抵触規則が，適用されるべき法規範の属する関連地域を決定する。

2. そのような国内の抵触規則がない場合には，次に掲げるように解釈する。

(a) 第1項の国の法への連結は，夫婦の常居所に連結する規定に従い準拠法を決定するにあたっては，夫婦が常居所を有する地域の法への連結と解釈する。

(b) 第1項の国の法への連結は，夫婦の国籍に連結する規定に従い準拠法を決定するにあたっては，夫婦が最も密接な関連を有する地域の法への連結と解釈する。

(c) 第1項の国の法への連結は，連結点としてのその他の要素に連結するその他のあらゆる規定に従い準拠法を決定するにあたっては，関連する要素が所在する地域の法への連結と解釈する。

〈資料2〉

第34条　複数の法体系を有する国──人的な法の抵触

夫婦財産制について異なる人的集団に適用される複数の法体系又は一連の準則を有する国に関しては，そのような国の法への連結は，その国で効力を有する準則により決定される法体系又は一連の準則への連結と解釈する。そのような準則がない場合には，夫婦が最も密接な関連を有する法体系又は一連の準則が適用される。

第35条　国内の法抵触への本規則の不適用

夫婦財産制についてそれぞれ固有の法規範を有する複数の地域から構成される構成国は，そのような地域間でのみ生じる法の抵触に本規則を適用することを要求されない。

第4章　裁判の承認，執行可能性及び執行

第36条　承　認

1. 構成国において下された裁判は，特別な手続を必要とすることなく他の構成国において承認される。
2. 裁判の承認を紛争の本問題として提出する利害関係者は，第44条ないし第57条に規定する手続に従い，当該裁判の承認を申し立てることができる。
3. 構成国裁判所における手続の結果が承認という先決問題の判断に依存する場合，当該裁判所は，当該問題について管轄権を有する。

第37条　不承認事由

裁判は，次に掲げる場合のいずれかに該当するときは承認されない。

(a) 当該承認が求められる構成国の公序に明らかに反する場合。
(b) 当該裁判が被告の欠席により下された場合であって，手続を開始する文書又はこれに類する文書の送達が適時にかつ防御の準備ができるような方法で被告になされなかったとき。ただし，被告が当該裁判に異議を申し立てるための手続を開始することが可能であったのにこれをしなかった場合は，この限りでない。
(c) 当該裁判が，承認が求められる構成国において同一の当事者間の手続において下された裁判と矛盾する場合。
(d) 当該裁判が，同一の請求に関して同一の当事者間で他の構成国又は第三国において先に下された裁判と矛盾する場合であって，当該先に下された裁判が，承認が求められる構成国において承認されるための要件を満たすとき。

第38条　基　本　権

本規則第37条は，憲章，特に差別禁止の原則を定める同第21条において承認されている基本的な権利及び原則を遵守して，構成国の裁判所及びその他の権限

229

資　料

ある機関によって適用される。

第39条　本源裁判所の裁判管轄の再審査の禁止

1．本源構成国の裁判所の裁判管轄は，再審査してはならない。

2．第37条の公序の基準は，第4条ないし第11条に規定する裁判管轄規則には適用しない。

第40条　実質的再審査の禁止

いかなる場合であっても，構成国において下された裁判は，本案に関して再審査してはならない。

第41条　承認手続の中止

他の構成国において下された裁判の承認を求められる構成国の裁判所は，当該裁判に対する通常の上訴が当該本源構成国において提起されている場合には，手続を中止することができる。

第42条　執行可能性

構成国において下された裁判であって，当該構成国において執行可能なものは，利害関係者の申立てにより，当該裁判が第44条ないし第57条に規定する手続に従い執行可能であることが宣言された場合には，他の構成国において執行可能となる。

第43条　住所の決定

受訴裁判所は，第44条ないし第57条に規定する手続上，当事者が執行構成国に住所を有するか否かを判断するため，当該構成国の国内法を適用しなければならない。

第44条　国内裁判所の管轄

1．執行宣言の申立ては，第64条に従い執行構成国が欧州委員会に通知した当該構成国の裁判所又は権限ある機関に提起されるものとする。

2．国内土地管轄は，執行が求められる相手方である当事者の住所地又は執行地によって決定されるものとする。

第45条　手　続

1．申立手続は，執行構成国の法により規律される。

2．申立人は，執行構成国において，郵便送付先又は権限を付与された代理人を定めることを求められない。

3．申立てには，次に掲げる文書が添付されるものとする。

(a) 真正性を証明するための要件を満たす裁判の複製

(b) 本源構成国の裁判所又は権限ある機関によって交付された認証であって，第67条第2項の諮問手続に従って創設された書式を用いるもの。ただし，第46条の適用を妨げない。

第46条　認証の不提出

〈資料2〉

1．第45条第3項(b)の認証が提出されない場合，裁判所又は権限ある機関は，その提出のための期間を指定し，若しくはこれに類する文書を受理することができ，又は当該裁判所若しくは権限ある機関のもとに十分な情報があると認めるときは，その提出を免除することができる。

2．裁判所又は権限ある機関が求める場合には，文書の翻訳又は翻字が提出されなければならない。翻訳は，構成国の1つにおいて翻訳をなす資格を有する者によってなされるものとする。

第47条　執行宣言

裁判は，第37条に基づきいかなる再審査も経ずに，第45条に規定する手続の完了後すぐに，執行可能であることが宣言されるものとする。執行が求められる相手方である当事者は，手続のこの段階においては，申立てに関するいかなる意見陳述もする資格を有しない。

第48条　執行宣言の申立てに関する裁判の通知

1．執行宣言の申立てに関する裁判は，執行構成国の法に規定する手続に従って，直ちに申立人に通知されるものとする。

2．執行宣言は，すでになされている場合を除き，裁判とともに，執行が求められる相手方である当事者に送達されるものとする。

第49条　執行宣言の申立てに関する裁判に対する上訴

1．執行宣言の申立てに関する裁判については，当事者のいずれも上訴をすることができる。

2．上訴は，第64条に従い関係構成国が欧州委員会に通知した裁判所に提起されるものとする。

3．上訴は，二当事者対立の事件に関する手続を規律する準則に従っておこなわれるものとする。

4．執行が求められる相手方である当事者が，申立人によって提起された上訴に関する手続において上訴裁判所に出廷しない場合には，当該執行が求められる相手方である当事者が構成国のいずれにも住所を有しないときであっても，第16条が適用される。

5．執行宣言に対する上訴は，その送達の30日以内に提起されるものとする。執行が求められる相手方である当事者が，執行宣言が下された構成国以外の構成国に住所を有する場合には，上訴の期間は60日間であり，本人又はその居所への送達の日から進行する。遠方であることを理由とする期間延長は認められない。

第50条　上訴において下された裁判に対する異議の手続

上訴に関して下された裁判は，第第64条に従い関係構成国が欧州委員会に通知した手続によってのみ異議を申し立てることができる。

231

資　料

第51条　執行宣言の拒絶又は破棄

第49条又は第50条に基づき上訴が提起された裁判所は，第37条に規定する事由のいずれかに基づいてのみ，執行宣言を拒絶し，又は破棄しなければならない。当該裁判所は，その裁判を遅滞なく下さなければならない。

第52条　手続の中止

第49条又は第50条に基づき上訴が提起された裁判所は，裁判の執行可能性が上訴のために本源構成国において留保されている場合には，執行が求められる相手方である当事者の申立てにより，手続を中止することができる。

第53条　保護措置を含む暫定措置

1．本章に従えば裁判が承認される場合には，本規則は，申立人が，第46条に基づく執行宣言を求めずとも，執行構成国の法に従い保護措置を含む暫定措置を利用することを何ら妨げない。

2．執行宣言は，法律上当然に，あらゆる保護措置に着手する権限を伴う。

3．第49条5項に従い執行宣言に対する上訴について規定する期間中，そのような上訴が判断されるまでは，執行が求められる相手方である当事者の財産に対する保護措置以外のいかなる執行措置もとることはできない。

第54条　部分的な執行可能性

1．裁判が複数の事項に関して下されたが，その全てについて執行宣言を下すことができない場合には，裁判所又は権限ある機関は，その1つ又は複数について執行宣言を下さなければならない。

2．申立人は，裁判の一部に限定して執行宣言を請求することができる。

第55条　司法扶助

本源構成国において全部又は一部の司法扶助又は費用若しくは経費の免除を享受した申立人は，執行宣言に係るあらゆる手続において，執行構成国の法により規定される最も有利な司法扶助又は最も広範な費用若しくは経費の免除を享受する資格を有する。

第56条　担保，保証金又は供託金の不提供

ある構成国において他の構成国において下された裁判の承認，執行可能性又は執行を申し立てる当事者は，その者が外国人であり，又は執行構成国に住所若しくは居所を有しないという理由で，担保，保証金又は供託金（名称のいかんを問わない。）の提供を要求されない。

第57条　手数料の不要

執行宣言の手続においては，執行構成国において，問題となっている事件の価値によって算定される手数料を課すことはできない。

第5章　公文書及び裁判上の和解

〈資料2〉

第58条　公文書の受理

1．構成国において作成された公文書は，他の構成国において，当該公文書が本源構成国において有するのと同一の証拠力又は最も比肩する効力を有する。ただし，当該公文書が関係構成国の公序に明らかに反する場合は，この限りでない。

　　他の構成国において公文書を使用しようとする者は，本源構成国において当該公文書を作成する機関に対し，第67条第2項の諮問手続に従い創設された，本源構成国において当該文書が生じさせる証拠力を説明する書式に記入することを要求することができる。

2．公文書の真正性に関するあらゆる異議は，本源構成国の裁判所において申し立てられ，当該構成国の法に従って判断されるものとする。異議を申し立てられた公文書は，当該異議が管轄裁判所において係属している限り，他の構成国においていかなる証拠力も生じさせない。

3．公文書に登載された法律行為又は法律関係に関するあらゆる異議は，本規則のもとで管轄権を有する裁判所において申し立てられ，第3章に基づく準拠法に従って判断されるものとする。異議を申し立てられた公文書は，当該異議が管轄裁判所において係属している限り，本源構成国以外の構成国においては，異議を申し立てられている事項に関していかなる証拠力も生じさせない。

4．構成国の裁判所における手続の結果が，夫婦財産制に関する公文書に登載された法律行為又は法律関係についての先決問題の判断に依存する場合，当該裁判所は，当該問題について管轄権を有するものとする。

第59条　公文書の執行可能性

1．本源構成国において執行可能な公文書は，他の構成国において，利害関係者の申立てにより，第44条ないし第57条に規定する手続に従い，執行可能であることが宣言されなければならない。

2．第45条第3項(b)の適用上，当該公文書を作成した機関は，利害関係者の申立てにより，第67条第2項の諮問手続に従い創設された書式を用いた認証を交付しなければならない。

3．第49条又は第50条に従い上訴が提起された裁判所は，当該公文書が執行構成国の公序に明らかに反する場合に限り，執行宣言を拒絶し，又は破棄しなければならない。

第60条　裁判上の和解の執行可能性

1．本源構成国において執行可能な裁判上の和解は，他の構成国において，利害関係者の申立てにより，第44条ないし第57条に規定する手続に従い，執行可能であることが宣言されなければならない。

資　料

2．第45条第3項(b)の適用上，和解を認証した裁判所又はそこにおいて和解が
成立した裁判所は，利害関係者の申立てにより，第67条第2項の諮問手続に
従い創設された書式を用いた認証を交布しなければならない。

3．第49条又は第50条に基づき上訴が提起された裁判所は，裁判上の和解が執
行構成国の公序に明らかに反する場合に限り，執行宣言を拒絶し，又は破棄
しなければならない。

第6章　一般規定及び最終規定

第61条　領事認証及びその他のこれに類する形式

本規則の文脈で構成国において交布される文書に関して，領事認証又はその他
これに類する形式は要求されない。

第62条　既存の国際条約との関係

1．欧州連合運営条約第351条に基づく構成国の義務を妨げることなく，本規則
は，本規則又は欧州連合運営条約第331条第1項第2段若しくは第3段に基
づく決定の採択時において1つ以上の構成国が当事国であり，かつ，本規則
に含まれる事項に関係する二国間又は多国間条約の適用に影響を及ぼさない。

2．第1項にかかわらず，構成国間においては，これらの構成国間で締結された
条約が本規則により規律される事項に関係する限りで，本規則が当該条約に
対し優先する。

3．本規則は，2006年に改正された婚姻，養子縁組及び後見に関する国際私法規
定を含むデンマーク，フィンランド，アイスランド，ノルウェー及びス
ウェーデン間の1931年2月6日の条約，2012年6月に改正された相続，遺言
及び財産管理に関する国際私法規定を含むデンマーク，フィンランド，アイ
スランド，ノルウェー及びスウェーデン間の1934年11月19日の条約並びに
民事事件における判決の承認及び執行に関するデンマーク，フィンランド，
アイスランド，ノルウェー及びスウェーデン間の1977年10月11日の条約に
つき，これらの条約が夫婦財産事件における裁判の承認及び執行の単純でよ
り迅速な手続を規定している限りで，これらの条約の当事国である構成国が
これを適用することを妨げない。

第63条　公衆に対し利用可能にすべき情報

構成国は，民事及び商事事件における欧州司法ネットワークの枠組で情報を公
衆に対して利用可能にするため，夫婦財産制に関して権限を有する機関の種類及
び第28条の第三者に対する効力に関する情報を含む，夫婦財産制に関連する国内
立法及び手続の要約を欧州委員会に対し提供しなければならない。

構成国は，情報を常に最新のものに維持しなければならない。

〈資料２〉

第 64 条　連絡の詳細及び手続に関する情報
1．構成国は，2018 年 4 月 29 日までに，欧州委員会に対し，次に掲げる事項を共有しなければならない。
(a) 第 44 条第 1 項に従い執行宣言の申立てを処理し，又は第 49 条第 2 項に従い当該申立てに関する裁判に対する上訴を処理する権限を有する裁判所又は機関
(b) 第 50 条の上訴に関して下された裁判に異議を申し立てる手続
　　構成国は，これらの情報についてのいかなる事後的な変更も，欧州委員会に通知しなければならない。
2．欧州委員会は，第 1 項に従い通知された情報につき，第 1 項 (a) の裁判所及び機関の住所及びその他の連絡の詳細を例外として，これを欧州連合官報において公表しなければならない。
3．欧州委員会は，第 1 項に従い通知された全ての情報につき，あらゆる適当な手段により，特に民事及び商事事件における欧州司法ネットワークにより，これを公に利用可能なものとしなければならない。

第 65 条　第 3 条第 2 項の情報を含む目録の作成及び事後的な修正
1．欧州委員会は，構成国による通知をもとに，第 3 条第 2 項のその他の機関及び法律に関する専門家の目録を作成しなければならない。
2．構成国は，当該目録に含まれる情報のあらゆる事後的な変更を委員会に通知しなければならない。欧州委員会は，それに応じて当該目録を修正しなければならない。
3．欧州委員会は，当該目録及びあらゆる事後的な修正を欧州連合官報において公表しなければならない。
4．欧州委員会は，第 1 項及び第 2 項に従い通知された全ての情報につき，その他のあらゆる適当な手段により，特に特に民事及び商事事件における欧州司法ネットワークにより，これを公に利用可能なものとしなければならない。

第 66 条　第 45 条第 3 項 (b) 並びに第 58 条，第 59 条及び第 60 条の認証及び書式の創設及び事後的な修正
　　欧州委員会は，第 45 条第 3 項 (b) 並びに第 58 条，第 59 条及び第 60 条の認証及び書式を創設し，事後的に修正する実施法行為を採択しなければならない。これらの実施法行為は，第 67 条第 2 項の諮問行為に従い採択されなければならない。

第 67 条　小委員会手続
1．欧州委員会は，小委員会による補助を受けなければならない。当該小委員会は，規則 (EU)182/2011 の意味における小委員会である。
2．本項が参照される場合には，規則 (EU)182/2011 第 4 条が適用される。

第 68 条　再検討条項

資　料

1．欧州委員会は，2027年1月29日までに，欧州議会，理事会及び欧州経済社会評議会に対し，本規則の適用に関する報告書を提出しなければならない。当該報告書には，必要に応じて，本規則の修正提案を添付するものとする。

2．欧州委員会は，2024年1月29日までに，欧州議会，理事会及び欧州経済社会評議会に対し，本規則第9条及び第38条の適用に関する報告書を提出しなければならない。当該報告書は，特にこれらの規定が司法へのアクセスを保障してきた範囲を評価するものとする。

3．第1項及び第2項の報告書のため，構成国は，その裁判所による本規則の適用に関する関連情報を欧州委員会に通知しなければならない。

第69条　経過規定

1．本規則は，第2項及び第3項の場合を除き，2019年1月29日以後に開始される法的手続，正式に作成され，又は登録される公文書及び認証され，又は成立する裁判上の和解に限り適用される。

2．本源構成国における手続が2019年1月29日の前日までに開始された場合，2019年1月29日以後に下される裁判は，適用された裁判管轄規則が第2章に規定する裁判管轄規則に従う限りで，第4章に従い承認及び執行される。

3．第3章は，2019年1月29日の翌日以後に婚姻し，又は夫婦財産制の準拠法を指定する夫婦に限り適用される。

第70条　発　効

1．本規則は，欧州連合官報における公表日の20日後に発効する。

2．本規則は，決定(EU)2016/954により権限を付与された，夫婦財産制及び登録パートナーシップ財産制の双方を包含する国際的なカップルの財産事件に関する裁判管轄，準拠法並びに裁判の承認及び執行の領域における先行統合に参加する構成国において適用される。

　　本規則は，2018年4月29日から適用される第63条及び第64条並びに2016年7月29日から適用される第65条ないし第67条を除き，2019年1月29日から適用される。欧州連合運営条約第331条第1項第2段及び第3段に従い採択される決定によって先行統合に参加する構成国については，関係する決定において指定された日から適用される。

本規則は，基本条約に従い，参加構成国において完全な形で拘束力を有し，直接に適用される。

事項・人名索引

【あ行】

アイデンティティー‥‥‥‥‥‥ 127, 135, 136
遺言自由の原則‥‥‥‥‥ 46, 112, 116, 132, 176
遺留分権利者‥‥‥‥ 45, 104, 110, 173, 174, 181
ウィーン行動計画‥‥‥‥‥‥‥‥ 91, 102, 117
欧州人権条約‥‥‥‥‥‥‥‥‥‥ 100, 127
欧州連合基本権憲章‥‥‥‥‥‥‥‥‥ 127

【か行】

Garcia Avello 判決‥‥‥‥‥‥‥‥‥‥58
基本権‥‥‥‥‥‥‥‥‥‥‥ 14, 98, 134
基本的自由‥‥‥‥‥‥‥‥‥‥‥ 53, 134
客観的連結の困難‥‥‥‥ 10, 48, 132, 145, 176
窮余の策‥‥‥‥‥‥‥‥‥‥‥‥‥‥11
Kühne, Gunther ‥‥‥‥ 22, 28, 34, 38, 43, 47,
132, 176
強化された協力‥‥‥‥‥‥‥ 84, 97, 119
Grunkin-Paul 事件‥‥‥‥‥‥‥ 58, 112
契約自由の原則‥‥‥‥‥‥‥ 13, 48, 160
Kegel, Gerhard‥‥‥‥‥‥‥‥‥ 10, 22
憲法上の権利‥‥‥‥‥‥‥‥‥‥‥14
公　益‥‥‥‥‥‥‥‥‥‥ 134, 141, 142
戸籍実務‥‥‥‥‥‥‥‥‥‥‥‥‥185
子の利益保護‥‥‥‥‥‥‥‥‥ 144, 150

【さ行】

実際的な利益‥‥‥‥‥‥‥‥‥ 16, 160
実質法上の自治（自由）‥‥‥‥‥ 131, 145
実質法的指定‥‥‥‥‥‥‥‥‥‥‥71
私的自治‥‥‥‥‥‥‥‥‥‥‥ 14, 48
弱者保護‥‥‥‥‥‥‥‥‥‥ 123, 134, 140

【た行】

柔軟性‥‥‥‥‥‥‥‥‥ 99, 135, 146, 160
準拠法の統一性‥‥‥‥‥‥‥‥‥‥65
情報に基づく選択‥‥‥‥‥‥‥‥‥88
将来効‥‥‥‥‥‥‥‥‥‥‥‥‥122
人　権‥‥‥‥‥‥‥‥‥‥‥‥ 14, 134
相続権の剥奪‥‥‥‥‥‥‥‥‥‥‥72
相続の準拠法に関する法律試案‥‥‥‥180
遡及効‥‥‥‥‥‥‥‥‥‥ 32, 66, 122
属人法‥‥‥‥‥‥‥‥‥‥‥‥‥135

【た行】

第三者保護‥‥‥‥‥‥‥‥ 66, 134, 141
妥協の必要性‥‥‥‥‥‥‥‥‥‥‥100
DNotI 研究報告書‥‥‥‥‥‥‥‥ 108, 180
適応問題‥‥‥‥‥ 38, 54, 110, 137, 149, 166, 183
手続の容易化‥‥‥‥‥‥‥‥ 77, 138, 183
Dölle, Hans‥‥‥‥‥‥‥ 41, 46, 132, 176
当事者保護‥‥‥‥‥‥‥‥‥‥‥141

【な行】

任意的抵触法の理論‥‥‥‥‥‥ 139, 183

【は行】

Beitzke, Günther‥‥‥‥‥‥‥‥‥‥37
ハーグ原則‥‥‥‥‥‥‥‥‥ 4, 7, 8, 9
ハーグ・プログラム‥‥‥‥‥‥ 91, 102, 117
バーゼル決議‥‥‥‥‥‥‥‥‥‥ 4, 14
パートナーシップ財産制‥‥‥‥‥‥‥5
万国国際法学会‥‥‥‥‥‥‥‥‥ 4, 133
非国家法‥‥‥‥‥‥‥‥‥‥‥‥‥8
夫婦財産制準拠法と相続準拠法の調和‥‥ 38,
67, 166

237

事項・人名索引

不動産所在地法……………………… 39, 46, 66, 169
ブリュッセルII bis 規則 ……………… 90, 94
プロパー・ロー……………………… 133, 147
分割指定…………… 9, 21, 113, 116, 122, 163
方　式……………………… 88, 123, 149
法性決定……………………… 38, 137, 149
法廷地法……………… 75, 88, 158, 183
法的安定性…… 16, 80, 99, 109, 112, 116, 124,
　　　　　　　136, 141, 148, 160, 166
法の適用に関する通則法……………… 5, 162

【ま行】

マックス・プランク研究所……… 24, 28, 35,
　　　　　　　　　　43, 54, 114

Mancini, Pasquale Stanislao ……………15
民法施行法（EGBGB）………………19
黙示の準拠法選択………………………8

【や行】

予見可能性………… 16, 23, 78, 80, 136, 148,
　　　　　　　　160, 166

【ら行】

利益の多様性……………………… 22, 49, 153
離婚保護……………………………… 155, 160
量的制限……………… 7, 40, 49, 163, 167, 169
ローマI規則……………………………… 4, 9

238

〈著者紹介〉

小池未来（こいけ・みく）

2012年　同志社大学法学部法律学科卒業
2014年　同志社大学大学院法学研究科博士課程前期課程修了，修士（法学）取得
2017年　同志社大学大学院法学研究科博士課程後期課程修了，博士（法学）取得
2017年　同志社大学研究開発推進機構特別任用助手
2018年　富山大学経済学部特命講師

〈主要著作〉

「国際離婚法における当事者自治の根拠——ヨーロッパの立法例を手がかりに」
　同志社法学 66 巻 3 号（2014年）
「夫婦財産制法における当事者自治の根拠に関する一考察——ハーグ夫婦財産制
　条約，ローマⅣ規則提案，諸外国法と比較して」同志社法学 67 巻 3 号（2015年）
「国際家族法における当事者自治」国際私法年報 18 号（2016年）

学術選書
197
国際私法

❀ ❀ ❀

国際家族法における当事者自治

2019（令和元）年12月15日　第 1 版第 1 刷発行

著　者　　**小 池 未 来**
発行者　　**今井 貴　稲葉文子**
発行所　　株式会社　**信山社**
〒113-0033　東京都文京区本郷6-2-9-102
Tel 03-3818-1019　Fax 03-3818-0344
info@shinzansha.co.jp
出版契約 2019-6797-6-0101　Printed in Japan

ⓒ 小池未来, 2019　印刷・製本／亜細亜印刷・牧製本
ISBN978-4-7972-6797-6 C3332　分類329.601-a013 国際私法
P252　¥6200E-012-035-005

JCOPY 〈（社）出版者著作権管理機構 委託出版物〉
本書の無断複写は著作権法上での例外を除き禁じられています。複写される場合は，
そのつど事前に，（社）出版者著作権管理機構（電話 03-5244-5088，FAX03-5244-5089,
e-mail:info@jcopy.or.jp）の許諾を得てください。

国際法研究
中谷和弘・岩沢雄司 責任編集

フランス民法
大村敦志 著

ブラジル知的財産法概説
ヒサオ・アリタ／二宮正人 著

日本とブラジルからみた比較法
— 二宮正人先生古稀記念

柏木昇・池田真朗・北村一郎
道垣内正人・阿部博友・大嶽達哉 編集

国際取引の現代的課題と法
— 澤田壽夫先生追悼

柏木昇・杉浦保友・森下哲郎
平野温郎・河村寛治・阿部博友 編集

信山社

国際私法年報
国際私法学会 編

仲裁・ADRフォーラム
日本仲裁人協会 編

子どもと離婚 ― 合意による解決とその支援
二宮周平・渡辺惺之 編

韓国家族法 ― 伝統と近代の相克
青木 清 著

国際私法の深化と発展
山内惟介 著

国際法原理論
ハンス・ケルゼン 著／長谷川正国 訳

信山社

国際私法及び親族法
田村精一 著

国際私法論集－国際私法の真髄を求めて
森田博志 著

国際債権契約と回避条項
寺井里沙 著

EUの国際民事訴訟法判例Ⅰ／Ⅱ
石川明・石渡哲 編／石川明・石渡哲・芳賀雅顕 編

最新EU民事訴訟法 判例研究Ⅰ
野村秀敏・安達栄司 編著

信山社